A História é uma das disciplinas do saber a que melhor se associam os impulsos do imaginário: o passado revivido como recriação dos factos, e também como fonte de deleite, de sortilégio e, quantas vezes, de horror. A colecção «A História como Romance» tentará delinear, no enredo das suas propostas, um conjunto de títulos fiel ao rigor dos acontecimentos históricos, escritos numa linguagem que evoque o fascínio que o passado sempre exerce em todos nós.

1. *Rainhas Trágicas*, Juliette Benzoni
2. *Papas Perversos*, Russel Chamberlin
3. *A Longa Viagem de Gracia Mendes*, Marianna Birnbaum
4. *A Expedição da Invencível Armada*, David Howarth
5. *Princesas Incas*, Stuart Stirling

PRINCESAS INCAS

Título original:
The Inca Princesses

Originalmente publicado em inglês por Sutton Publishing com o título
'The Inca Princesses' copyright © Stuart Stirling 2003

Tradução: Maria João Andrade

Revisão da Tradução: Pedro Bernardo

Capa de José Manuel Reis

Depósito Legal nº 240419/06

Impressão, paginação e acabamento:
Manuel A. Pacheco
para
EDIÇÕES 70, LDA.
Abril de 2006

ISBN 10: 972-44-1269-5
ISBN 13: 978-972-44-1269-6

Todos os direitos reservados para língua portuguesa
por Edições 70

EDIÇÕES 70, Lda.
Rua Luciano Cordeiro, 123 – 1º Esqº - 1069-157 Lisboa / Portugal
Telefs.: 213190240 – Fax: 213190249
e-mail: edi.70@mail.telepac.pt

www.edicoes70.pt

Esta obra está protegida pela lei. Não pode ser reproduzida,
no todo ou em parte, qualquer que seja o modo utilizado,
incluindo fotocópia e xerocópia, sem prévia autorização do Editor.
Qualquer transgressão à lei dos Direitos de Autor será passível
de procedimento judicial.

Stuart
STIRLING

PRINCESAS INCAS

70

*Aos meus pais,
e à memória do meu tio Alfredo Peláez Díez de Medina
e Fernando Díez de Medina*

Agradecimentos

Gostaria de agradecer a Peter Clifford, da Sutton, por me encorajar a escrever este livro, e a Christopher Feeney, o meu editor, pelo seu apoio constante. Estou grato a Dona Magdalena Canellas Anoz, directora do Arquivo Geral das Índias, em Sevilha, pela sua ajuda constante, e aos directores do Arquivo Geral da Nação, em Lima, e ao Arquivo Regional, em Cusco. Também gostaria de agradecer aos seguintes museus e colecções: o Arquivo Geral das Índias, em Sevilha; o Museu Inca, o Museu de Arte Religiosa e a Igreja de La Compañía, em Cusco; o Museu Pedro de Osma, em Lima; o Museu Casa de la Moneda e a Igreja de San Francisco, em Potosí; o Museu Nacional de Arte, em La Paz, e aos bibliotecários da British Library, do Instituto de Pesquisa Histórica e da Canning House.

Mapa do Peru

Prefácio

Na manhã de 22 de Outubro de 1822, um idoso frade agostiniano foi visto a acompanhar um índio andino, não muito mais velho do que ele, ao longo do passadiço do *Retrieve*, um veleiro inglês de três mastros, e a desembarcarem no cais de Buenos Aires. Os dois homens perderam-se passado pouco tempo entre a multidão de passageiros que fizera a viagem marítima de 70 dias desde o porto espanhol de Cádis até à capital argentina. Ninguém, nem sequer o comandante do navio, um inglês chamado Hague, sabia quem eles eram, nem o que sucedera ao velho índio, agora vestido com roupas de camponês espanhol, e a sua figura frágil envolta num manto preto e gasto. Alguns dos seus companheiros de viagem haviam-no considerado excêntrico, outros imaginaram-no um escravo libertado ou, talvez, o criado do seu companheiro.

Cinco anos mais tarde, a 5 de Setembro de 1827, no jornal argentino *Crónica Política y Literatura de Buenos Aires* surgiu um obituário que dizia: «Morreu nesta cidade de Buenos Aires no segundo dia deste mês, com a idade de 80 anos, Dom Juan Bautista Túpac Amaru, quinto neto directo dos Incas do Peru, que sofreu 40 anos de aprisionamento em Espanha»([1]). O velho índio era o último Inca do Peru, mas o império dos seus antepassados pouco mais era do que uma recordação distante.

As sementes deste livro e a sua descrição dos Andes na época colonial remontam às princesas incas de Cusco, que foram amantes dos conquistadores, e até aos seus descendentes do século XVIII, alguns dos quais representaram um papel importante na conquista da independência da América do Sul. A sua redacção está em dívida tanto para com a académica peruana Ella Dunbar Temple, que efectuou a pesquisa do que se refere à dinastia inca na década de 40 do século XX, bem como a Josefa García Tovar, que me transcreveu inúmeros manuscritos de testemunhos oculares da Conquista e da família real inca, a partir dos Arquivos das Índias em Sevilha, alguns dos quais são aqui publicados pela primeira vez.

No final desta obra, o leitor encontrará um pequeno glossário, uma cronologia sucinta deste período e duas árvores genealógicas da família real inca. As notas em pé de página, salvo indicação em contrário, são do autor (*N. E.*)

I

Os Galeões de Sevilha

5 de Dezembro de 1533

De início, pensaram ser uma ilusão óptica causada pela luz, que tremeluzia no horizonte distante, até que por fim viram o enorme galeão, a sua pequena sombra projectando-se sobre o mar aberto, as velas desfraldadas e a estrutura de madeira gasta, enegrecida e marcada por uma viagem de mais de 1000 milhas. Em breve surgiu no horizonte uma segunda embarcação, com a proa contra o vento e o pavilhão esvoaçante a exibir também as armas escarlates e douradas de Castela e Leão, e passada uma hora os dois barcos tinham entrado no estreito de San Lúcar de Barrameda. Ao longo de todo o estuário do Guadalquivir espalhou-se a notícia da chegada das embarcações, e nas aldeias e povoados vizinhos os homens olharam maravilhados ou correram para vislumbrar de mais perto os conquistadores que regressavam, carregados com os tesouros e saques que tinham trazido consigo do Novo Mundo.

Foram necessárias quase oito horas para que os navios chegassem a Sevilha, com a catedral e as muralhas fortificadas delineadas contra a luz de Inverno que se desvanecia, os conventos caiados e os palácios dos mudéjares quase escondidos pelas sombras. Nesse dia, todos os cidadãos, tanto jovens como idosos, tinham aguardado a chegada dos galeões, seguindo ansiosos a sua entrada no porto à medida que subiam o rio, os conveses iluminados por lanternas, nos quais se amontoavam as figuras rejubilantes dos passageiros. Entre estes encontrava-se o conquistador Cristóvão de Mena, de 30 anos, natural de Ciudad Real, e o primeiro dos veteranos da Conquista do Império Inca, levada a cabo por Francisco Pizarro, a regressar a Espanha, trazendo consigo o seu quinhão do tesouro das Índias de Cajamarca.

Passara-se mais de um quarto de século desde a descoberta do Novo Mundo por Colombo — que este pensara, a princípio, fazer parte da Índia, motivo pelo qual ainda hoje os seus habitantes indígenas são conhecidos como índios — e três anos desde que Hernán Cortés, o conquistador do México, tinha partido daquele mesmo cais em Sevilha para regressar à sua recém-fundada colónia no continente que, havia pouco tempo, fora baptizado por um cartógrafo alemão em honra do piloto-general de Sevilha, o florentino Americo Vespucci. Cada um destes homens, tal como o conquistador que regressava, ajoelhara-se na semiobscuridade da catedral de Sevilha — no local onde outrora se erguera a grande mesquita do califa Abu Yusuf — para agradecer à Virgem o seu regresso em segurança.

A cidade a que Cristóvão de Mena regressava passados quase 20 anos na nova colónia da Nicarágua, em cuja conquista e exploração ele também servira, pouco se alterara: a antiga praça de São Francisco, onde em dias de festa os jovens fidalgos, montados nas suas éguas árabes, toureavam os melhores touros da Andaluzia, e as suas numerosas tabernas e bordéis, onde muitos dos veteranos que regressavam das Índias levavam as suas barras de ouro e prata e ouviam os trovadores e ciganos a cantar as lendas dos seus lares mouriscos perdidos.

Um dos poucos relatos contemporâneos da cidade fora deixado pelo embaixador veneziano, Andrea Navagero, um historiador e poeta do Renascimento cujo retrato Rafael pintara. Ele escrevera numa carta ao primo, o geógrafo Giovanni Battista Ramusio:

> Encontras-me em Sevilha, uma cidade situada numa planície na margem esquerda do rio Guadalquivir; a sua circunferência tem cerca de seis ou oito quilómetros, e assemelha-se mais a uma cidade italiana do que espanhola; as ruas são largas e elegantes, embora a maioria das suas casas não seja assim tão bela; há, no entanto, alguns palácios de uma beleza sem igual em toda a Espanha, e possui muitos jardins.
> Também existem belas igrejas, em especial a catedral, que é magnífica e muito maior do que a catedral de Toledo, embora não tão ricamente decorada; encostado à catedral há um claustro ou pátio, incorporado nesta por um muro e que parece ser uma estrutura única; ao

lado deste encontram-se diversos pórticos e capelas, entre estas a capela onde jaz o corpo do rei santo, e do qual se diz que exsuda um aroma quando a urna é aberta para veneração(*). Plantaram laranjeiras de grande beleza no pátio, no centro do qual está uma fonte; à volta de todo o edifício existe um mercado, enclausurado por correntes, e cujos degraus descem para a rua; aqui reúnem-se durante todo o dia fidalgos, mercadores e transeuntes, pois é o lugar mais animado da cidade, e é conhecido como os *Degraus*. Na rua e praça vizinhas, podem ver-se muitas pessoas, e acontecem aqui muitos roubos e abundam rufiões, e também é uma espécie de mercado; a praça é ampla e larga. Ao lado da catedral há um campanário de grande beleza, com sinos grandes e elegantes; para se chegar ao cimo tem de se subir uma rampa, e não uma escada como na torre de São Marcos em Veneza, embora a subida seja confortável e firme(**).

Não muito longe da catedral fica o Alcazar, que é o palácio que outrora pertenceu aos reis mouros e é muito belo, a sua alvenaria ricamente decorada ao estilo dos mouros, e com fontes e mármores magníficos, cujas águas passam através de diversas câmaras e casas de banhos. Tem um pátio cheio de laranjeiras e limoeiros, e jardins da maior beleza, entre os quais existe um bosque apenas de laranjeiras, onde nem mesmo o sol consegue penetrar, e que é possivelmente a mais bela visão de toda a Espanha([1]).

A cidade era a base de algumas das mais ricas famílias de Espanha, muitas das quais constituídas por judeus convertidos que tinham investido nas expedições de Colombo e que mantinham a maior parte das concessões mercantis do Novo Mundo. Entre a nobreza da cidade, que também se tinha envolvido no comércio das Índias, encontrava-se o principal membro da nobreza de Sevilha, o duque de Medina Sidónia. O duque era um recluso, e cada movimento seu era alvo do controlo da mulher, e o embaixador recordou-o pouco generosamente: «Era necessário ensinar-lhe o que dizer sempre que se encontrava com alguém; uma vez, quando o bispo o visitou, ele perguntou-lhe pela mulher e filhos»([2]). O seu filho e herdeiro seria um dia o comandante da desafortunada Invencível Armada.

(*) O rei Fernando III de Castela, que reconquistou Sevilha em 1248.
(**) A torre Giralda. O seu cata-vento — o Giraldrillo — foi acrescentado em 1568.

Princesas Incas

Embora o propósito oficial da visita de Navagero a Sevilha, em 1526, fosse o de estar presente no casamento do jovem imperador Carlos V e da infanta portuguesa D. Isabel, ele fora instruído pelo Senado veneziano para dar informações acerca do comércio espanhol com o seu recém-estabelecido império colonial, principalmente em relação ao comércio sevilhano. Nos dois anos da sua embaixada, recolheu todos os manuscritos e crónicas disponíveis ligados à exploração e conquista do Novo Mundo, cópias dos quais também enviou ao seu primo Ramusio, ele próprio um antigo embaixador da corte francesa e na época secretário do Senado veneziano. Muitos desses manuscritos obteve-os do padre italiano Pietro Martire d'Anghera, um historiador entusiasta que viveu em Toledo e que em dada altura servira como enviado da rainha Isabel de Castela ao sultão do Egipto. Estes viriam a fazer parte da publicação monumental do seu primo Ramusio, *Navigationi e Viaggi*, um relato da descoberta do Novo Mundo, que até hoje serve como a principal fonte da história das Américas.

Na carta ao seu primo, Navagero também falava da crescente migração dos homens de Sevilha para as Américas e ilhas das Caraíbas:

> Tantos homens abandonam a cidade para procurar fortuna no Novo Mundo que esta está virtualmente na posse das suas mulheres... todo o vinho e trigo que aqui cresce é enviado para as Índias, tal como o sabão, camisas, meias e outros artigos do género, e que ainda não são ali manufacturados, e com os quais se obtém um grande lucro. A Casa de la Contratación de las Indias também se encontra situada na cidade, e é para lá que são levados todos os víveres e produtos dessas terras, pois não é permitido a nenhum navio descarregar em qualquer outro porto; à chegada de cada frota, é transportada todos os anos para a Contratación uma grande quantidade de ouro; um quinto do qual é marcado para o rei. Alguns mercadores dizem que há já algum tempo que chega menos ouro, mas as expedições continuam e durante todo o ano navios vêm e vão para ali. Vi muitos artigos das Índias em Sevilha e deram-me a comer algumas raízes chamadas batatas, que sabem a castanhas...[3]

Fundada em 1503 como autoridade legal e administrativa de todo o comércio e navegação das colónias espanholas, a Casa de la Contratación era também a escola da cidade para marinheiros e pilotos, entre eles cartógrafos e astrónomos, armadores e comandantes navais, alguns dos quais já tinham recebido formação na academia naval portuguesa em Lisboa, fundada pelo infante Dom Henrique, *o Navegador*. Cartógrafos, aventureiros e viajantes de todas as crenças tinham com o passar dos anos feito o seu caminho até às salas e jardins de chão de azulejos e mosaicos, criados por volta do século XI pela dinastia muçulmana almorávida atrás do palácio do Alcazar, cada um trazendo as suas propostas e diagramas de expedições que tinham passado anos a planear. Uma dessas propostas fora enviada pelo conquistador nicaraguano, Vasco Núñez de Balboa, que em 1513 descobrira o oceano Pacífico. Mesmo os preparativos e mapas produzidos por Fernão de Magalhães, que circum-navegara o mundo nos anos de 1519-22, haviam sido submetidos à sua autoridade.

Foi provavelmente enquanto esperava que os funcionários da Contratación libertassem a parte do saque que trouxera consigo do Peru que o conquistador Cristóvão de Mena — um dos capitães de cavalaria de Francisco Pizarro — acabou de escrever a sua crónica da *Conquista do Império Inca*. Passados apenas quatro meses do seu regresso, a casa editora de Bartolomé Pérez publicou a obra em Sevilha.

Numa prosa simples, Mena recordava os primeiros tempos das suas aventuras. Juntara-se de início à expedição no porto do Panamá, no Pacífico, de onde partira na pequena armada de caravelas de Pizarro, constituída por 150 espanhóis, alguns escravos africanos e ístmicos, e 50 cavalos. Com muitos pormenores, descreveu o desembarque na costa equatoriana da América do Sul, e o ano que tinham passado à espera de reforços. Diego de Trujillo, o soldado de infantaria que servira às ordens de Mena, recordava nas suas próprias memórias o calor escaldante e a falta de alimentos e água potável, observando que para sobreviver se viram obrigados a matar e a comer os cães selvagens da ilha, e que antes das chuvas de Inverno «o sol transformara o solo em pó rachado e ressequido»[4]. As suas palavras reflectem o triste estado do acampamento espanhol: muitos dos homens estavam confinados às tendas e às camas de rede devido a um surto de úlceras na pele que lhes causava dores e hemorragias excruciantes, agravadas pela quantidade de mosquitos, piolhos e outros parasitas que os empestavam dia e noite. Cerca de 40 anos mais tarde, o parente de Pizarro, Pedro Pizarro, de 16 anos, de Toledo, escreveu que quando os reforços do esclavagista Hernando de Soto finalmente se lhes juntaram na Nicarágua, os recém-chegados mostraram «pouca alegria, pois encontraram-nos num estado angustioso... e a maior parte dos homens doentes, e nenhum ouro que se visse...»(⁵).

Vestido ao modo extravagante e exótico do esclavagista nicaraguano, Soto, então com 34 anos, era uma figura arrojada entre os homens descalços e andrajosos que se tinham arrastado para os saudar: os lóbulos das orelhas de Soto estavam ornamentados com pérolas, a sua armadura decorada com ouro e amuletos índios, e o elmo enfeitado com a plumagem de aves tropicais. «Ele era», registou o cronista Garcilaso de la Vega, «um dos melhores lanceiros nas Índias»(⁶). Soto iria comandar a cavalaria da expedição.

O desembarque dos reforços de De Soto demorou diversas horas, com os cavalos e os seus tratadores africanos a nadarem ao lado das jangadas índias carregadas de provisões, enquanto uma longa fileira de homens e mulheres camponeses ístmicos remava até à costa. Entre as últimas encontrava-se a escrava moura de Soto, Juana Hernández, de quem se diz que foi a primeira mulher espanhola a pisar o continente sul-americano(⁷). Choveu durante grande parte do dia, com a chuva a entrar nas tendas de peles de animais, cujos ocupantes exaustos dormitavam pacificamente, já esquecidos do som interminável da chuva e do calor escaldante. Enquanto a noite se aproximava, um grupo de escravos africanos de De Soto, acorrentados por grilhetas nas pernas, amontoou-se à volta do perímetro da paliçada e observou em silêncio as fogueiras incandescentes do acampamento. Formando uma barreira humana de corpos transpirados, a sua função era guardar as tão estimadas éguas andaluzas do seu senhor, que se moviam de um lado para o outro na sua cerca, tentando fugir da tempestade que se aproximava.

Poucos dos 228 conquistadores na ilha equatorial de Puna tinham qualquer experiência na carreira das armas, muito menos de lutas com índios. Armados com lanças de fabrico caseiro e escudos feitos das aduelas de madeira dos barris de vinho ístmico, a maioria dos conquistadores era constituída por um aglomerado heterogéneo de aventureiros calejados, mais habituados ao trabalho duro nas terras agrícolas do seu país natal ou procurando um modo de subsistência nos mercados de escravos do Panamá. A maior parte deles, como os seus depoimentos e testamentos provaram, era andaluza ou castelhana. Dos 168 homens que marchariam para Cajamarca, apenas 36 eram da Extremadura e apenas 58 sabiam ler e escrever([8]).

Durante mais quatro meses, até ao fim das chuvas de Inverno, o pequeno exército de Pizarro viu-se forçado a permanecer na ilha, enfrentando a esporádica hostilidade dos índios nativos. Na primeira semana de Abril, todo o contingente de homens partiu, finalmente, para o continente a bordo das duas caravelas de De Soto e da embarcação de Pizarro que restava, acompanhados por uma pequena flotilha de canoas e jangadas. Três homens foram mortos pelos índios durante a fase inicial da travessia; os seus corpos nus, mutilados e retalhados em pedaços, foram deixados na costa para que os seus companheiros os vissem, enquanto as suas cabeças eram presa de uma pequena colónia de caranguejos. Chegaram ao povoado costeiro de Tímbez, onde Pizarro na sua última viagem deixara dois dos seus homens, Morillo e Bocanegra, mas o povoado estava deserto e não apresentava qualquer sinal da sua presença. As ruínas das habitações de lama e colmo albergavam centenas de corpos por enterrar, enxameados por moscas, e por todo o lado encontraram o cheiro da morte e da miséria humana. Era uma visão deplorável — e a primeira prova que iriam encontrar da guerra civil travada entre os senhores incas do império que tinham vindo conquistar.

Parecia que nada poderia animar o espírito dos homens, nem mesmo a chegada de um barco de aprovisionamento da Nicarágua trazendo a bordo mais 20 voluntários. O grego Pedro de Candia, que acompanhara Pizarro na sua última viagem e que tão abertamente se vangloriara das enormes riquezas da colónia, era agora objecto de ridículo. Nem mesmo a suposta descoberta por parte de Pizarro de uma nota escrita pelo desafortunado Gines, afirmando que mais ouro e prata poderiam ser encontrados na terra do que todo o ferro da Vizcaya(*), diminuiu a hostilidade e má-vontade entre os conquistadores, muitos dos quais, em especial o contingente nicaraguano, se sentia, e com razão, enganado pela falta de ouro e pela desolação que os rodeava.

(*) A província espanhola da Biscaia — Vizcaya — tinha a fama de possuir as maiores reservas de minério de ferro da Europa.

Pouco tempo antes de deixar o acampamento, Pizarro ordenara a execução de 13 caciques que tinham sido capturados nas proximidades de Túmbez, e que se tinham recusado a auxiliá-lo no transporte dos seus homens para o continente. Seriam estrangulados e depois queimados perante todo o acampamento, em retaliação pela morte de dois dos conquistadores. Era tanto uma demonstração para os seus homens como para os índios.

Poucos duvidaram da determinação de Pizarro. O medo em breve fez diminuir os rumores de rebelião, e mais uma vez o pequeno contingente de homens penetrou no interminável pântano e floresta equatorial, as armaduras revestidas a aço e couro ensopadas no seu suor, os rostos barbudos tisnados pelo sol, enquanto marchavam ao lado das colunas de escravos africanos e ístmicos — tanto homens como mulheres —, que transportavam à cabeças as provisões e tendas, com as correntes a bater na lama e na vegetação rasteira, enquanto avançavam arduamente sob os seus pesados fardos. Alguns homens e cavalos foram vítimas dos caimões dos mangues, sendo os corpos arrastados para as profundezas dos charcos de água, e a sua passagem apenas marcada pelos vestígios de sangue na água. A cada dia que passava, as dificuldades dos conquistadores aumentavam, pois procuravam desesperadamente alimentos e água potável, e as febres e a disenteria de que muitos dos homens padeciam atingiam-nos cada vez mais.

Demoraram quase dois meses a chegar às terras da costa meridional de Tangarara, a uma distância de quase 160 quilómetros. A 15 de Julho de 1532, Pizarro fundou aí a colónia de San Miguel. Abandonando o acampamento original devido ao clima sufocante, passado pouco tempo mudou o seu aquartelamento mais para o interior, para as margens do rio Piura. Entre os 50 Espanhóis que iriam aí permanecer encontravam-se a escrava moura de De Soto, Juana, a quem ele concedera a liberdade, e o futuro cronista Pedro Pizarro.

Dois meses mais tarde, Pizarro conduziu uma coluna de homens para fora do acampamento, entre eles Mena, que comandava um esquadrão de cavalaria. A força totalizava 62 cavalos e 106 soldados de infantaria, juntamente com alguns escravos africanos e ístmicos. A sua marcha levou-os através de 112 quilómetros de deserto sem árvores, até à aldeia de Serrán. Aqui, uma vez mais, Pizarro ouviu relatos dos homens das tribos locais, que o informaram que grande parte da região costeira setentrional se rendera ao exército de um dos príncipes em guerra, Atahualpa, que se declarara soberano do império. De forma a clarificar a situação, Pizarro ordenou a De Soto e a um esquadrão de cavalaria para cavalgar para o interior até ao povoado de Cajas. Após cavalgarem durante dois dias e uma noite, parando apenas para se alimentarem e para deixarem os cavalos repousar, os 40 cavaleiros de De Soto chegaram por fim ao povoado, onde estabeleceram contacto com o seu cacique e um dos chefes guerreiros inca, que tinha cerca de 2000 homens sob seu comando.

Mena e Diego de Trujillo, que acompanhavam ambos o esquadrão de De Soto, relataram os acontecimentos que se seguiram:

> [O povoado] estava em grande parte destruído devido à guerra... e podiam ver-se muitos índios enforcados [nas habitações]... o capitão [De Soto] mandou chamar o cacique do povoado e logo este chegou, queixando-se amargamente de Atahualpa, e como os guerreiros deste tinham morto tanta da sua gente, alguns dez ou doze mil, e que não restavam mais de 3000... e ele disse que não tinha ouro, pois os guerreiros de Atahualpa tinham-no levado todo... embora tivesse dado quatro ou cinco barras de ouro. Foi então que chegou um dos senhores de Atahualpa: e o cacique ficou muitíssimo assustado, e levantou-se na sua presença, mas o capitão fê-lo sentar-se a seu lado. Este senhor trouxe-nos um presente de patos recheados da parte de Atahualpa: o que nos fez imaginar um destino semelhante; também nos trouxe duas pequenas fortalezas feitas de barro, dizendo que havia muitas destas na sua terra. Havia três casas de mulheres, chamadas *mamacunas*, virgens do Sol. E quando entrámos nas suas casas e levámos as mulheres para a praça, algumas 500, o capitão deu-nos muitas destas, a nós Espanhóis, algo que enfureceu muito o senhor inca, que disse: «Como ousais fazer isto? Com Atahualpa apenas a 20 léguas daqui? Nenhum de vós ficará vivo...»([9]).

Nem uma única testemunha descreve a violação em massa das *mamacunas* pelos homens de De Soto, registando apenas que este ordenou aos seus arcabuzeiros para dispararem para o ar, fazendo com que as mulheres trémulas caíssem de joelhos com medo de serem mortas.

Cajas proporcionou aos Espanhóis a primeira indicação real da grandeza do império que tinham vindo conquistar: as suas ruas e edifícios, embora esventrados e incendiados, eram construídos em pedra e dispostos de um modo ordenado e geométrico, com a grande praça e templo a formarem um ponto central. O vestuário requintado e a manifesta autoridade do senhor inca eram muito diferentes do vestuário primitivo dos caciques da região costeira, cujas aldeias eram construídas de madeira e lama.

Tendo inspeccionado a aldeia vizinha de Huancabama, que também possuía alguns belos edifícios de pedra, De Soto conduziu os seus homens de regresso a Serrán, levando com ele o senhor inca e as mulheres. O saque de Cajas e o vestuário sumptuoso que também tinham encontrado, tecido com fio dourado e plumas, fez com que Gavilán, cavaleiro de De Soto, referisse que «grande alegria foi sentida por todos, pois o *Adelantado* [De Soto] declarou que descobrira uma terra tão rica quanto Castela!»([10]) Depois de se encontrar com Pizarro, que o presenteou com uma camisa de renda e algum vidro veneziano, o senhor inca saiu o acampamento, levando a mensagem de amizade de Pizarro para o seu senhor Atahualpa. Deixou atrás de si alguns batedores para conduzir os Espanhóis ao acampamento de Atahualpa no vale de Cajamarca.

No início de Outubro, os conquistadores levantaram acampamento e iniciaram a sua marcha para os Andes, ao sopé dos quais chegaram na primeira semana de Novembro. Mena registou a sua viagem:

> Apenas iríamos encontrar as estradas destruídas, e também as suas aldeias, cujos caciques tinham fugido... e ao aproximarmo-nos das montanhas, Hernando Pizarro e Hernando de Soto seguiram à frente com alguns homens, atravessando a nado o grande rio [o Saña], pois tinham-nos dito que na aldeia para lá desta encontraríamos muitos tesouros... antes de chegarmos à aldeia, capturámos dois índios de modo a obtermos informações acerca de Atahualpa: o capitão [De Soto] ordenou que fossem atados a dois postes, pois eles tinham medo e não falavam; um deles disse que não sabia nada de Atahualpa, e o outro disse que ele apenas deixara o seu acampamento alguns dias antes, e que nos esperava com muito do seu povo no vale de Cajamarca. Também nos disse que muitos guerreiros estavam a guardar dois desfiladeiros das montanhas à nossa frente, e que usavam agora como seu estandarte a camisa que o governador [Pizarro] enviara a Atahualpa: mas nem pela tocha nem por qualquer outro meio nos disseram mais([11]).

Em pequenos grupos, e em certas alturas reduzidos a uma fila única, iniciaram a ascensão da grande cordilheira, subindo a altitudes de cerca de 3900 metros acima do nível do mar, quase até ao cume das montanhas. Aí, pela primeira vez, observaram com admiração os enormes condores que pairavam acima deles, flutuando nas correntes de ar, sobre os picos encimados de neve. Exaustos pelo ar rarefeito, sem dúvida que alguns dos homens recorreram à mastigação de folhas de coca que os seus guias transportavam consigo para enfrentar as vertigens e falta de oxigénio(*). Quilómetro após quilómetro, puxaram os seus assustados cavalos e mulas ao longo dos carreiros de pedra da estrada inca; esculpidos no flanco nu da montanha, estes carreiros por vezes não tinham mais do que alguns metros de largura. Subindo ainda mais alto, atravessaram os grandes desfiladeiros da cordilheira utilizando as poucas pontes de canas que tinham sobrevivido às lutas dos índios. Estas estruturas vacilantes mal pareciam capazes de aguentar o peso de um homem, quanto mais o de um cavalo. Arrastaram-se em frente, alguns dos homens avançando de gatas, enquanto as pontes baloiçavam a milhares de metros acima de rios e ravinas, e apenas o grito ocasional de um homem a cair para a morte perturbava o silêncio. A marcha aparentemente interminável exacerbou o seu sentido de abandono, mas tentaram animar-se através de preces, conduzidas pelo frade dominicano Valverde, de hábito branco e preto, as vozes ressoando através das gigantescas montanhas cobertas de neve que os pareciam envolver a cada curva. Até os veteranos mais endurecidos das campanhas do istmo nunca tinham visto tal miséria humana, as mãos ulceradas e os pés entorpecidos pelo frio agreste das noites andinas, mas passada quase uma semana chegaram por fim ao grande vale de Cajamarca, com as suas pastagens verdes e luxuriantes enclausuradas pela cordilheira. Aqui esperava-os o imperador inca Atahualpa, com as tendas espalhadas por mais de três quilómetros.

Durante várias horas, Atahualpa esperara a sua chegada, olhando o vale na direcção dos montes a norte e do escuro céu de Inverno. A primeira indicação da sua vinda foi um ruído que soava como o bater contínuo da chuva, mas os batedores disseram-lhe que este era o som

---

(*) Coca: planta narcótica, indígena dos Andes, da qual se obtém a cocaína.

de cavalos; em breve conseguiu ver os cavaleiros de elmos emplumados movendo-se numa nuvem de pó, com as lanças aos ombros. Marchando atrás deles, a alguma distância, encontrava-se a alta figura de barba negra de Pizarro, à cabeça dos seus soldados de infantaria; estava acompanhado pelo frade Valverde com a enorme cruz de madeira que este trouxera do Panamá atada à sua mula.

O que se segue é um relato dos acontecimentos que ocorreram naquele dia, registados por Mena e pelo soldado de infantaria, Diego de Trujillo:

> Eram seis da tarde e começou a chover, e caíam enormes pedras de granizo, obrigando os homens a abrigarem-se nos edifícios... depois o governador [Pizarro] entrou com a infantaria, estando todos estes muito assustados... pois não podíamos contar com outra salvação para além da concedida por Deus... o capitão Hernando de Soto pediu ao governador permissão para ir falar com Atahualpa, na companhia de cinco ou seis cavaleiros e um índio... e contra o que seria aconselhável, o governador concordou. Toda a região perto do acampamento estava guardada por esquadrões de guerreiros com lanças e arqueiros... os Espanhóis cavalgaram através das suas fileiras sem qualquer obstáculo até chegarem ao cacique: sentado como estava em frente da porta do seu alojamento, e com ele muitas das suas mulheres... e depois Hernando de Soto cavalgou directamente até ele, e tão próximo dele que o focinho do seu cavalo lhe tocou no toucado: e nem uma única vez o cacique se moveu. O capitão De Soto tirou então um anel do dedo e deu-lho, como símbolo de paz e amizade, o que ele aceitou com pouco sinal de estima...
>
> E como ele não regressou e suspeitando que pudesse ter sido morto, o governador mandou [o seu irmão] Hernando Pizarro levar com ele cavaleiros e soldados de infantaria, e eu [Trujillo] entre eles, para descobrir o que acontecera. Quando chegámos ao acampamento encontrámos o capitão De Soto com os homens que levara, e Hernando Pizarro disse-lhe: «Meu senhor, o que se passa?» E ele respondeu: «Como podeis ver, ainda estamos à espera», e depois disse: «Em breve, Atahualpa sairá» — o qual ainda se encontrava no alojamento — «mas até agora ainda não o fez». Hernando Pizarro gritou ao intérprete: «Diz-lhe para sair!». O homem regressou e disse: «Esperem, ele ver-vos-á em breve». E Hernando Pizarro disse-lhe: «Diz ao cão para sair imediatamente!»...
>
> E depois Atahualpa saiu do seu alojamento, segurando nas mãos duas pequenas taças de ouro cheias de *chicha* [vinho de milho], e entregou uma a Hernando Pizarro e a outra bebeu-a ele.

Os Galeões de Sevilha

E Hernando Pizarro disse ao intérprete: «Diz a Atahualpa que não existe nenhuma diferença de categoria entre mim e o capitão De Soto, pois somos ambos capitães do rei. E deixámos as nossas terras natais ao seu serviço, para vir até aqui e instruí-lo na Fé». E depois ficou acordado que Atahualpa iria no dia seguinte, que era um sábado, a Cajamarca. A guardar o seu acampamento havia mais de 40 000 guerreiros índios em esquadrões, e muitos dos principais senhores da terra. E ao partir, Hernando de Soto fez empinar o seu cavalo, perto do local onde estava posicionado o primeiro destes esquadrões, e os índios dos esquadrões fugiram, caindo uns sobre os outros. E quando regressámos a Cajamarca, Atahualpa ordenou que fossem mortos 300 destes porque tinham mostrado medo e fugido, e isto descobrimos noutro dia quando encontrámos os seus corpos...

No dia seguinte, Atahualpa chegou a Cajamarca com todo o seu povo em cortejo, e para andar quase uma légua eles iniciaram a viagem durante quase uma hora antes do entardecer... era como se todo o vale estivesse em movimento... à frente vinham 600 índios em librés brancas e pretas, como se fossem peças de um tabuleiro de xadrez, a varrer a estrada das pedras e ramos... usando toucados de ouro e prata... e o governador, vendo que estavam a demorar tanto tempo, enviou Hernando de Aldana, que falava a língua deles, para lhe pedir que viesse antes de ser demasiado escuro. Aldana falou-lhe, e só então começaram a andar num passo mais rápido... em Cajamarca há 10 ruas que conduzem à praça, e em cada uma destas o governador colocou oito homens, e nalgumas um número menor, devido aos poucos homens que tinha, e os cavaleiros ele posicionou em três companhias: uma com Hernando Pizarro, uma com Hernando de Soto e os seus homens, e uma com Sebastián de Belalcázar com os seus, todos com campainhas presas às rédeas, e o governador posicionou-se na fortaleza com 24 dos seus guardas; pois ao todo éramos 160: 60 cavaleiros e uma centena de peões.

Quando Atahualpa entrou na praça de Cajamarca, e como não viu quaisquer cristãos, perguntou ao senhor inca que estivera connosco, «O que aconteceu a esses barbudos?». E o senhor inca respondeu: «Estão escondidos». E pediu-lhe para descer da liteira-trono em que se sentava, mas ele recusou-se. E depois o frade Vicente de Valverde apareceu e tentou informá-lo do motivo por que viéramos, seguindo ordens do papa e de um dos seus filhos, o líder cristão que era o imperador, o nosso senhor. E falando das palavras dos Santos Evangelhos, Atahualpa perguntou-lhe: «De quem são essas palavras?» E ele respondeu: «São as palavras de Deus.» E Atahualpa perguntou-lhe: «Como é possível?» E frei Vicente respondeu: «Vede, aqui estão escritas.» E mostrou-lhe um breviário que abriu, e Atahualpa exigiu que lho desse e pegou nele, e, depois de olhá-lo, atirou-o ao chão e ordenou: «Não deixai nenhum escapar!» E os índios soltaram um grande grito: «Inca, que assim seja!» E os gritos assustaram-nos muito. E frei Vicente voltou e subiu ao muro onde o governador estava e disse-lhe: «Vossa Excelência, que ides fazer? Atahualpa é como Satanás!»

Então o governador desceu e muniu-se de um escudo e uma espada, e colocou o elmo, e com os 24 homens que o acompanhavam, e eu [Trujillo] entre eles, fomos directamente até à liteira de Atahualpa, empurrando por entre a multidão de índios, e enquanto tentávamos tirá-lo da sua liteira os cavaleiros carregaram com grande ruído, que era causado pelas campainhas das suas rédeas, e ali na praça caíram tantas pessoas, umas em cima das outras, que muitas sufocaram, e dos 8000 índios que morreram, mais de metade pereceu deste modo. A matança dos que fugiram continuou por meia légua e durante a noite...[12]

Em menos de uma hora, e sem perder um só homem, os conquistadores de Pizarro mudaram para sempre o curso da História mundial e lançaram as fundações da herança hispânica da América do Sul. Quase meio século depois, relatos de nativos registados por missionários e funcionários da Coroa forneceram uma visão mais condenatória do massacre. O índio Sebastián Yacobilca recordou que 20 000 guerreiros foram mortos e afirmou ter testemunhado pessoalmente Pizarro e o seu irmão Hernando e «os seus outros irmãos, e vários Espanhóis, que estavam com eles, levarem do acampamento de Atahualpa para os seus alojamentos no povoado todos os seus tesouros de ouro, prata e jóias, que guardaram para seu uso e para o uso das suas mulheres e filhos»[13]. O cheiro da morte pairou sobre o povoado durante dias, e tudo quanto se ouvia eram os lamentos das mulheres índias, muitas das quais tinham assistido ao fim dramático dos nobres incas. Até ao último homem, a escolta mantivera erguida a liteira do seu imperador; alguns tinham perdido os braços, e usavam em vez desses os cotos sangrentos e mutilados dos seus ombros para o suster. Outros assistiram em silenciosa descrença, hipnotizados pela visão do seu deus vivo nu e acorrentado como um animal suplicando aos seus captores que lhe poupassem a vida e prometendo encher-lhes duas salas com ouro e prata em troca da sua liberdade. «Com um risco branco», recordou Trujillo, «ele marcou a altura de dois homens», em cada sala[14].

Vários conquistadores deixaram descrições de Atahualpa. O escrivão de Pizarro, o sevilhano Francisco López de Jerez, registou que ele tinha «perto de 30 anos... algo corpulento, rosto imponente, belo e feroz, os olhos injectados de sangue»([15]). O conquistador Miguel de Estete recordou que durante o seu cativeiro Atahualpa «deixou que se soubesse aquilo que planeara fazer connosco, pois fora sua intenção levar os nossos cavalos e éguas para criação, que foi o que mais o impressionou, e castrar alguns de nós para seu serviço como guardiães das suas mulheres, como era seu hábito, e os restantes de nós sacrificaria ao Sol»([16]).

Pedro Pizarro, que mais tarde serviu como um dos guardas de Atahualpa, escreveu que durante o seu cativeiro o imperador inca

> era servido pelas suas mulheres, que eram as suas irmãs; cada uma passando oito ou dez dias com ele, e que também eram servidas por um grande número de outras mulheres, filhas dos seus senhores... também teve alguns caciques com ele, que permaneciam lá fora, no pátio: e se ele chamava algum deles, este entrava descalço e carregando um fardo às costas em sua homenagem...
>
> Na cabeça, usava um *llautu*, que são tranças de lã colorida, com meio dedo de grossura e um dedo de largura, como se fosse uma coroa... na testa, usava uma franja atada ao *llautu*, feita de fina lã escarlate, uniformemente cortada e ornamentada com pequenos fios dourados. O cabelo, tal como o dos seus senhores, estava cortado curto... o vestuário que trazia era muito requintado e belo... sobre a cabeça, usava um manto que lhe cobria em parte o pescoço: de modo a esconder o ferimento que sofrera na orelha.
>
> Um dia, quando estava sentado num banco, com cerca de 30 centímetros de altura e feito de madeira avermelhada e muito bonita, a comer a refeição que as suas mulheres lhe tinham trazido e que tinham colocado no chão sobre folhas verdes e finas, apontou, como era seu hábito, para um alimento que desejava, e este foi-lhe prontamente levado pelas mulheres, e eram estas que lho levavam à boca. A certa altura, ao ser alimentado pelas suas irmãs e quando ergueu alguma comida para a levar à boca, caiu-lhe um bocado na roupa, e, estendendo a mão a uma das mulheres para que ela lha lambesse, levantou-se e entrou no quarto para vestir roupa nova, e quando voltou trazia uma camisa e um manto castanho escuro. Apalpei o manto, que era mais macio do que seda, e perguntei-lhe: «Inca, de que é feito este tecido?» E ele respondeu-me: «É feito de pássaros que voam de noite em Puerto Viejo e Túmbez, e que mordem o meu povo.» E quando lhe perguntei

o que é que ele guardava nas arcas, ele mostrou-me que estas continham o vestuário que usara e todos os trajes que lhe tinham tocado a pele. E eu perguntei-lhe: «Por que motivo tendes aqui estes trajes?» Ele respondeu que era para os poder queimar, pois aquilo que fora tocado pelos filhos do Sol devia ser reduzido a cinzas, que a ninguém era permitido tocar-lhes, e que deveria ser espalhado ao vento[17].

Cajamarca também assinala a primeira referência às princesas incas, às irmãs-mulheres e às concubinas reais do imperador Atahualpa, totalizando talvez várias centenas de mulheres que tinham feito parte do harém no seu acampamento. Devem ter constituído uma visão fabulosa, de rostos escondidos por trás de máscaras de ouro martelado e vestidos ornamentados com pedras preciosas, que poucos dos homens de Pizarro poderiam ter visto na pobreza e miséria da sua terra natal. Pedro Pizarro registou:

> Elas eram transportadas em liteiras ou em redes, que são cobertores atados em cada uma das extremidades a postes grossos, com a grossura do braço de um homem, e ricamente fabricados, e nestes as princesas estão deitadas, os seus corpos cobertos e escondidos por dosséis sobre as suas liteiras ou redes. Eram servidas por uma multidão de criados, que as tratavam com grande reverência, e tinham uma bela aparência... os seus mantos de um tecido muito delicado e macio... usavam o cabelo, que era preto, comprido, a cair-lhes sobre os ombros... quase todas elas eram muito belas[18].

Foi permitido a diversas princesas permanecer com Atahualpa durante os oito meses do seu cativeiro até à sua execução no povoado, e entre elas encontrava-se a sua meia-irmã Quispe Sisa, então possivelmente com não mais do que 12 anos, que ele ofereceu a Pizarro. Outra das princesas era a sua sobrinha Cuxirimay, anteriormente a sua mulher favorita; esta foi mais tarde violada pelo intérprete índio Felipillo. Só recentemente é que a identidade de várias outras princesas de Cajamarca foi conhecida, principalmente devido aos depoimentos que estas prestaram nas suas petições à Coroa espanhola. Muitas tornaram-se amantes dos principais capitães de Pizarro e deram-lhes numerosos filhos mestiços.

Quatro semanas depois da chegada do conquistador Cristóvão de Mena a Sevilha — e quase um ano depois da captura do imperador Atahualpa em Cajamarca —, outro dos navios das Índias, o pequeno galeão *Santa María del Campo*, pilotado por Pedro Bernal, atracou no cais entre uma fanfarra ainda maior do que aquela que acolhera os dois navios anteriores vindos das Índias; este transportava o quinhão inicial do tesouro de Cajamarca, pertencente à Coroa, que o irmão de Pizarro, Hernando, trouxera consigo do Peru. Foi necessário quase um dia inteiro para que os trabalhadores da Contratación descarregassem os caixotes de madeira cheios de ouro e prata, totalizando perto de 100 000 pesos de ouro, e que os empilhassem em carros de bois que esperavam, para fazer a curta viagem até ao depósito nas traseiras do palácio de Alcazar(*).

Os registos mostram que Pizarro mandou que o tesouro de Cajamarca fosse derretido em nove fundições diferentes. Durante sete dias e sete noites, 11 toneladas de artefactos de ouro e prata foram alimentar as fornalhas, rendendo perto de 13 429 libras de ouro de 22,5 quilates em lingotes e 26 000 libras de prata. A distribuição do tesouro — que incluía 700 folhas de ouro removidas do templo inca de Coricancha em Cusco — demorou um mês inteiro a concluir. Um documento que apresentava a marca de Pizarro registava a quantidade total do tesouro derretido em Cajamarca como 1 326 539 pesos de ouro e 51 610 de prata[19]. Nenhum destes valores incluía os artefactos de ouro e prata e as jóias de que os conquistadores se apoderaram como saque pessoal, nem o trono de ouro de Atahualpa de que Pizarro se apoderou para si próprio. Anos mais tarde, o conquistador Diego Maldonado, conhecido como *El Rico*, casou com a filha de um nobre espanhol e ofereceu-lhe um colar inca de esmeraldas, juntamente com a estatueta de ouro de um puma, que ele provavelmente pilhara ou em Cajamarca ou no saque de Cusco, que ocorrera quatro meses mais tarde.

Cada um dos cavaleiros de Pizarro foi recompensado com cerca de 8800 pesos de ouro e 362 marcos de prata, cada um dos seus soldados de infantaria com 4440 pesos de ouro e 181 marcos de prata. O seu quinhão do saque foi de 57 740 pesos de ouro, e os seus principais capitães também receberam um quinhão muito maior do

---

(*) Peso: moeda, querendo o nome originalmente significar medida de peso. Valor aproximado actual, em ouro e prata: Peso de ouro = £ 25 [35 €]. Peso de prata = £ 17 [24 €]. O valor em Espanha no início do período colonial teria assim sido três vezes maior.

tesouro do que os outros homens. Hernando de Soto foi recompensado com 17 740 pesos de ouro — o facto de alguns anos mais tarde ele trazer consigo para Sevilha uma fortuna pessoal de 100 000 pesos de ouro demonstra a enorme discrepância entre os registos oficiais e o montante verdadeiro do saque de que os conquistadores se apoderaram em Cajamarca, e mais tarde em Cusco — saque esse que nunca foi declarado à Coroa.

O escrivão Francisco López de Jerez registou a embriaguez irreflectida de gastos que se seguiu à distribuição dos poucos bens disponíveis que foram encontrados no acampamento, todos pagos com barras de ouro e prata: um jarro de vinho custava 60 pesos de ouro; um par de botas ou calções entre 30 a 40 pesos; uma capa, 125 pesos; uma cabeça de alho, meio peso; uma espada, 50 pesos, e uma folha de pergaminho fino, 10 pesos[20]. O soldado de infantaria Melchor Verdugo comprou um cavalo, dois escravos ístmicos (um homem e uma mulher) e 20 galinhas por 2000 pesos. Um cavalo em más condições foi avaliado em 94 pesos e um em bom estado em 3000 pesos. Diz-se que Juan Pantiel de Salinas, um dos ferradores, passou vários dias a ferrar cavalos com prata.

Durante algumas semanas, o tesouro esteve publicamente exposto em Sevilha no pátio da Contratación. Muitos dos ornamentos tinham sido saqueados da cidade costeira inca de Pachacamac, e o índio Sebastián Yacobilca recorda: «Uma grande quantidade de vasos de ouro e prata, jarros, cântaros, imagens de pumas e raposas, de homens e mulheres, de milho, sapos e cobras foi levada da sala grande e dada a Hernando Pizarro, que os levou consigo para Cajamarca, e este foi transportado por mais de 10 000 índios»[21]. Entre os artigos listados encontrava-se uma estátua de ouro em tamanho natural de um homem novo e uma enorme águia de prata.

Entre as pessoas que se juntaram para ver o espectacular tesouro estava o jovem Pedro de Cieza de León, futuro historiador, que pôde observar o quinto do saque que coube à Coroa espanhola, e que ficou pertença de Carlos V. Infelizmente, os funcionários da Contratación mandaram derreter o tesouro em Fevereiro de 1534, apenas um mês depois da chegada de Hernando Pizarro a Sevilha.

O conquistador Cristóvão de Mena nunca assinou a sua crónica. A sua autoria permaneceu desconhecida até 1935, quando o académico peruano Raúl Porras Barrenechea o identificou como sendo o autor. As memórias do soldado de infantaria Diego de Trujillo tinham sido apenas descobertas um ano antes, em 1934, na biblioteca do Palácio Real, em Madrid. O embaixador veneziano Andrea Navagero morreu em França três anos depois de partir de Sevilha. Entre os seus papéis foi descoberta a sua tradução para italiano do resumo da história das Índias da autoria do cronista Gonzalo Fernández de Oviedo, *Historia Natural y General de las Indias*, que o seu primo Giovanni Battista Ramusio publicou em Veneza, juntamente com a crónica anónima de Mena, intitulada *Relatione d'un capitano spagnuolo della conquista del Peru*.

Ramusio morreu em Pádua com a idade de 72 anos, e foi enterrado numa praça tranquila e despretensiosa em Veneza, num túmulo que ele construíra originalmente para a sua mãe na igreja da Madonna dell'Orto, onde o pintor Tintoretto também está sepultado.

II

O Reino das Montanhas de Neve

Numa manhã de Inverno do ano 1572, podia-se ver-se um cortejo a serpentear através das estreitas ruas pavimentadas de Cusco, encabeçado por 37 príncipes e nobres incas, vestidos nos seus melhores trajes e segurando ao alto os estandartes das suas respectivas famílias, brasonados com as cotas de armas que lhes tinham sido concedidas pelo imperador espanhol Carlos V. Atrás, a cavalo, vinham os quatro conquistadores veteranos, vestidos de veludo e tafetá, usando as capas pretas dos fidalgos, e as rédeas e arreios dos seus cavalos embutidos em ouro. A Praça de Armas, a grande praça quadrada da cidade, estava bordejada por centenas de espectadores, muitos deles colonos recentemente chegados do istmo do Panamá que tentavam, curiosos, vislumbrar os veteranos sobreviventes do exército conquistador de Pizarro, e para ver os poucos membros que restavam da nobreza inca da cidade.

O cortejo chegou por fim à recém-construída sala do conselho, onde um pelotão de alabardeiros espanhóis e índios cañari montava guarda. Um a um, os homens entraram no edifício, onde foram recebidos pelo vice-rei Dom Francisco de Toledo, de 57 anos, cujo peito da capa estava bordado com a cruz verde da Ordem de Alcántara; catorze anos antes ele estivera presente aquando da morte do imperador Habsburgo, Carlos V, no desolado mosteiro de Yuste, na Extremadura[1]. O seu retrato mostra-o como tendo sido um homem pálido e de rosto magro, mas tinha importantes ligações familiares: catorze anos mais tarde, o próprio El Greco pintaria o enterro de um dos antepassados de Toledo numa das suas principais obras-primas, *O Enterro de Gonzalo Ruiz de Toledo, Conde de Orgaz*, que ainda pode ser visto na igreja de São Tomé, em Toledo.

Contudo, não chegou até nós qualquer retrato dos homens que ele reuniu naquela manhã na sala do conselho da cidade, entre eles os advogados Juan de Matienzo e Juan Polo de Ondegardo, o padre Cristóvão de Molina e o explorador Pedro Sarmiento de Gamboa, recentemente regressado à colónia vindo de uma expedição ao Pacífico Ocidental. (Esta expedição descobrira as Ilhas Salomão, e não fora a cobardia do seu comandante naval teria chegado à costa oriental da Austrália cerca de 200 anos antes do capitão Cook.) Cada um destes homens era uma autoridade em assuntos índios, e a pedido de Toledo tinham compilado relatos separados da história dos Incas, baseados numa série de pesquisas semelhantes efectuadas por toda a região andina.

O vice-rei Toledo também tinha encomendado ao parente de Pizarro, Pedro Pizarro, e ao idoso conquistador Diego de Trujillo a redacção das suas memórias da travessia dos Andes, ocorrida quase meio século antes. A sua intenção, tal como o pequeno grupo de Espanhóis reunido naquela manhã na sala do conselho sabia, era conseguir um relato histórico da história dos Incas que provasse que os governantes incas tinham pouco direito ao império que haviam conquistado às suas tribos vassalas. Ele informara previamente os comissionários — encabeçados pelo advogado Gabriel de Loarte — da sua investigação, dizendo que se tais provas pudessem ser encontradas, seriam vistas em Espanha como uma refutação das acusações feitas à Coroa pelos seus críticos, principalmente pelo conhecido reformador social, o dominicano Bartolomé de las Casas. Este questionara o direito do seu país à conquista, e o seu legado literário ajudara a aumentar ainda mais o sentimento antiespanhol entre os países europeus vizinhos, que com o passar dos anos viam o crescente aumento do comércio colonial espanhol com inveja e cada vez maior suspeita.

Os quatro homens idosos que ele chamara como principais testemunhas da sua pesquisa eram *encomenderos* da cidade e ocupavam os cargos mais elevados desta; através dos seus filhos, cujas mães tinham sido princesas incas, mantinham laços estreitos com o que restava da

família real inca(*). Alonso de Mesa, o mais rico dos quatro, juntara-
-se à expedição de Conquista de Pizarro na sua Toledo natal com a
idade de quinze anos, e fora o mais novo conquistador presente em
Cajamarca. Semi-inválido, os seus braços aleijados eram o legado da
tortura que suportara às mãos do irmão de Pizarro, Gonzalo, por se
opor à rebelião deste contra a Coroa. Só recentemente sucumbira à
pressão que o clero da cidade exercera sobre ele para se casar com
uma das seis mães índias dos seus muitos filhos mestiços. Enviara
duas das filhas para Espanha e colocara-as num convento em Toledo
sob os cuidados do irmão, um padre da catedral de Toledo. Também
enviara o filho mais velho para Espanha, onde lhe comprara o domínio de um povoado em Castela.

Pedro Alonso Carrasco, um extremadurense e natural de Zorita,
também se alistara na expedição de Pizarro mas não estivera presente
na captura do imperador Atahualpa, tendo sido forçado a permanecer na colónia costeira de San Miguel antes de se juntar à travessia
final da expedição em direcção a Cusco.

Não se sabe muito acerca do terceiro homem, Juan de Pancorbo
Celiorigo, para além do facto de possuir a mansão na qual Toledo permaneceu durante a primeira parte da sua prolongada estada na cidade.

Da quarta testemunha, o cronista mestiço Garcilaso de la Vega
escreveu:

> Na altura em que os Espanhóis entraram pela primeira vez na ci-
> dade de Cusco, a imagem inca de ouro do Sol foi tirada do seu templo
> como parte do saque de um nobre e conquistador que dava pelo nome
> de Mansio Serra de Leguizamón, que eu conheci e que ainda estava
> vivo quando parti para Espanha, imagem essa que ele perdeu numa
> noite de jogatina, e devido à qual, segundo o padre Acosta(**), nasceu o
> refrão: «Ele jogou o Sol antes do amanhecer.» Muitos anos depois, o
> conselho dessa cidade, vendo quão pobre e perdido esse seu filho se
> tornara devido ao jogo, de modo a salvá-lo do seu vício elegeu-o como
> um dos seus alcaides na condição de que durante a duração anual do

---

(*) *Encomienda* — *encomendero*: concessão de terra de vassalos índios concedida pela Coroa em lugar de serviço feudal e condicionada à evangelização destes.
(**) O jesuíta José de Acosta, autor de *Historia Natural y Moral de las Indias*,
que mais tarde conheceu o vice-rei Toledo na cidade de La Plata durante a sua
digressão de inspecção.

seu cargo ele se abstivesse de jogar; cargo que serviu com diligência e cuidado, pois tinha muito de fidalgo, e nesse ano nunca tocou numa carta nem num par de dados. Vendo isto, a cidade honrou-o durante muitos anos com cargos públicos([2]).

Embora de facto nunca tenha perdido a sua paixão pelo jogo, tal como o demonstram as dívidas de jogo enumeradas num dos seus testamentos, o biscainho Mansio Serra de Leguizamón — cujo nome aparece em vários depoimentos durante anos a favor das princesas incas de Cusco — teve um papel proeminente na captura da capital inca sob o comando de Hernando de Soto. Também serviu na defesa da cidade contra o levantamento nativo cerca de três anos depois, quando durante uma celebração fora confundido com o apóstolo São Tiago, como registou o cronista Frei Martín de Murúa:

> Pois desejo referir-me àquilo que ouvi os Espanhóis e índios dizerem do mesmo modo, que juram ser verdade aquilo que dizem, e que se lembram que na altura mais difícil da refrega um espanhol apareceu montado num cavalo branco e matando muitos índios, e muitos dos Espanhóis acreditam que ele era Mansio Serra de Leguizamón, um dos principais conquistadores de Cusco. No entanto, mais tarde, quando foram questionados a este respeito, descobriram que ele não estivera a lutar ali, mas noutra parte da cidade, apesar de não existir outro entre os Espanhóis que possuísse um cavalo branco para além dele. Muitos eram da opinião que fora o Apóstolo São Tiago, patrono e defensor de Espanha, que ali aparecera([3]).

Cada um dos veteranos idosos sabia que a nobreza nativa que os acompanhara até à sala tinha três dias antes aceite aquilo que lhes fora lido da história que o vice-rei encomendara a Pedro Sarmiento de Gamboa, referente à origem e governo dos seus antepassados. Durante todo esse dia, o advogado Loarte leu o manuscrito aos quatro conquistadores, um dos quais, Pancorbo, talvez fosse analfabeto, parando de tempos a tempos para lhes perguntar qual a sua opinião a respeito de certas passagens. Também lhes foi pedido para verificarem diversos tecidos pintados que representavam os retratos de governantes incas sob a forma de medalhões, juntamente com a genealogia das suas linhagens. Os conquistadores registaram que:

O Reino das Montanhas de Neve

Sempre lhes havia sido dito pelos índios mais velhos, e por outros, que desde o primeiro até Huáscar, que foi o último, houve 12 em número... e que eles tinham ouvido dizer que Tupác Inca Yupanqui, pai de Huayna Cápac, fora o primeiro que pela força das armas se fizera a si mesmo senhor de todo o Peru, do Chile a Pastu, reclamando diversas províncias nas vizinhanças de Cusco que o seu pai Pachacuti conquistara, e que se tinham revoltado... e que Huayna Cápac, seu filho, herdou a sua soberania e conquistou mais terras, e que à sua morte Huáscar, seu filho legítimo, lhe sucedeu: e enquanto o reino estava em guerra entre Huáscar e Atahualpa, seu irmão bastardo, Dom Francisco Pizarro por ordem de Sua Majestade chegou a estes reinos, e com ele o dito Alonso de Mesa, Mansio Serra de Leguizamón, Pedro Alonso Carrasco e Juan de Pancorbo([4]).

Serra de Leguizamón também informou que «ouvira dizer que Huayna Cápac morrera cerca de seis ou sete anos antes de o marquês Dom Francisco Pizarro ter entrado nesses reinos, pois isso foi o que os anciãos sempre me disseram, e até mesmo os Incas, que eram seus irmãos e irmãs»([5]).

A investigação registaria que o Império Inca — totalizando possivelmente sete milhões de vassalos — fora fundado através da conquista militar em menos de cem anos, sendo a sua sociedade governada por uma nobreza hereditária da tribo Quéchua da região de Cusco, conhecida como Inca, que dominara os Andes centrais, introduzindo nas tribos conquistadas o culto da adoração do Sol, já que alegavam a sua origem divina do Sol. Serra de Leguizamón também testemunharia muitos anos mais tarde:

> Eram um povo de grande importância, grandes senhores e filhos de reis, que governavam este reino, e como tal governavam na época em que eu comecei na descoberta e conquista do seu reino, e vi os Incas a comandarem e a governarem esta terra... pois o termo Inca significa aquilo a que nós chamamos em Espanha senhores dos vassalos, duques e condes, e outros dessa categoria. Pois eles eram soberanos destes reinos que tinham conquistado, do Chile a Quito, e para lá destes... pois eram pessoas de grande conhecimento, e pelo governo dominavam, embora não possuindo qualquer palavra escrita, e governavam como os Romanos em tempos antigos([6]).

Muita da tradição oral inca registada pelo padre Cristóvão de Molina, possivelmente o mais bem informado dos historiadores da investigação em relação à religião inca, atribui a sua origem ao lago sagrado de Titicaca, que se situa a 3600 metros acima do nível do mar e que faz fronteira com as actuais repúblicas do Peru e da Bolívia. Cobrindo cerca de 8290 quilómetros quadrados, o lago era venerado pelos Incas como o local do nascimento divino dos seus primeiros antepassados, Manco Cápac e Mama Ocllo, «filhos do Sol e da Lua». Nas suas memórias, o conquistador Pedro Pizarro registou que «estes índios afirmam que o primeiro dos seus senhores veio de uma ilha de Titicaca... onde eles guardavam a estátua de uma mulher, de tamanho natural e de estatura mediana, e que da cintura para cima era de ouro maciço, e da cintura para baixo, de prata pura, e que eu vi quando foi trazida [para Cusco]»[7].

O lago andino foi também o local de uma antiga civilização pré-colombiana — a Tiahuanacu —, uma comunidade militar religiosa que no ano 700 d. C. fora o núcleo de perto de 70 000 pessoas. Embora durante séculos a sua cidade-templo nas costas meridionais do lago tivesse sido pouco mais do que uma ruína árida, parte das suas tradições e iconografia religiosa sobreviveu entre os Aymára, seus descendentes tribais, e fora assimilada pelo Quéchua nos seus anos de expansão.

As divindades de Tiahuanacu incluíam Viracocha, que em quéchua e aymára significa «o Criador», cuja imagem ainda pode ser vista esculpida no friso da sua Porta do Sol. O cronista-soldado Pedro de Cieza de León, que visitou Tiahuanacu 16 anos depois da Conquista, registou que as suas ruínas «são da maior antiguidade em todo o Peru... pois ouvi ser dito por muitos índios que os Incas construíram os seus edifícios em Cusco segundo a sua forma e modo, e foi onde reuniram pela primeira vez o seu tribunal, aqui em Tiahuanacu»[8]. De modo semelhante, os missionários espanhóis iriam mais tarde transformar outra das divindades da região, Thunupa, uma figura semelhante a Cristo, ou no apóstolo São Tomé, o apóstolo da Índia, ou em São Bartolomeu, sendo os símbolos religiosos de ambos visíveis nos quadros e estátuas das igrejas coloniais da região.

Os Espanhóis descobriram três dos principais santuários de templos do culto do Sol, onde eram praticados os sacrifícios humanos de mulheres virgens e crianças. Estes situavam-se em Copacabana, na margem sudeste do lago Titicaca, mais tarde o local do santuário colonial do século XVII dedicado à Virgem de Copacabana; em Pachacamac, um santuário costeiro a sul de Lima, do qual Hernando Pizarro retirou grande parte do tesouro que levou consigo quando regressou a Sevilha; e no templo de Coricancha, em Cusco, cujas folhas de ouro das paredes também fizeram parte do saque espanhol. Os conquistadores também recordam como os Incas instruíram as suas tribos vassalas «na veneração dos seus ídolos do Sol e das estrelas, ensinando-lhes como fazer sacrifícios nas montanhas e locais sagrados de cada província... forçando-os a matar os seus filhos e filhas para esse efeito... e a sacrificar as suas mulheres, de modo a poderem servi-los no Além»([9]).

A sociedade inca foi integralmente associada à vida espiritual do seu povo e às suas crenças no sobrenatural: um mundo com o qual comunicavam na sua adoração da natureza, e que os colocava em comunhão com um mundo invisível. Mesmo na morte era uma sociedade governada pela ordem e contida por uma estrutura terrestre, ligando o sobrenatural ao mundo vivo.

Tal como os advogados Polo de Ondegardo e de Loarte registaram, quase todos os aspectos da governação inca, desde as instruções detalhadas dadas a cada província referindo-se à necessidade de fornecer artesãos e trabalhadores agrícolas para o seu sustento, passando pela distribuição de terras, até à punição (normalmente, a morte) infligida aos adúlteros, violadores e ladrões, eram registados pelos *quipucamayoc*, os historiadores incas, nos seus quipos, ou cordões de fio colorido, que também eram usados para a numeração e para fórmulas astronómicas e mágicas. A sua utilização fora transmitida de pai para filho durante cerca de 300 anos, e também registavam as genealogias incas e eventos históricos, a quantidade de colheitas e cada artigo que fora transportado ou armazenado nos armazéns do império, e até as medidas da construção dos edifícios, «algo que merece grande admiração e que se torna difícil de acreditar por parte daqueles que não os examinaram, ou viram a ser utilizados»([10]).

Um manuscrito compilado por um conquistador desconhecido, que vivera na região de Collasuyo, nas terras altas bolivianas, e cujo depoimento teria sido conhecido da investigação, registou:

> Em cada uma das suas províncias, os Incas tinham governadores, que administravam com grande acerto e ordem... havia outros de categoria inferior que eram conhecidos como os *sayapaya*: inspectores que fiscalizavam os decretos do Inca e do reino, visitando os armazéns e os rebanhos de lamas que pertenciam ao Sol e ao Inca. E também

inspeccionavam as *mamacunas*, virgens do Sol, e a veneração e sacrifícios que estas ofereceriam ao Sol e aos *huacas*, que eram os ídolos que eles adoravam. Em cada aldeia havia armazéns para cada artigo e produto; pois a preguiça e a vagabundagem eram severamente castigadas, e todos trabalhavam na produção destes bens; e nas terras onde o milho não crescia, havia armazéns de *chuño* [batatas secas], tal como outros produtos de cada região, nenhum dos quais era consumido a não ser em tempos de guerra ou necessidade: depois seriam distribuídos ordenadamente.

Os senhores incas que visitassem os governadores das províncias seriam recebidos com grande honra, como se fossem o próprio imperador, e seriam informados de todo o trabalho que fora ordenado ao povo... e estes caciques, que tinham servido os Incas, seriam bem recompensados com mulheres e criados, gado e vestuário de boa qualidade, e ser-lhes-ia concedido o privilégio de serem transportados em liteiras ou redes, e ser-lhes-iam dados *yanacona*, criados, para esse propósito; também lhes seria concedido o direito de usarem guarda-sóis e serem servidos em tigelas e pratos de ouro ou prata: algo que ninguém usaria sem a autorização dos Incas; estes privilégios também lhes eram concedidos quando iam uma vez por ano a Cusco com o seu tributo, vindos de locais tão longínquos quanto o Chile ou Las Charcas.

No mês de Maio, todos os principais caciques dos diferentes *suyos* reunir-se-iam perante o imperador na grande praça de Cusco com o seu tributo de ouro, prata, vestuário, gado, e também o seu tributo de mulheres, e depois disso teriam os seus festins e executariam as suas cerimónias e sacrifícios[11].

Caravanas de lamas transportavam os produtos do império pelas quatro principais estradas pavimentadas a pedra que conduziam a Cusco, vindas dos quatro *suyos* ou províncias: a Chinchasuyo setentrional, a Cuntisuyo ocidental, a Antisuyo oriental e a Collasuyo meridional, cobrindo uma distância de cerca de 22 400 quilómetros. O irmão de Pizarro, Hernando, numa carta enviada da ilha de Hispaniola quando estava a caminho de Sevilha, descreveu as estradas incas como «algo em que se teria de acreditar, pois em toda a verdade, numa terra tão árida, não há nada em toda a Cristandade que se compare à sua beleza... todos os rios têm as suas próprias pontes, ou de pedra ou de canas. Num grande rio, que era muito turbulento e largo, e que atravessámos duas vezes, havia uma ponte feita de canas, que era uma maravilha de se ver, e que os cavalos também atravessaram»[12].

Na época da Conquista, numa região de cerca de 103 quilómetros quadrados perto de 200 000 pessoas ajudavam a sustentar o fluxo de vida para a capital, Cusco, a que os Incas se referiam como o «umbigo do mundo». A superioridade mística da capital inca, situada num vale da montanha a 3150 metros acima do nível do mar, estava reflectida na pessoa do seu imperador, e era mantida no Além pelas *panacas*, casas dos mortos, uma casa para cada uma das respectivas famílias dos imperadores, e que eram santuários vivos da sua imortalidade.

Em vida, cada imperador erigia a sua própria *panaca* num dos palácios da cidade, provida por cerca de um milhar dos seus familiares e criados para supervisionar a sua riqueza pessoal e propriedades após a sua morte. Quando os Espanhóis entraram pela primeira vez em Cusco, 11 *panacas* eram veneradas na cidade, às quais pertenciam todos os príncipes e alta nobreza, através da sua descendência materna ou paterna, conferindo-lhes privilégios e prestígio ímpares entre os Quéchua e as suas tribos vassalas. A aristocracia estava dividida entre dois grupos distintos: Hanan Cusco, o agrupamento dominante militar e secular, e Hurian Cusco, o seu equivalente espiritual e místico. Mesmo cerca de 20 anos depois da Conquista, num tribunal reunido na cidade de Potosí, as testemunhas índias referiram-se ao imperador espanhol Carlos V como o «Hatun [*apu*, senhor], de Castela», a *panaca* dominante Hanan[13].

Os vários milhares de senhores incas e os seus dependentes familiares perfaziam quase toda a população da cidade. Ao longo do rio Huatanay e na zona inferior do vale, alojavam-se os *yanacona*, a casta dos criados, responsável pela limpeza das ruas da cidade e pela manutenção dos edifícios. Habitando também a zona inferior do vale encontravam-se as *mitimae*, comunidades de tribos vassalas, que viviam sob a lei dos seus caciques; tinham sido levados aos milhares para Cusco, vindos das suas terras tribais, para executarem serviços anuais de trabalho. Num sistema rotativo conhecido como *mita*, que os próprios Espanhóis mais tarde adoptariam, os homens das tribos vassalas serviam como trabalhadores escravos para um objectivo específico e durante determinado período de tempo nas quatro regiões do império, quer na agricultura ou nas minas, ou como guerreiros dos exércitos imperiais. No seu depoimento, Pedro Alonso Carrasco afirmou que de modo a manter as tribos em servidão e a evitar rebeliões «os

Incas levavam o seu povo de uma região para outra, aqueles que eram de Quito para Cusco, e aqueles de Cusco para terras ainda mais remotas»([14]).

É também graças ao geógrafo veneziano Giovanni Battista Ramusio que nos chegou a excelente descrição de Cusco, originalmente escrita pelo secretário de Pizarro, Pedro Sancho de la Hoz, e foi publicada em 1550 no seu terceiro volume de *Navigationi e Viaggi*, tendo-se subsequentemente perdido o manuscrito espanhol original:

> A cidade, sendo a principal sede destes senhores, é tão grande e bela que seria digna de ser vista até em Espanha, cheia como está com os palácios dos seus senhores; pois não vivem aí pessoas pobres, e cada senhor possui a sua própria casa, tal como os caciques, embora estes não vivam ali permanentemente. A maioria destas casas é feita de pedra, e as outras são em parte de pedra; muitas são de tijolo, e construídas com grande simetria, tal como as suas ruas, em forma de cruz, todas elas direitas e pavimentadas, e através das quais passam drenos, também de pedra. O seu único senão é que são estreitas, permitindo apenas a passagem a um único cavaleiro de um dos lados dos drenos. Esta cidade está situada no cimo da montanha, e existem muitos edifícios no seu flanco e margens, e na planície em baixo.
>
> A sua praça é um quadrângulo, e na sua maior parte plana e pavimentada com seixos; ao longo da praça encontram-se as quatro mansões dos seus senhores, que são os principais palácios da cidade, pintadas e construídas em pedra; o melhor de todos é o palácio do imperador, o velho cacique, cujo portão é de mármore branco e decorado com diversas outras cores, e que tem outros edifícios, com telhados planos, que também são dignos de nota. Existem nesta cidade muitos outros edifícios de muita grandiosidade: de cada lado corre um rio, cuja nascente se situa uma légua acima de Cusco, e que flui durante mais duas léguas até ao vale; as suas águas são límpidas, e sobre cada um há uma ponte para a cidade.
>
> Acima, na montanha, que na face virada para a cidade é circular e muito árida, existe uma enorme fortaleza de pedra de grande beleza, que tem elevadas torres de vigia sobranceiras à cidade, o que dá à sua aparência ainda maior esplendor. Dentro desta existem muitos edifícios e uma torre principal, de forma cilíndrica, com quatro ou cinco torres mais pequenas, umas sobre as outras: as salas e átrios dentro destas são pequenos, embora as suas paredes sejam de fina execução, e muito bem feitas, com as juntas na pedra em perfeita ordem, tal como aquelas que podem ser vistas em Espanha, uma contra a outra, no

entanto sem qualquer indício de areia, e tão suaves que parecem polidas. Possuem tantas torres adjacentes e pátios que uma pessoa seria incapaz de as inspeccionar todas num só dia: e muitos Espanhóis que viajaram na Lombardia e noutros reinos estrangeiros dizem que nunca viram tal fortaleza ou castelo. Esta poderia aquartelar 5000 Espanhóis: não pode ser atacada por arietes, nem minada por baixo, devido à sua posição montanhosa...[15]

Na morte, tal como em vida, os Incas celebravam a sua origem divina perante as múmias dos seus imperadores mortos, exibidas na praça central de Cusco em tronos sobre liteiras perante milhares de pessoas. Preservadas com unguentos e ervas aromáticas, e enfaixadas com linho branco numa forma oval, os rostos com máscaras de ouro, as múmias eram simbolicamente «alimentadas» pelos seus criados com *chicha*, vinho de milho e folhas de coca (uma planta sagrada para as *panacas*), sendo depois entretidas com discursos de médiuns. Num ritual que aclamava a sua divindade, as princesas incas, as concubinas e irmãs-mulheres do imperador actuavam num teatro dos mortos, representando o *yuyacucuy*, o passado intemporal gelado do seu povo.

Pouco resta de Coricancha, o grande Templo do Sol de Cusco, onde muitas destas cerimónias tinham lugar, para além das suas substruturas e algumas das salas; grande parte da sua vasta estrutura foi roubada para ser usada na construção do mosteiro de São Domingos. O soldado-cronista Pedro de Cieza de León, que quando era jovem vira o tesouro de Cajamarca exibido na Casa de la Contratación, em Sevilha, e que entrevistou diversas princesas incas e conquistadores durante a sua estada em Cusco, descreveu o templo como tendo 400 passos de circunferência, rodeado por um muro alto da melhor alvenaria e precisão. Escreveu:

> Em toda a Espanha não vi nada que se compare a estes muros, nem à colocação das suas pedras... a pedra é de cor algo preta, áspera, e no entanto muito bem cortada. Há muitas portas e os seus arcos são de excelente construção; a meia altura das paredes há uma faixa de ouro, com cerca de 43 centímetros de largura e cinco de profundidade. As portas e arcos também estão adornados com folhas deste metal. Dentro deste recinto há quatro casas, não muito grandes mas de construção semelhante, as paredes interiores e exteriores adornadas com folhas de ouro, e os tectos de colmo. Embutidos nas paredes internas destas casas estão dois bancos de pedra, iluminados por focos de luz do

sol e decorados com pedras preciosas e esmeraldas. Nesses bancos sentavam-se os imperadores, e qualquer pessoa que aí se sentasse seria condenada à morte... em cada uma das entradas encontravam-se criados que guardavam as virgens, que eram muitas, e sendo filhas dos principais senhores eram escolhidas pela sua beleza; permaneceriam no templo até uma idade avançada; e se alguma tivesse tido ligações com homens seria morta ou enterrada viva, sendo também esse o castigo do homem. Estas mulheres chamavam-se *mamacunas*, e não tinham qualquer outro tarefa para além de pintar o vestuário de lã para usar no templo, e a confecção de *chicha*, com o qual se enchiam contentores em enorme quantidade.

Numa destas casas, a mais importante de todas, encontrava-se a imagem do Sol, de grande dimensão e feita de ouro e embutida com pedras preciosas. Também aí eram colocadas as múmias dos Incas que reinavam em Cusco, cada qual rodeada por grande quantidade de tesouros... à volta da casa do templo havia alguns edifícios mais pequenos, que eram as habitações dos índios que serviam no templo, e um redil onde guardavam os lamas brancos, e as crianças e homens que iriam ser sacrificados. Havia também um jardim, cuja terra e relva eram de ouro fino e onde crescia milho artificial, também de ouro, tal como os seus caules e espigas, e era tão bem plantado que até num vento forte se mantinham de pé. De igual modo, havia lamas de ouro com as suas crias, e pastores com as suas fundas de pedra e bordões, todos de ouro....[16]

A maior parte das testemunhas da investigação afirmou que a sucessão ao trono do imperador Huayna Cápac permanecera por resolver. Embora nem a primogenitura nem a legitimidade no sentido europeu da palavra fossem requisitos estabelecidos entre os Quéchua, a pureza da sua linhagem favorecia a sucessão de um filho de uma irmã-rainha. Era uma sucessão que também dependia da aliança das *panacas* de Cusco e da sanção do sumo sacerdote do Sol, conhecido como o *Villaoma*(*). O conquistador Mansio Serra de Leguizamón, que fizera o *Villaoma* prisioneiro, fora recompensado pelo imperador Carlos V com a imagem deste no brasão da sua família.

Após a morte da sua irmã-rainha, a Coya Cusi Rimay, que era provavelmente a mãe do seu filho Ninancuyochi, o imperador casou

---

(*) *Villaoma*: tal como está escrito nos depoimentos de vários conquistadores.

O Reino das Montanhas de Neve

com a irmã mais nova, a Coya Rahua Ocllo, que durante muitos anos fora sua concubina(*). Conhecida pela sua beleza excepcional e pela magnificência da corte sobre a qual presidia, diz-se que ela fora acompanhada durante as suas viagens através do império por um milhar de músicos. O mais velho dos seus filhos era Topa Cusi Huallpa, conhecido como Huáscar, que Huayna Cápac nomeou governador de Cusco e do seu império meridional. As mais novas das suas filhas eram as Coyas Marca Chimbo e Quispiquipi — estas jovens foram as únicas crianças imperiais que sobreviveram aos massacres ordenados por Atahualpa, e após a Conquista ficaram conhecidas como Dona Juana e Dona Beatriz[17].

Atahualpa era um entre centenas de outros filhos do imperador, mas tornou-se no filho favorito do Huayna Cápac, apesar do facto de a mãe ser apenas prima do imperador, não parente próxima. Dois outros filhos, os Incas Manco e Paullu, ambos de mães diferentes, iriam constar da história da Conquista. Pedro Sarmiento de Gamboa registou na sua história que nos últimos anos do reinado de Huayna Cápac o seu império foi devastado por uma praga, provavelmente varíola, que se espalhou das fronteiras setentrionais do seu reino para sul, chegando a atingir Cusco. Anos mais tarde, o jesuíta Bernabé Cobo escreveu que, num acto de penitência, o imperador entrara em reclusão e jejuava de modo a pôr fim ao sofrimento do seu povo, e que durante o jejum viu os fantasmas de três anões a entrarem na sua sala, o que ele interpretou como um sinal da sua morte iminente. Sarmiento de Gamboa também descreve com algum pormenor como o imperador convocou então os seus adivinhos para o orientarem na escolha de um sucessor. A carcaça de um lama foi levada à sua presença e as suas entranhas foram lidas pelo sumo sacerdote *Villaoma*, que o informou que os auspícios para a sucessão do seu filho Ninancuyochi eram desfavoráveis. Foi trazida a carcaça de um segundo lama, mas foram previstos os mesmos augúrios quanto à sucessão do seu filho Huáscar. Foi uma adivinhação que nunca seria repetida. Era o ano de 1527.

Um milhar dos seus criados foi sacrificado para o servir no Além, e durante dez dias as tribos de Quito choraram o seu falecimento

---

(*) Coya: título da irmã-mulher do imperador inca e das suas filhas.

com lamentos tradicionais, antes de o corpo ser levado para Tumibamba para ser mumificado. Em menos de cinco anos, o reino inca de Tahuantinsuyo tinha-se virtualmente desintegrado, e as circunstâncias haviam-no deixado à mercê da destruição inevitável e final às mãos do pequeno exército dos conquistadores de Pizarro, que tinham desembarcado na costa setentrional.

Os 13 relatórios reunidos pelo vice-rei Toledo foram transformados num tomo de 213 páginas que ele enviou ao Conselho das Índias. Também comunicou ao rei Filipe II que a população índia do Peru fora bastante reduzida. Surtos recorrentes de varíola, e as enormes baixas sofridas pelos guerreiros incas nas suas próprias guerras civis e, depois, nas rebeliões dos conquistadores, onde tinham servido em diversos exércitos privados, tinham reduzido em quase um terço a população masculina do antigo Império Inca.

Cerca de 20 anos antes, o funcionário da Coroa Antonio de Ribera, numa carta ao Conselho das Índias, registou que:

> Passaram-se cerca de 15 anos desde que o marquês Dom Francisco Pizarro ordenou a contagem dos índios das *encomiendas* dos conquistadores, os quais totalizavam 1 550 000 índios. E quando Pedro de la Gasca estava prestes a fazer um inventário semelhante [em 1548]... descobriu-se que em toda a terra não havia mais do que 243 000 índios tributários, tal como registado pelos depoimentos que foram feitos aos inspectores, sendo eu um deles[18].

A história dos Incas de Pedro Sarmiento de Gamboa, *Historia Indica*, encomendada pelo vice-rei Toledo, foi descoberta numa biblioteca na Dinamarca em 1906.

III

O Marquês de Las Charcas

26 de Julho de 1541

Francisco Pizarro levara muito tempo a decidir-se quanto ao nome a dar ao marquesado que lhe fora concedido pelo imperador Carlos V. O assunto ainda não estava decidido naquela manhã, quando ele o discutiu com o seu secretário Picado, que estava encarregado de toda a sua correspondência, assinando o seu nome com o habitual floreado ao lado da marca que costumava fazer. A região meridional de Las Charcas, onde ele possuía uma das suas maiores concessões — os 20 000 vassalos índios com que a Coroa o recompensara — era, na opinião de Picado, o título mais adequado([1]).

Apesar disso, os seus inimigos ainda se referiam simplesmente a ele como o «bastardo» ou o «guardador de porcos», uma calúnia frequentemente espalhada pelos apoiantes destituídos de outro esclavagista, o *Adelantado*(*) Diego de Almagro, cuja execução ele sancionara, e que afirmavam que em criança ele fora amamentado por porcos. Já lhe tinham chamado nomes piores, até mesmo o seu irmão Hernando, o único filho legítimo do seu pai fidalgo e empobrecido, que se recusara a reconhecer o seu parentesco até ele ter

---

(*) *Adelantado*: título militar indicando o governador de uma região fronteiriça.

regressado à sua aldeia natal extremadurense, já um experiente homem das Índias com um certificado real de conquista na sua posse. Nem quando viu os seus outros meios-irmãos pela primeira vez sabia se eles o aceitariam, ou se o seguiriam através de meio mundo em busca do império que acabariam por conquistar juntos — e sobre o qual ele agora governava como um deus, com poder sobre a vida e a morte de todas as almas vivas, do seu récem-construído palácio de Lima, a colónia costeira que ele fundara no Dia de Reis sete anos antes, e à qual chamara a Cidade dos Reis.

Na verdade, ninguém sabia qual a sua idade nem muito a seu respeito, excepto que era um homem velho que passara a maior parte da sua vida no istmo do Panamá, onde adquirira uma pequena *encomienda*, ganhando a vida como esclavagista, e que também estivera entre os homens de Balboa que tinham visto pela primeira vez o Pacífico([2]). Homem alto, de feições escuras (embora nessa altura o seu cabelo e barba fossem grisalhos), era por natureza silencioso e distante, e mantivera sempre os hábitos simples de camponês da sua infância. A sua única extravagância era a armadura dourada que encomendara ao armeiro Ximenez, em Sevilha, e que usava em ocasiões especiais. O seu único divertimento, para além de trabalhar num pequeno jardim na extremidade mais afastada da sua propriedade, era jogar *boules*, paixão que partilhava com o seu secretário Picado.

Domingo, 26 de Julho de 1541, marcava o oitavo aniversário da morte do imperador inca Atahualpa, em Cajamarca; era um dia que Pizarro via como agoirento, embora fosse também o dia em que lhe fora concedida pela imperatriz Isabel, em Toledo, a Capitulação, a permissão oficial da Coroa para a sua expedição de Conquista. Às dez horas dessa manhã, recebera no pátio da sua residência os seus tenentes Velázquez e Chávez, que acompanhavam Picado. A missa foi celebrada numa pequena capela nas traseiras do edifício por um padre biscainho, homem pelo qual Pizarro não se interessava nem confiava, mas cujo costume era tornar-se disponível para desempenhar essa função simples. Diz-se que depois da missa o padre o avisou para ter cuidado, mas é mais provável que não lhe tenha dito nada, pegando apenas no peso de prata que lhe era sempre deixado e se tenha ido embora.

Pouco depois das onze, a mulher do conquistador Chávez, Maria de Escobar, ouviu gritos vindos da praça. Embora os seus aposentos estivessem situados em frente do récem-construído convento de São Domingos, a curta distância da praça, o ruído foi suficiente para lhe causar suspeitas, em parte porque o marido comentara antes que vira mais pessoas do que o habitual, muitas das quais lhe eram desconhecidas. Até mesmo a jovem índia Cuxirimay, mãe dos dois filhos mais novos de Pizarro, Francisco e Juan, se apercebeu do barulho mas pensou que este nada tinha a ver com o seu povo. Ela atribuiu-o aos Espanhóis, pois também ela vira muitos destes reunidos perto da igreja de pedra e madeira que servia de catedral.

Na altura em que Maria de Escobar chegou à praça, cerca de 300 homens armados, muitos deles montados em cavalos e mulas, tinham cortado cada uma das ruas estreitas. Foi então que ela viu o pequeno cortejo de escravos negros, conduzido pelo criado espanhol de Pizarro, Juan de Barbarán. Demorou alguns segundos a compreender o que estava a ver, entre a gritaria e as imprecações dos homens armados que rodeavam os negros. Mas estes continuaram a andar, como homens em transe, os seus ombros enormes quase diminuindo o objecto que transportavam — e que agora Maria podia identificar devido à perna com botas até à canela e esporas de prata, que era arrastada através da terra empoeirada.

Ela não lhe chegou a ver o rosto, mas os negros que transportavam o seu corpo até à igreja e que o enterraram nessa noite disseram-lhe que ele estava limpo, embora muito desfigurado. Antes de o levarem para a praça tinham-lhe lavado o corpo e vestido com as suas melhores roupas, cobrindo-o com a sua capa branca da Ordem de Santiago. Nessa noite, a mulher de Escobar enterrou o marido, em silêncio e sozinha, também este vítima do filho mestiço de Almagro.

A 18 de Junho de 1977, quatro trabalhadores que restauravam a cripta da catedral de Lima descobriram numa das paredes uma urna de metal e uma caixa contendo o crânio e os ossos de um homem, juntamente com fragmentos de uma espada e um par de esporas de prata. A urna tinha um símbolo que representava uma estrela de seis pontas dentro de quatro círculos concêntricos, e as palavras:

> Aqui se encontra a cabeça do senhor marquês Dom Francisco Pizarro, que descobriu e conquistou estes reinos do Peru, e que os colocou na Real Coroa de Castela[3].

IV

Os Sobrinhos de Dona Inês

A 26 de Fevereiro de 1547, uma enorme multidão reuniu-se na praça principal da Cidade dos Reis, em Lima, para testemunhar a execução de uma sacerdotisa índia conhecida como a bruxa Yanque. Entre os funcionários no pódio da praça, à espera para assistir à execução, encontrava-se o magistrado da cidade, Francisco de Ampuero, a vítima dos encantamentos da bruxa. A seu lado, vestindo um traje nativo, estava a sua mulher índia, uma princesa inca: havia sido ela que instigara os actos de bruxaria, mas fora perdoada pelo magistrado da cidade a mando do marido([1]). Muitos dos colonos reunidos na praça também tinham assistido à longa audiência no tribunal, na qual a feiticeira e a sua cúmplice Simón, a escrava negra da princesa, foram interrogadas pelo delegado público e admitida a sua culpa depois de terem sido torturadas.

As descrições que deram espantaram e enfureceram os espectadores, pois elas contaram como tinham conjurado a sombra do magistrado Ampuero por artes mágicas e lhe tinham lançado um feitiço impedindo-o de bater e maltratar a mulher. Mas a mulher do magistrado voltara a queixar-se à sacerdotisa de que o marido continuava a maltratá-la, e esta era a razão, afirmava a bruxa Yanque, por que ela fora forçada a conjurar o próprio diabo, na forma de um animal de quatro patas. As duas prisioneiras tinham recebido as sentenças mais severas, enquanto que a sua cliente ficava à mercê do marido.

Exactamente às seis horas daquela tarde, uma pequena carroça de madeira puxada por quatro índios entrou na praça principal. Sentada, cabisbaixa, e usando um pequeno chapéu cónico, no qual estava escrita a palavra «Blasfema», encontrava-se a bruxa Yanque. Nem uma única vez a princesa tirou os olhos da desafortunada bruxa, nem mesmo quando a ataram ao poste, rodeado por madeira já atiçada, e lhe deitaram fogo.

Só oito anos mais tarde se voltou a registar algo a respeito da princesa inca, quando esta se apresentou na mesma sala de tribunal como testemunha em nome do filho órfão do seu irmão, o antigo imperador Atahualpa([2]). Num castelhano hesitante, disse que se chamava Dona Inês e declarou que o seu nome índio fora Quispe Sisa, e que era a irmã de Atahualpa e mulher do espanhol Francisco de Ampuero, magistrado e *encomendero* da cidade. Embora a maior parte dos colonos reunidos na sala de tribunal soubesse que ela tinha sido amante de Pizarro e lhe dera dois filhos, Dona Francisca e Dom Gonzalo, poucos sabiam que o seu marido fora criado de Pizarro e que ela havia sido obrigada a casar com ele assim que o seu amante se tinha livrado dela. Era algo que ainda a envergonhava.

Quando o escrivão real lhe perguntou se conhecia os queixosos, ela respondeu que eram filhos do irmão, o imperador Atahualpa, e que se chamavam Dom Diego e Dom Francisco. Foi então interrogada acerca da identidade das suas mães. Afirmou que conhecera ambas em Cajamarca, e que estas tinham sido concubinas do irmão: «como eram mulheres de Atahualpa, e publicamente veneradas, eram obedecidas e respeitadas; e como era costume entre os senhores nativos, tanto entre os homens como entre as mulheres, nenhuma pessoa podia falar com elas, nem ter qualquer contacto com elas; e se alguém tivesse olhado para os seus rostos, teria sido morto».

Referindo-se mais uma vez aos sobrinhos, disse ao tribunal que nenhum deles tinha alguma vez recebido qualquer gratificação da Coroa espanhola, apesar do seu elevado estatuto anterior como filhos do seu irmão, e que viviam agora na maior pobreza, sustentados apenas pela caridade dos frades do mosteiro de São Domingos, em Cusco. Ela fez então a sua marca no documento do depoimento, afirmando que não sabia ler nem escrever.

O depoimento dos dois conquistadores foi-lhe então lido. Ambos eram seus conhecidos. O mais velho dos dois, Pedro de Alconchel, que também era analfabeto, tinha sido o corneteiro de Pizarro em Cajamarca, e durante vários anos tivera uma pequena pensão na cidade para os veteranos da Conquista. Ao ser-lhe perguntado se vira alguma das mulheres de Atahualpa em Cajamarca, respondeu:

> Atahualpa tinha várias mulheres com ele, algumas das quais o serviam, e outras com quem tinha relações carnais; e estas eram muito respeitadas e viviam separadas das outras mulheres, e eram tidas em grande estima pelos muitos índios, homens e mulheres, que eram seus criados; e se qualquer senhor índio ou cacique lhes tocasse, ou tivesse relações carnais com elas, teria sido morto; pois ele nunca se teria atrevido a isso, muito menos a olhar-lhes para o rosto...

Ao depoimento de Alconchel seguiu-se o do conquistador Mansio Serra de Leguizamón. Este afirmou que «também conhecera Atahualpa em Cajamarca quando o marquês Dom Francisco Pizarro o fez seu prisioneiro, pois ele fora para aquela terra com o marquês, e que os dois peticionários, Dom Diego e Dom Francisco, os filhos de Atahualpa, eram seus conhecidos desde rapazes, quando foram levados até Cusco vindos de Quito». Quando questionado acerca do tesouro de Cajamarca, ele recordou que «Atahualpa prometera dar ao marquês uma cabana cheia de ouro mas, como a cabana fora destruída por um incêndio, ele deu-lhe uma quantidade ainda maior de ouro, que foi dividido por todos os homens, e deu-lhe mais do que aquilo que lhe prometera».

À quarta pergunta do interrogatório, respondeu

> que viu Atahualpa morrer, e que no momento em que este estava prestes a ser morto se dirigiu ao seu intérprete, e, a chorar, disse ao marquês que o incumbia de cuidar dos seus filhos e da sua filha, pois em Quito deixara dois filhos pequenos e uma filha, e que isto ele devia fazer; e o marquês, com lágrimas nos olhos, prometeu-lhe que tomaria conta deles; e algum tempo depois, ele testemunhou a partida do comandante Dom Diego de Almagro para a província de Quito, de onde trouxe consigo Dom Francisco e Dom Diego e a irmã destes, e eles foram levados ao mosteiro de São Domingos, onde foram instruídos e tratados pelos frades, e sempre por todos aqueles reinos tinham sido reconhecidos como filhos de Atahualpa.

Em resposta à quinta questão, disse que «depois de terem sido levados para Cusco, o que acontecera há cerca de 20 anos, fora do seu conhecimento que viviam numa enorme pobreza, e não como deveriam viver os filhos de Atahualpa, pois não possuem nem terras de *encomienda*, nem qualquer tipo de posses, nem uma única coisa; pois têm apenas o que os frades lhe dão como alimento, e isto é publicamente sabido». Por fim, em resposta à sétima pergunta, disse que «seria uma coisa justa e santa se Sua Majestade o imperador favorecesse Dom Francisco e Dom Diego com uma *encomienda* de índios com os quais se pudessem sustentar bem como às suas mulheres e filhos, sendo eles filhos de quem eram; pois o seu pai, Atahualpa, era senhor de todo esse reino e esses reinos obedeciam-lhe e serviam-no, e isto ele testemunhara antes de o matarem».

Nesse momento, a princesa saiu da sala do tribunal, com a memória assombrada pelos acontecimentos daqueles dias, recordando a imagem do irmão na praça de Cajamarca, atado nu a uma estaca de madeira; o seu corpo permanecera ali durante toda a noite, de olhos esbugalhados, o rosto e mãos manchados com o seu próprio sangue. Ela lembrava-se como ela e a prima Cuxirimay tinham ido para a sala onde partilhavam com ele a prisão, procurando o seu espírito e chamando-o, mas havia apenas silêncio e a sua prima enlouquecida tentara matar-se. Foi então que Pizarro tomara Cuxirimay como sua outra mulher, e mais tarde lhe dera o nome de Dona Angelina.

A princesa Dona Inês continuaria casada com Ampuero até à sua morte em Maio de 1575; foi enterrada na igreja do convento de La Merced, em Lima. Os seus sobrinhos Dom Diego e Dom Francisco Atahualpa, que durante vários anos tinham ficado a cargo do idoso conquistador Diego de Trujillo, em Cusco, foram recompensados com uma pensão anual de 600 pesos de prata, concedida pela Coroa. O cronista Garcilaso de la Vega, que fora companheiro de escola de Dom Francisco, registou que este era «um homem novo e atraente, em corpo e rosto... e que morreu jovem»([3]).

O destino de Dona Angelina, que foi amante de Pizarro durante vários anos e mãe dos seus dois filhos, Dom Francisco e Dom Juan, foi menos afortunado. Pouco depois de ter sido abandonada por Pizarro, deixou Lima e regressou à sua Cusco natal. Existem provas de que na época da tomada da cidade durante a eclosão da revolta do *Adelantado* Diego de Almagro contra os Pizarro ela foi feita sua prisioneira e violada, tal como muitas das mulheres. Alguns anos depois, casou com o imigrante espanhol Juan Díez de Betanzos, que ganhava a vida como tradutor de quéchua. Este ajudou-a a obter uma pequena *encomienda* perto de Cusco, da qual se apropriou após a morte dela, para si mesmo e para a sua nova mulher espanhola.

Nada se sabe ao certo do passado de Betanzos, para além do seu nascimento em Valladolid, mas ele teve um papel menor na revolta do irmão de Pizarro, Gonzalo. O seu *Suma y Narración de los Incas* é um dos relatos mais antigos do povo inca e da sua cultura, e muita da informação de fundo foi obtida através dos parentes da sua mulher e através do seu trabalho como intérprete durante o interrogatório ocorrido em Cusco, efectuado pelo governador Vaca de Castro. A primeira parte do seu manuscrito foi descoberta na biblioteca do Escorial e foi publicada em 1880. Uma segunda parte, encontrada na biblioteca dos duques de Medinaceli, foi descoberta em Maiorca e publicada pela primeira vez em 1987. Um dicionário de quéchua que ele compilou como adenda à sua história nunca foi encontrado.

V

A Imperatriz Criança

Ela era uma figura solitária, montada numa mula e a olhar a planície de Chupas, nos arredores do povoado de Huamanga, onde quatro séculos mais tarde se decidiria a independência das repúblicas andinas da América do Sul devido à derrota do exército espanhol na batalha de Ayacucho. Durante grande parte do dia, ela observara a junção das forças rebeldes do mestiço panamiano Diego de Almagro, o filho do *Adelantado*, que vingara a morte do próprio pai ao assassinar Pizarro.

Ao longo da grande planície, Espanhóis de armadura e os guerreiros índios seus vassalos posicionavam-se em esquadrões perante o exército lealista do governador Vaca de Castro. Ela distinguia claramente a égua branca do general mestiço, o espanhol Juan Balsa – de quem era mulher há quase dois anos –, à medida que este atravessava a cumeeira das montanhas e entrava na planície à cabeça dos seus cavaleiros. Ela estava rodeada por uma escolta de criados índios e pelas dez mulas que ele lhe dissera para manter seladas, com os alforges carregados com as barras de ouro e prata que ele pilhara dos alojamentos de Pizarro. Nos braços embalava o pequeno filho de ambos.

Não sentia amor pelo mestiço, nem pela memória do idoso pai deste, a quem fora oferecida pelo seu meio-irmão bastardo, o Inca Manco, o governante-fantoche de Pizarro, quando tinha apenas 13 anos. Ela vira o seu cadáver a ser levado para o patíbulo em Cusco, a cabeça espetada na ponta da lança de Hernando Pizarro, o seu único olho fitando sem expressão a multidão dos seus conterrâneos que o tinham derrotado em batalha.

O frade-cronista Cristóvão de Molina, que acompanhara o *Adelantado* Almagro na sua desafortunada expedição ao Chile, e que também assistira à sua execução às mãos do irmão de Pizarro, registou que o Inca Manco:

> deu a Almagro uma grande quantidade de ouro e também uma das suas irmãs, Marca Chimbo, uma filha do imperador Huayna Cápac, que era a mais importante de todas as mulheres do reino, e que — se tivesse sido homem — teria herdado o reino inca; e ela deu a Almagro um fosso cheio de ouro e prata, que só em barras pesava 27 000 pesos; e a outro capitão deu do mesmo fosso o equivalente a 12 000 pesos de prata; e nem mesmo por estes actos foi ela honrada pelos Espanhóis, tendo sido violada diversas vezes, pois era de uma disposição branda e doce e muito bela, embora mais tarde marcada pela sífilis([1]).

Ao observar o campo de batalha, ela sabia que mais uma vez o seu destino seria decidido por homens que a tinham violado, e que sem dúvida a voltariam a violar. Mas já nada a parecia perturbar, sendo a sua única preocupação a sobrevivência do filho.

O conquistador Lucas Martínez Vegazo, que combateu em Chupas nesse dia de Setembro de 1542, recordou a batalha:

> Os rebeldes iniciaram o seu avanço através da cumeeira da montanha até chegarem quase a uma légua de distância das nossas tropas, enquanto os seus batedores de cavalaria inspeccionavam as nossas posições... colocando a sua artilharia em linha e os seus esquadrões de cerca de 230 cavalos, acompanhados por cerca de 50 soldados de infantaria; a sua infantaria consistia em 200 arcabuzeiros e 100 soldados com chuços, todos tão bem armados que nem mesmo as tropas de Milão se lhes poderiam equiparar nas suas armaduras e armas... o governador ordenou então que avançássemos, e nós marchámos até estarmos ao alcance dos tiros dos seus arcabuzeiros, avançando ainda mais, até que lutámos com eles com as nossas lanças, chuços e espadas numa batalha que durou quase uma hora; e nunca se assistiu a luta tão cruel e brutal, na qual nem irmão, parente ou amigo poupou a vida ao outro...([2])

À medida a noite caía, os mortos e feridos contavam-se às centenas, entre eles Juan Balsa, o pai do seu filho, que fora morto pela sua própria escolta índia ao tentar fugir do campo de batalha. Nessa noite, juntamente com as outras prisioneiras índias, ela foi levada perante o governador Vaca de Castro, que a deu em casamento ao conquistador Francisco de Villacastín, um homem idoso que durante anos subsistira como intérprete de índio. Era muito ridicularizado pelos seus próprios conterrâneos por ter perdido os dentes da frente quando um macaco lhe atirara uma pedra(^{3}). Quando a baptizaram em Cusco, deram-lhe o nome de Dona Juana.

Villacastín viria a morrer seis anos depois, executado pelo seu papel na rebelião do irmão de Pizarro, Gonzalo, que ele servira como governador de Cusco. Reduzida à penúria, a jovem princesa, que teria herdado o trono inca se tivesse nascido rapaz, viveu o resto dos seus dias em Cusco numa pobreza absoluta na companhia do seu único filho, Juan Balsa, que auferia um escasso rendimento como intérprete e guia índio. Desconhece-se o ano da sua morte.

VI

O Rio do Espírito Santo

Era quase madrugada e o coro das galinholas ouvia-se através das margens do grande rio a que o povo apalache chamava Mississípi, com as margens de charcos de lama escondidas por arbustos e pinheiros. O contingente de cerca de 40 espanhóis e portugueses, vestidos de pele de búfalo e de veado, observava em silêncio enquanto as duas pirogas deslizavam pela corrente rodopiante, com os remos a cortar a água. Rebocavam um enorme tronco de carvalho que continha o corpo do seu chefe. Por ordem de Luis de Moscoso, os homens tinham coberto o caixão temporário com peles de animais e tinham-no enchido com areia de modo a que ele pudesse ser «enterrado» nas vastas águas do rio a que chamaram o rio do Espírito Santo. Depois, a sua propriedade foi vendida: «Dois escravos homens e duas mulheres, três cavalos, e 700 porcos»([1]).

Os amuletos de Hernando de Soto estavam enterrados a seu lado, juntamente com os espelhos mágicos que ele transportava sempre consigo. Os espelhos, dizia, preveriam a sua morte, e ele dissera aos índios que estes também lhe permitiam falar com o seu deus. Ele era, registou o cronista Garcilaso de la Vega, um homem de estatura acima da média e de compleição escura([2]).

O destino da maior armada da Conquista que alguma vez zarpou de Sevilha para o Novo Mundo e o sofrimento e perdas sofridas pelos homens de De Soto permaneceriam virtualmente desconhecidos do público espanhol até 15 anos mais tarde, quando um dos sobreviventes, que se auto-intitulava simplesmente «um fidalgo da aldeia de Elvas», publicou um relato da expedição durante os anos de 1539 até 1543([3]).

Princesas Incas

Poucos dos veteranos da conquista de La Florida ou a «terra das flores», o nome dado ao território pelo primeiro explorador espanhol Juan Ponce de León, se lembrariam dos acontecimentos que levaram o seu chefe a um fim tão ignominioso naquela manhã de Verão, com o corpo torturado pela febre. Apenas um punhado dos seus homens o conhecera nos primeiros anos da conquista da Nicarágua, ou mais tarde, quando ele trabalhara para o governador da colónia, Pedrarias(*), como seu esclavagista. Um ou outro lembrava-se de algumas das histórias que ouvira: como Balboa(**), seu antigo amigo e patrono da aldeia extremadurense de Jerez de los Caballeros, fora enforcado como um criminoso vulgar por Pedrarias, e como o idoso governador passara na altura horas contemplando a cabeça coberta de moscas da sua vítima, que ele ordenara que fosse espetada numa lança na pequena praça do seu povoado em Acta, e como durante semanas depois disso ele não falara com ninguém, nem sequer com a filha aleijada de Pedrarias, que um dia viria a ser sua mulher. Apenas o cronista Fernández de Oviedo, que odiara Pedrarias possivelmente mais do que qualquer outro homem, registaria que o governador passara o resto do dia do assassínio de Balboa ao lado do caixão que guardava na sua casa de madeira com paliçada.

Um dos homens de De Soto relembrou que no auge da sua febre ele gritara o nome de Balboa, pois dizia-se que em tempos um astrólogo lhe dissera que ele não sobreviveria a Balboa, que morrera com a idade de 42 anos. O cronista de Elvas deixou-nos um relato vívido dos dias que antecederam a morte do seu chefe, e relembrou as ordens que ele emitiu do seu leito de doente:

> Durante toda aquela noite os cavalos foram deixados arreados, e de cada uma das suas companhias os homens saíam a cavalo em grupos de dois para verificarem as sentinelas, que montaram guarda na estrada no exterior do acampamento, e os besteiros, que guardavam as canoas no rio... e ele mandou Tovar com 15 cavalos, e Guzmán com os seus soldados de infantaria subir o rio em canoas... e à noite eles atravessa-

---

(*) Dom Pedro Arias Dávila, conhecido como Pedrarias.
(**) Vasco Núñez de Balboa, que descobriu o oceano Pacífico em Setembro de 1513.

O Rio do Espírito Santo

ram o rio. Ao nascer do dia, Tovar e os seus cavaleiros caíram sob a aldeia índia, que tinha cerca de cinco ou seis mil almas. Ele ordenou que nem sequer um índio fosse poupado. Os gritos das mulheres e das crianças eram tão altos que ensurdeceram os ouvidos daqueles que os perseguiam. Uma centena ou perto disso de índios foi aí morta, e muitos mais ficaram gravemente feridos pelas nossas lanças. Nesse dia havia ali homens, tão cruéis e sanguinários, que mataram tanto os jovens como os velhos...([4])

O cronista registou que depois da morte de De Soto levaria quase um ano até que os homens, agora sob o comando de Moscoso, tentassem entrar no México atravessando os montes e planícies desertas do Texas, mas as condições eram tão más que foram forçados a voltar para trás para passar o Inverno nas margens do Mississípi, depois de uma marcha de cerca de 6400 quilómetros. Desesperados por sair dali, construíram bergantins a partir das árvores cobertas de neve da floresta, e nestes navegaram pelo grande rio abaixo até ao mar; após 52 dias, chegaram por fim ao pequeno acampamento espanhol em Pánuco, no golfo do México, a 10 de Setembro de 1543. Dos 600 conquistadores apenas 311 tinham sobrevivido.

No seu testamento, escrito em Cuba antes da partida da sua armada, o *Adelantado* Hernando de Soto, cavaleiro de Santiago, ordenou que «500 ducados sejam deixados a um rapaz, que dizem ser meu filho, chamado Andrés», e que 1000 ducados fossem dados à sua filha Maria, que deixara na Nicarágua([5]). Não fez menção a quaisquer outros filhos. A fortuna que adquiriu na Conquista do Peru financiara a sua nova expedição, e o pouco que restava deixou-o à sua mulher, Dona Isabel de Bobadilla, filha de Pedrarias, que ele nomeara governadora de Cuba durante a sua ausência. Durante anos, disse-se que a sua imagem fantasmagórica assombrava a torre Giralda no porto de Havana, com os olhos a esquadrinharem interminavelmente o horizonte pelo regresso de De Soto.

Nos Arquivos das Índias, em Sevilha, existe um manuscrito curioso na forma de várias petições, datadas entre 1562 e 1586, apresentado ao Tribunal da Chancelaria Real, em Lima, por uma princesa inca que afirmava ser a filha do *Adelantado* Hernando de Soto, e apelando à Coroa espanhola para a compensar da pobreza em que tanto ela

Princesas Incas

como os filhos eram obrigados a viver(⁶). Entre os conquistadores que testemunharam em seu nome em Lima encontravam-se três mulheres que tinham tomado parte na Conquista: Beatriz de Salcedo, uma escrava moura alforriada que acompanhara os conquistadores até Cajamarca; Maria de Escobar, uma idosa espanhola que na juventude fora criada da mulher de Pedrarias, o governador do Panamá; e a princesa inca Dona Inês, a antiga amante de Pizarro.

Os extractos da petição que se seguem mostram o destino de muitas das princesas incas depois de terem sido abandonadas pelos seus amantes conquistadores, muitas das quais foram obrigadas pela Coroa a casar com imigrantes espanhóis de origem humilde, dispostos a aceitar os filhos ilegítimos destas através de uma compensação de vassalos índios.

ESCRIVÃO: Na Cidade dos Reis nestes reinos do Peru, a 20 de Junho de 1562, perante o presidente e juízes deste Tribunal da Chancelaria Real, García Carrillo, em nome da sua mulher Dona Leonor de Soto, neta do imperador Huayna Cápac, outrora senhor destes reinos, declara que ela é a filha natural do *Adelantado* Hernando de Soto, o governador da Florida em nome de Sua Majestade, e de Coya Dona Leonor, já falecidos. E ela roga a Sua Senhoria que possam estar presentes as seguintes testemunhas para atestar à veracidade das suas palavras, e que lhes seja perguntado o seguinte: se o *Adelantado* e Dona Leonor Coya eram do seu conhecimento, e se a sua filha, Dona Leonor de Soto, também é do seu conhecimento. E que a Coya Dona Leonor, cujo nome índio era Tocto Chimbo, era a filha de Huayna Cápac e de Chumbe Yllaya, senhora do vale de Yca, e que assim era considerada nestes reinos do Peru, e que deu à luz a filha, quando tanto ela como o *Adelantado* ainda não tinham casado e numa idade jovem.

E se é do conhecimento deles que o *Adelantado* foi um dos primeiros descobridores e conquistadores destes reinos do Peru, e que ele era o capitão-general do marquês Dom Francisco Pizarro, governador de Sua Majestade, e que ele serviu Sua Majestade com grande valor e lealdade, pelo que o marquês o encarregou com as comissões mais importantes na conquista destes reinos. E que assim que estes reinos do Peru tinham sido conquistados e estavam defendidos, o *Adelantado* regressou aos reinos de Espanha para oferecer os seus serviços a Sua Majestade, deixando para trás duas distribuições de vassalos índios com que fora recompensado como *encomienda*. E que Sua Majestade, tendo-o em elevada consideração, enviou-o como seu governador da Florida, conquista na qual bem serviu Sua Majestade, e que gastou do seu

O Rio do Espírito Santo

próprio bolso cerca de 100 000 pesos de ouro na descoberta e conquista do Peru e da Florida. E depois dele ter partido para Espanha, Vaca de Castro, o governador de Sua Majestade destes reinos do Peru, obrigou Dona Leonor Coya a casar com Bautista, *el Galán*, o atraente, filho do armeiro do imperador Dom Carlos, a quem ele concedeu a *encomienda* de Guaro Canas e de Layo Supa, tendo em consideração o facto de a sua mulher ser a filha de Huayna Cápac. E se também é do conhecimento deles que Bautista, o atraente, foi um leal servidor de Sua Majestade, e que durante a revolta de Gonzalo Pizarro, Alonso de Toro, o governador rebelde de Cusco, enforcou-o, e que pouco tempo depois Dona Leonor, roubada de todos os seus bens e despojada de um marido, morreu de desgosto. E essa Dona Leonor de Soto, sua filha, casou com García Carrillo segundo os ritos da Santa Madre Igreja de Roma, e têm dois filhos e uma filha, e que vivem numa extrema pobreza.

LUCAS MARTÍNEZ VEGAZO: Assim que estes reinos e os índios das suas províncias foram pacificados, Hernando de Soto, que foi um *encomendero* de Cusco, possuindo aí uma bela mansão e uma ampla distribuição de vassalos índios, que é agora propriedade de uns três ou quatro espanhóis, deixou estas terras partindo para Espanha; e isto eu sei, pois aquando da sua partida da cidade eu acompanhei-o durante quase uma légua.

GONZALO DE MONZÓN: Eu testemunhei que o *Adelantado*, no seu regresso a Espanha, casou por ordem da Nossa Santa Madre Igreja com Dona Isabel de Bobadilla, a filha legítima de Pedro Arias Dávila, e estando presente também vi Sua Majestade, o imperador, confiar-lhe a conquista e a pacificação da Florida, nomeando-o também governador da ilha de Cuba. E é do meu conhecimento que na altura em que Dom Hernando de Soto partiu desses reinos do Peru para Espanha, levou com ele cerca de 80 000 *castellanos*(*), tendo gasto todos estes ao serviço de Sua Majestade no aprovisionamento da sua armada para a conquista da Florida. Isto testemunhei eu em Havana, quando os relatos da expedição foram discutidos por ele com o seu parceiro Hernán Ponce de León. E tudo isto é do meu conhecimento e foi testemunhado por mim, pois tomei parte na dita expedição e conquista.

(*) *Castellano*: moeda de ouro de 24 quilates.

65

BERNABÉ PINCÓN: Conheci tanto o *Adelantado* como a Coya Dona Leonor, e estava presente na casa do *Adelantado* em Cusco quando a filha de ambos nasceu na época em que ele era o governador da cidade, nomeado por Dom Pizarro; e mais tarde vi a filha a viver na casa do capitão Hernán Ponce de León, seu companheiro de armas. Isto é do meu conhecimento, pois o *Adelantado* era um amigo chegado, e partilhei a sua casa em Cusco e vi a Coya servi-lo como sua mulher, e onde ela deu à luz à filha deles, que também vi ser baptizada. E sei que ele não tinha qualquer outro filho neste reino do Peru, pois eu teria tido conhecimento disso, e porque ele confiava em mim. Nenhum deles era casado. E em Cajamarca, na altura em que Atahualpa, de quem ela fora mulher, a presenteou ao *Adelantado*, ela tinha apenas 22 anos.

DONA INÉS: É verdade que Dona Leonor Coya, cujo nome índio era Tocto Chimbo, era a filha de Huayna Cápac, rei e senhor destes reinos do Peru, embora eu não me lembre do nome da sua mãe, nem se ela era a senhora do vale de Yca. Pois eu conhecia-a bem, e tinha muita amizade por ela, sendo como era minha irmã. Também é verdade que Dona Leonor de Soto, que é a esposa de García Carrillo, é filha natural do *Adelantado*.

BEATRIZ DE SALCEDO: Eu conheci Dona Leonor Coya intimamente. Em Cajamarca, os índios Tocto chamavam-lhe Chimbo, e era considerada a filha de Huayna Cápac. E vi que Inca Manco, filho deste, a tratava como irmã, e isto eu sei pois fui a primeira mulher espanhola a entrar em Cajamarca. E passei muito tempo aí na companhia das mulheres de Atahualpa, e falando com elas. E vi que o *Adelantado* Hernando de Soto tomou posse dela, e que nenhum deles teve outros filhos nestes reinos. Ouvi dizer que Bautista, o atraente, que desposou a sua filha, era um leal servidor de Sua Majestade, pelo que o enforcaram em Cusco, e que passados alguns dias depois disso Dona Leonor Coya, vendo-se abandonada e sem marido, morreu de um ataque de ira.

MARIA DE ESCOBAR: Dona Leonor de Soto é-me bem conhecida, pois foi deixada ao meu cuidado. A sua mãe também é minha conhecida, e também foi deixada ao meu cuidado pelo marquês Dom Francisco Pizarro, de modo a poder ser instruída quanto aos nossos costumes e disciplina e ensinada a nossa Santa Fé Católica. E sendo a filha de Huayna Cápac, em várias alturas os caciques iam a minha casa para a ver e prestar-lhe homenagem. A filha assemelha-se muito ao *Adelantado* nas suas feições, e eu criei-a e ela viveu na minha casa até ao dia em que casou com García Carrillo. Também é do meu conhecimento que o governador Vaca de Castro arranjou o casamento de Dona Leonor Coya com Bautista, o atraente, filho do armeiro do imperador, e que no seu casamento lhe deu uma distribuição de vassalos índios; e que durante a rebelião de Gonzalo Pizarro ele foi morto, e que Dona Leonor Coya morreu pouco tempo depois, e que a sua filha ainda era uma criança muito pequena, e eu não tive escolha senão tomar conta dela. E ela e o marido e filhos vivem agora numa grande pobreza...

VII

O Velho Soldado

Pouco tempo depois do Dia de Reis, que marcava o vigésimo sétimo aniversário da fundação da capital do vice-reino, um dos poucos veteranos sobreviventes de Cajamarca, de feições barbudas com cicatrizes de guerra e marcadas pelos anos que passara nas Índias, entrou a cavalo na praça principal de Lima, acompanhado pelo seu séquito de escravos negros e índios. O seu cavalo cansado estava coberto de poeira e lama, depois de uma viagem que trouxera o veterano através da cordilheira dos Andes, de Cusco até à costa do Pacífico. Sem qualquer sinal exterior de emoção, passara pelas gaiolas de ferro na extremidade mais afastada da praça, que continham os crânios de Gonzalo, irmão de Pizarro, do seu tenente Carbajal e do *encomendero* Francisco Girón, homens que outrora tinham sido seus companheiros de armas — e a cujas execuções ele assistira cerca de 14 anos antes. Devido às suas dívidas, ele chegara à capital para prestar depoimento dos seus serviços à Coroa e uma petição ao rei Filipe II para a atribuição de vassalos índios([1]).

Durante três meses, o conquistador veterano Mansio Serra de Leguizamón e as suas testemunhas compareceram, como lhes era solicitado, perante a corte do vice-reino, relembrando o seu papel tanto na Conquista como nas rebeliões posteriores dos seus conterrâneos, e revivendo as lendas dos seus feitos passados. Eram agora homens velhos, muito diferentes dos jovens imberbes e inexperientes levados às Índias pelos seus sonhos de riqueza. Podemos não lhes ver os rostos, mas as suas palavras ainda ressoam através dos séculos.

As Testemunhas

LUCAS MARTÍNEZ VEGAZO

Depoimento: 16 de Fevereiro. Idade: 49. Nascido em Trujillo, Extremadura. Sabe ler e escrever. Alistou-se na expedição da Conquista quando Pizarro regressou à sua aldeia natal de Trujillo, em 1529. Nomeado por Pizarro como *encomendero* fundador e o primeiro alcaide da cidade de Arequipa, era um dos conquistadores mais ricos, fazendo fortuna a partir dos rendimentos das suas minas e do comércio como mercador. Em 1543, enviou o primeiro navio com abastecimentos para a recém-fundada colónia do Chile. Foi um dos principais partidários da rebelião de Gonzalo Pizarro, e serviu como seu governador rebelde em Arequipa. Despojado das suas terras, passou anos a litigar nas cortes civis de Lima pela restituição da sua *encomienda*. Embora fosse pai de uma filha ilegítima da sua escrava moura e de um filho da sua amante, Dona Isabel Yupanqui, uma princesa inca, ele iria deixar a fortuna à sua jovem noiva crioula, a filha da testemunha, Nicolás de Ribera, com quem casou poucas semanas antes de morrer, cinco anos depois do seu depoimento.

LUIS SÁNCHEZ

Depoimento: 16 de Fevereiro. Idade: mais de 50. Origem desconhecida. Analfabeto. Embora tivesse sido recompensado com uma parcela de terra em Cusco, nada está registado dos seus anos posteriores. Num decreto assinado pelo cardeal de Sevilha e datado de 24 de Novembro de 1541, ele foi recompensado com um brasão, cujo timbre era a fortaleza de Cusco envolta em plumagem índia, em homenagem ao papel que desempenhara durante o cerco índio da cidade, em 1536.

PEDRO SUÁREZ DE ILLANES

Depoimento: 26 de Fevereiro. Idade: 35. Origem desconhecida. Analfabeto.

BERNABÉ PICÓN

Depoimento: 27 de Fevereiro. Idade: 55. Nascido em Cáceres, Extremadura. Capaz de assinar o nome. Um dos primeiros exploradores da Argentina Setentrional, serviu na expedição de Diego de

O Velho Soldado

Rojas, em 1542. Partidário da rebelião de Gonzalo Pizarro, foi feito prisioneiro na batalha de Jaquijahuana e exilado de Cusco.

HERNÁN GÓMEZ
Depoimento: 28 de Fevereiro. Idade: 35. Origem desconhecida. Sabe ler e escrever.

NICOLÁS DE RIBERA
Depoimento: 3 de Março. Idade: 70. Andaluz. Sabe ler e escrever. Conhecido como *el viejo*, o velho, para o distinguir de outro conquistador com o mesmo nome. Era um veterano da segunda viagem de descoberta de Pizarro em 1527, e um dos célebres 13 homens que tinham ficado para trás com ele na ilha de Gallo, pelo que foi recompensado pela Coroa com o título de fidalgo. *Encomendero* de Lima, foi também o seu primeiro alcaide e um dos mais influentes nobres na fundação da nobreza colonial peruana. Fonte essencial para o cronista Agustín de Zárate, que ficou com ele na sua mansão em Lima, morreu um ano depois de ter prestado o seu depoimento.

JUAN DE RIVAMARTÍN
Depoimento: 4 de Março. Idade: 44. Andaluz. Sabe ler e escrever. Comandante do exército.

FRANCISCO DE ILLESCAS
Depoimento: 4 de Março. Idade: 50. Nascido em Torrejón de Velasco, Toledo. Analfabeto. Um *encomendero* de Guayaquil, foi veterano da desafortunada expedição de Gonzalo Pizarro ao norte do Amazonas em busca do lendário reino do El Dorado, em 1540. Também participou na rebelião de Gonzalo Pizarro. Cinco meses depois de prestar o seu depoimento, o vice-rei, conde de Nieva, concedeu-lhe com uma pensão anual de 800 pesos — uma benevolência que deu azo a consideráveis protestos entre os colonos de Guayaquil, um dos quais o descreveu como «o mais perdido dos homens que temos por estas partes, cuja única distracção é jogar noite e dia»[2].

PEDRO DE ALCONCHEL
Depoimento: 10 de Março. Idade: 70. Nascido na Extremadura. Analfabeto. *Encomendero* de Lima, foi um dos veteranos mais velhos

da Conquista, e mais tarde abriu uma pensão em Lima para os seus colegas veteranos. Era seu hábito que assinassem o seu nome por ele com as palavras, «Alconchel, corneteiro», para recordar o seu papel como corneteiro de Pizarro[3].

DIEGO CAMACHO
Depoimento: 10 de Março. Idade: 43. Origem desconhecida. Sabe ler e escrever.

HERNANDO DE CESPEDES
Depoimento: 10 de Março. Idade: 45. Origem desconhecida. Capaz de assinar o nome.

RODRIGO LÓPEZ BERNAL
Depoimento: 10 de Março. Idade: 55. Origem desconhecida. Analfabeto.

O Escrivão Real

O escrivão real Francisco López acrescentou as seguintes palavras ao depoimento:

> ... inscrevendo a minha assinatura Francisco López, que esteve entre os homens que partiram imediatamente a seguir [de Cajamarca] para colocar Cusco sob jurisdição real, na companhia das reservas do capitão Hernando de Soto e Mansio Serra e Martínez Vegazo, enquanto estes avançavam para sul, de Vilcabamba para Cusco, tendo assistido a tudo...

Estas palavras identificam-no indubitavelmente como Francisco López de Jerez, o secretário de Pizarro e escrivão durante a Conquista, e o autor da crónica *Verdadera Relación de la Conquista del Perú*, publicada em Sevilha em 1534, pouco depois da crónica do conquistador Cristóvão de Mena. Os historiadores tinham anteriormente presumido que o ferimento que sofrera numa perna, em Cajamarca, o forçara a regressar directamente a Espanha vindo do povoado. O seu depoimento, agora publicado pela primeira vez, prova que ele esteve de facto presente na tomada de Cusco, em Novembro de 1533; partindo pouco tempo depois para o istmo do Panamá, chegou ao porto de Sevilha, tal como o afirma na sua crónica, em Junho de 1534.

Os poucos registos que sobreviveram mostram que em 1554, assinando simplesmente como Francisco López, foi-lhe concedida autorização para regressar ao Peru como escrivão do vice-reino. Os historiadores presumiram sempre que ele nunca ocupou o seu posto, já que foram incapazes de provar que ele era o mesmo homem que o escrivão acreditado no Tribunal da Chancelaria de Lima entre os anos de 1559 e 1565.

O depoimento

CONQUISTADOR: Mui Poderoso Senhor, eu, Mansio Serra de Leguizamón, *encomendero* de Cusco, declaro que estive nestes reinos de Peru durante 31 anos, tempo durante o qual servi Sua Majestade em tudo que me foi ordenado a minhas próprias custas e desígnio; do que desejo informar Sua Alteza Real de modo a que os meus serviços passados sejam do seu conhecimento, e que eu peço e rogo que lhe sejam enviados, em conformidade com estes documentos e selo real: e, ao fazê-lo, peço a Sua Alteza Real para me conceder neste reino o favor de uma *encomienda*, de um rendimento anual de dez mil pesos em ouro, e que aos meus herdeiros também possa ser concedido o favor de Sua Majestade; e tais provas eu remeto para os depoimentos das minhas testemunhas, e pelos quais elas poderão ser questionadas em relação ao seguinte: que na conquista de Veragua, na província da Nicarágua, eu servi na companhia dos capitães Juan de Pánes e Juan Téllez, e cuja província e domínio do antigo imperador colocámos sob Sua Majestade, e onde me deparei com grandes riscos para a minha vida e a perda de muitos pesos de ouro.

NICOLÁS DE RIBERA: Conheci inicialmente Mansio Serra na província de Veragua quando ele para aí foi para a conquistar com os capitães que ele refere. E depois uma segunda vez, quando aí fui na companhia do *Adelantado* Dom Diego de Almagro, a quem o licenciado Gaspar de Espinosa, governador do Panamá, pedira para ir a esse local de modo a recrutar homens da sua província; e ele estava entre aqueles que trouxe consigo para este reino, e isto é do meu conhecimento, pois acompanhei Dom Diego de Almagro; e quanto ao que ele diz da província de Veragua, tão devastada pela chuva e com tais más perspectivas, ter-lhe-ia sido impossível, e para aqueles que estavam com ele na conquista, não terem passado por grande perigo e dificuldades.

CONQUISTADOR: Vim para estes reinos do Peru na companhia do *Adelantado* Dom Diego de Almagro, trazendo comigo as minhas armas, cavalos e criados, em busca de Dom Francisco Pizarro, que já tinha partido. E para não mostrar um mau serviço a Sua Majestade, o navio no qual vim, pertencendo a Juan Díaz, um cidadão do Panamá, navegou à frente da armada. E eu tomei parte no aprisionamento de Atahualpa pela companhia de Dom Francisco Pizarro, governador de Sua Majestade, e fiz tudo que me foi ordenado, e ajudei a colocar essa terra em paz; e ao fazê-lo prestei um serviço único a Sua Majestade, devido ao qual Atahualpa nos deu uma grande quantia de ouro que enviei a Sua Majestade.

LUIS SÁNCHEZ: O que sei é que Mansio Serra estava entre os homens que navegaram com o *Adelantado* Dom Diego de Almagro, e que desembarcaram neste reino na baía de San Mateo... e que todos esses que marcharam com eles passaram por grandes dificuldades em combates, fome e privações, pois a terra estava em guerra(*), e ao atravessar as montanhas e muitos rios, tornando seguras as estradas ao longo das quais marchávamos; e o governador Dom Francisco Pizarro estava bastante satisfeito com a chegada de um reforço tão importante, e em tão boa altura: pois ele estava com muita falta de homens e em dificuldades por ter Atahualpa como seu prisioneiro e rodeado por tantos dos seus guerreiros; e isto é do meu conhecimento porque servi com Dom Diego de Almagro e tomei parte naquilo que registo, no que Mansio Serra também serviu, fazendo tudo que ele me ordenava como bom soldado que era. Também é do conhecimento geral que antes da nossa chegada o governador estivera prestes a perder tudo: pois aqueles que se encontravam com ele eram poucos, e os guerreiros índios em grande número; e é verdade que Atahualpa deu como resgate um grande tesouro em ouro e prata que foi enviado para Sua Majestade com Hernando Pizarro, e muito mais ficou para trás pois então não foi possível levá-lo todo.

(*) A guerra entre Atahualpa e o seu irmão Huáscar ainda estava a ser travada nessa altura.

O Velho Soldado

CONQUISTADOR: Eu acompanhei os governadores Dom Francisco Pizarro e Dom Diego de Almagro na sua marcha para Cusco, a caminho da qual nos deparámos com muitas dificuldades e riscos, devido ao estado das estradas; até termos atingido o vale de Jauja, onde encontrámos muitos guerreiros que tinham queimado as pontes, e contra os quais lutámos em vários combates, fazendo uso das nossas armas e cavalos para os dispersar(*).

LUCAS MARTÍNEZ VEGAZO: No vale de Jauja Mayta Yupanqui, o general de Atahualpa, que comandava uma grande multidão de guerreiros, atacou-nos a nós, Espanhóis; lutámos contra eles até rompermos e dispersarmos os seus esquadrões, perseguindo-os e matando-os durante cerca de 12 léguas, e entre os nossos homens encontrava-se Mansio Serra, que serviu Sua Majestade com nobreza, e isto é do meu conhecimento, pois foi aquilo que testemunhei.

CONQUISTADOR: No avanço para Cusco, o capitão Hernando de Soto seguiu à frente com 70 soldados escolhidos a dedo, eu entre eles, pois uma enorme porção de território ainda se encontrava em guerra, e atingimos a província de Vilcastambo, onde novamente nos defrontámos com uma enorme multidão destes guerreiros, e eu fiz prisioneiros muitos dos seus batedores, após um grande combate e risco para a minha vida.

LUIS SÁNCHEZ: É verdade que passados alguns dias depois de termos derrotado os nativos no vale de Jauja, Dom Francisco Pizarro mandou chamar 120 homens, de infantaria e cavalaria, para o acompanharem na tomada de Cusco, e ordenou que o resto dos nossos camaradas permanecesse no vale com o tesoureiro Riquelme, a guardar o tesouro de Sua Majestade, que tinha alguns milhões de pesos em ouro, e também a guardar o tesouro daqueles que iriam partir connosco. E no caminho ele ordenou ao capitão Hernando de Soto para ir à frente, levando com ele 60 ou 70 soldados de infantaria e

---

(*) O exército de Pizarro que avançou para Cusco tinha perto de 120 homens e cerca de 1000 auxiliares índios. Os exércitos dos generais de Atahualpa que defendiam Cusco totalizavam, possivelmente, quse 10 000 guerreiros.

cavaleiros, e estes foram à frente para guardar a estrada: pois os índios que tínhamos derrotado no vale tinham-se retirado para Cusco, e tinham destruído pontes e recrutado mais homens; e o capitão avançou com os homens, entre eles Mansio Serra, até chegarmos à província e ao povoado de Vilcas, onde travámos um batalha longa e sangrenta com os guerreiros nativos, o que foi muito duro, e correndo grande perigo derrotámo-los; depois fomos em sua perseguição até chegarmos à cumeeira da montanha de Vilcaconga, passando a vau e nadando através do rio com muita dificuldade, pois eles tinham queimado as pontes, e era Inverno e os rios estavam cheios.

CONQUISTADOR: Em Vilcaconga, a oito léguas de distância de Cusco, mais uma vez batalhámos os guerreiros nativos, e com muita dificuldade; e no combate muitos dos nossos homens foram mortos e feridos, tal como muitos cavalos, e aqueles que restaram ficaram feridos. E entre os homens que o capitão De Soto levara com ele, eu fui escolhido para regressar sozinho e mostrar aos governadores onde passar o rio a vau, e levá-los e ao resto dos nossos homens até onde estávamos; e correndo grande perigo, regressei atravessando as fileiras de índios que nos cercavam, e fui capaz de informar Dom Diego de Almagro daquilo que ocorrera, e de lhe mostrar e àqueles que estavam com ele o caminho para o local onde o capitão De Soto estava cercado, e instá-los a ir para aí de imediato. E tendo informado Dom Diego, passadas horas eles socorreram o capitão e os seus homens após marcharem um dia inteiro. E a pedido de Dom Diego permaneci perto do rio a guardá-lo, e para mostrar ao governador Dom Francisco Pizarro e aos reforços onde deviam passar a vau e o caminho a seguir; e isto eu mostrei-lhe, e a toda a velocidade marchámos para socorrer os nossos homens, onde ajudei a enterrar os nossos mortos e a curar os nossos feridos, e também a enterrar os cavalos de modo que os índios não descobrissem as nossas baixas.

PEDRO DE ALCONCHEL: Eu estava no rio Apurímac, na companhia do governador Dom Francisco Pizarro e do *Adelantado* Dom Diego de Almagro, onde nos foi dito pelos nossos batedores índios qual o número de guerreiros que Quisquis, um dos generais de Atahualpa, tinha consigo em Vilcaconga. E o governador ordenou a Dom Diego para levar com ele cerca de 30 cavaleiros e soldados de infantaria para procurar o capitão De Soto, incluindo-me a mim. E caminhando tão depressa quanto pudemos pela estrada soubemos de Mansio Serra que o capitão De Soto estava cercado no cume da montanha, e que cinco espanhóis tinham sido mortos e 17 ou 18 estavam feridos. Dom Diego juntou-se-lhes no mesmo dia da batalha quando já estava escuro, e depois o resto dos homens chegou em grupos pois tinham caminhado durante toda a noite. Dom Diego escolheu então Mansio Serra, não apenas por ser jovem mas também consciencioso e um bom corredor, para regressar e informar o governador daquilo que ocorrera, e para lhe mostrar o caminho através do rio, cuja ponte fora queimada; e eu vi-o partir nessa missão, que era uma de grande risco e perigo, e depois ele voltou com o governador para a cumeeira onde todos nos reunimos; e foi um grande serviço que ele executou naquele dia, e de tamanha importância. E se naquela mesma noite o *Adelantado* Dom Diego de Almagro e esta testemunha e outros cavaleiros não tivessem vindo em seu socorro, cerca de 30 homens, ou perto disso, nem um dos homens da companhia do capitão De Soto teria escapado devido à quantidade de guerreiros que os cercavam.

LUCAS MARTÍNEZ VEGAZO: Com menos de uma seta nas nossas bestas, e estando posicionados no alto da cumeeira e cercados pelos nativos, a salvação chegou a meio da noite, em grupos de dez ou vinte, cada um seguindo para a cumeeira até ao amanhecer; e eu sei disto porque foi aquilo que vi com os meus próprios olhos, e no qual tomei parte, e com grande dificuldade e perigo para as nossas vidas.

CONQUISTADOR: Os governadores e aqueles que iam com eles, eu entre eles, marchámos em boa ordem na direcção da cidade de Cusco. Perto da cidade, a cerca de meia légua de distância, milhares de guerreiros índios saíram para nos confrontar em três esquadrões, e nós lutámos contra eles até os dispersarmos. Alguns Espanhóis foram feridos e os cavalos mortos, e tivemos de atrasar a nossa marcha por mais um dia. De manhã, em ordem de marcha, entrámos na cidade de Cusco e na sua praça, e tomámos posse das suas fortalezas.

BERNABÉ PICÓN: De manhã, o governador e todos os homens entraram na cidade de Cusco e tomaram posse desta... pois ao todo não éramos mais do que 120 homens.

CONQUISTADOR: Assim que a cidade foi capturada, o governador Dom Francisco Pizarro ordenou ao capitão De Soto que se dirigisse para a província de Cuntisuyo com 50 cavaleiros e alguns soldados de infantaria em perseguição dos chefes guerreiros de Atahualpa, e eu fui um desses que serviram aí durante mais de dois meses, lutando e seguindo-os até ao mais escarpado da região e passando grande fome, até por fim encontrarmos os seus chefes e guerreiros, alguns dos quais capturámos. O governador ordenou-nos então que regressássemos a Cusco, temendo um ataque; e nós regressámos até onde ele e o resto dos homens estavam a guardar a cidade, que os índios tinham cercado, colocando as nossas vidas em grande risco devido ao seu número e à fome e privações pelas quais passáramos.

LUCAS MARTÍNEZ VEGAZO: É verdade que o capitão De Soto deixou a cidade de Cusco depois de nós, Espanhóis, a termos conquistado, levando com ele cavaleiros e soldados de infantaria em perseguição e em busca dos chefes e guerreiros do Inca, e tivemos muitos recontros com eles, atravessando desfiladeiros de montanhas e rios, que eram de grande perigo; e eu não me lembro do tempo que a expedição durou, apenas que passámos por grandes riscos e dificuldades, que Mansio Serra também não poderia ter deixado de passar, pois eu estava lá e vi-o com os meus próprios olhos.

LUIS SÁNCHEZ: Alguns dias depois do nosso regresso, o governador Dom Francisco Pizarro distribuiu aos Espanhóis que tinham vindo até ali com ele, e àqueles que tinham permanecido em Jauja, o ouro e prata que havia sido recolhido, e mais tarde ele fundou a cidade de Cusco e distribuiu a terra entre 80 *encomenderos*, e um daqueles que ele nomeou era Mansio Serra, a quem recompensou com índios e terras, que ele mantém até hoje.

CONQUISTADOR: Em reconhecimento do serviço que prestei a Sua Majestade e da grande despesa em que incorri, quando a terra foi dividida eu estava entre aqueles a quem foram concedidas duas *encomiendas* como pessoa de posição(*), e pelo meu serviço, e pelo qual me foram entregues selos.

(*) Aludindo à sua categoria de fidalgo.

O Velho Soldado

PEDRO DE ALCONCHEL: Eu vi que o governador estava sempre ciente daqueles que o serviram bem na guerra, e também porque era muito amigo de Mansio Serra por ser tão diligente e tão merecedor fê-lo *encomendero* de Cusco e deu-lhe uma distribuição de índios.

CONQUISTADOR: Eu fui um dos 40 soldados escolhidos para permanecerem para defender a cidade de Cusco, na companhia do capitão Beltrán de Castro, o que aconteceu na altura em que os governadores se foram encontrar com Dom Pedro de Alvarado, que viera da Guatemala com os seus soldados. Enquanto montávamos guarda a esta cidade, soube-se que os Incas planeavam matar-nos a todos e reconquistar Cusco, trazendo com eles como seu chefe o *Villaoma*(*). De modo a atrasá-los, eu e alguns dos meus camaradas disfarçámo-nos de índios, e levando as nossas armas connosco fomos a pé até onde o *Villaoma* estava acampado com muitos guerreiros. E fui o primeiro a agarrá-lo, e trouxemo-lo como nosso prisioneiro para Cusco e entregámo-lo ao capitão Beltrán de Castro, e isto foi um grande serviço que prestámos a Sua Majestade. E como o *Villaoma* era nosso prisioneiro, os Incas quiseram pagar-nos um resgate pela liberdade dele, e deram-nos uma grande soma de ouro valendo mais de 200 000 pesos, que nós demos ao capitão Beltrán de Castro, e nós soldados, que tínhamos sido responsáveis pela sua captura, recusámos qualquer quinhão do resgate que foi enviado para Sua Majestade e seus funcionários reais.

PEDRO DE ALCONCHEL: Eu sei que Mansio Serra era um dos 40 espanhóis que ficaram a guardar Cusco sob as ordens de Beltrán de Castro, e isto foi publicamente registado; pois eu estava presente com o governador Dom Francisco Pizarro em Jauja quando recebemos notícia disto, pois ele recebeu uma carta referente ao assunto em questão; e eu acredito que Mansio Serra fez o que diz, pois ele era corajoso e diligente na guerra. E embora eu não estivesse na cidade de Cusco quando estes acontecimentos tiveram lugar, sei que eles foram verdadeiros e públicos, e aqueles que ficaram de guarda à cidade deram essa quantidade de ouro ao governador que o recebeu em nome de Sua Majestade, e que foi gasto por ele.

(*) *Villaoma*: o sumo sacerdote inca do Sol.

Princesas Incas

DIEGO CAMACHO: Eu sei que Mansio Serra ficou de guarda à cidade de Cusco, pois fui até esse local pela primeira vez antes do cerco, e aí me encontrei com Mansio Serra, que era um dos seus *encomenderos*, possuindo aí uma casa, cavalos e índios. E estando na cidade de Cusco chegaram-nos notícias de que o *Villaoma* estava com muitos guerreiros na província de Cuntisuyo; e ficou acordado que numa noite ele fosse capturado e trazido como prisioneiro: um acto que Mansio Serra executou, juntamente com outro *encomendero* chamado Francisco de Villafuerte, e nove ou dez outros soldados. E eu vi-o a ser conduzido para a cidade e colocado sob a custódia do capitão Beltrán de Castro. Foi um acto de grande audácia e que não poderia ser executado sem muito perigo e coragem, em especial porque o *Villaoma* estava acampado num terreno tão ermo e entre tantos dos seus guerreiros, e foi de grande serviço para Sua Majestade.

CONQUISTADOR: No seu regresso de Quito e da Cidade dos Reis, aos capitães e soldados foi ordenado que fossem para a província de Callao(*), eu entre eles, juntamente com os irmãos do governador(**); e fomos até à dita província com as nossas armas e cavalos e aí servimos, pacificando e conquistando a terra após muitos combates com os nativos, que eram em número considerável, e nós Espanhóis, poucos, mal alimentados e com muitas funções a desempenhar. Após o que acompanhei Juan Pizarro e Gonzalo Pizarro, os capitães de Sua Majestade, até à província de Cuntisuyo onde os guerreiros nativos tinham morto os seus senhores espanhóis, e nós dominámo-los depois de muita luta e esforço.

DIEGO CAMACHO: Devido às mortes de um *encomendero* de nome Pedro Martín de Moguer e de outro *encomendero* chamado Simón Suárez às mãos dos índios na província de Cuntisuyo, eu vi o capitão Juan Pizarro e Gonzalo Pizarro, e Mansio Serra entre eles, deixarem a cidade com outros soldados para exercerem represálias naquela província; e estando eu na cidade de Cusco ouvi dizer que as represálias tinham sido executadas com a tomada da fortaleza de montanha de

---

(*) Callao: as terras altas da Bolívia.
(**) Os meios-irmãos de Pizarro, Hernando, Juan e Gonzalo.

O Velho Soldado

Ancocagua [Aconcágua], onde mais de 8000 guerreiros índios se tinham refugiado, e onde muitas destas lutas decorreram; eu vi-os partir para as represálias e também regressar destas, pois Pedro Martín, que os índios mataram, era meu irmão.

CONQUISTADOR: Eu estava em Cusco na altura do levantamento inca, e servi valorosamente na sua defesa e fiz tudo o que me foi ordenado; sofri a falta de comida e de necessidades básicas; pois os nativos apoderaram-se da fortaleza da cidade de Sacsahuaman, e eram perto de 200 000 em número(*), e os Espanhóis eram poucos em número, muitos dos quais tinham sido mortos ou feridos; e o cerco e lutas continuaram durante perto de três ou quatro meses até que, em ordem de batalha, fomos até à fortaleza que era defendida por cerca de 30 000 dos seus melhores guerreiros; mas de dia não podia ser capturada e tivemos de esperar mais um ano antes que eu e outros soldados nos atrevêssemos a entrar na fortaleza: acção na qual eu lutei e fui ferido no estômago; e apesar de gravemente ferido e à beira da morte, e apesar de ver o capitão Juan Pizarro e outros mortos, eu fui o primeiro a gritar vitória.

DIEGO CAMACHO: Eu vi e sei que quando o levantamento dos nativos ocorreu, e quando eles cercaram Cusco, Mansio Serra lutou em defesa da cidade, servindo ali durante todo o tempo, o que foi cerca de 14 meses, com as suas armas e cavalos, de dia e de noite, tomando parte nos confrontos e batalhas com os nativos, no qual todos corremos grande perigo e lutámos com muita dificuldade: pois estávamos rodeados por mais de 300 000 guerreiros índios, e eles tinham-nos colocado em tal situação que incendiaram grande parte da cidade; e vendo isto, e apercebendo-se do perigo, o capitão Juan Pizarro decidiu que tínhamos de capturar a fortaleza onde muitos guerreiros se tinham fortificado; e assim foi decidido, e entre aqueles que subiram até ali encontrava-se esta testemunha e Mansio Serra, e cerca de 70 soldados ao todo; e durante alguns dias tivemos a fortale-

---

(*) Embora testemunhas índias tenham registado o mesmo número, o número provável de guerreiros era perto de 100 000, acompanhados pelos seus guardas e *yanaconas*. Não havia mais de 200 Espanhóis em Cusco, juntamente com alguns milhares dos seus auxiliares nativos.

za cercada e uma noite Mansio Serra e outros ofereceram-se para entrar através de uma pequena abertura que tinham visto, e assim eles entraram, e todos os outros depois deles, e nós capturámos a região circundante à fortaleza com grande perigo e com muita luta; e nessa noite Juan Pizarro foi morto. Hernando Pizarro, que permanecera na cidade, chegou então e nós mantivemos o cerco até a fortaleza ter sido capturada: escalando os seus muros com escadas, e em tudo isto, tal como no cerco inicial da cidade, o contributo de Mansio Serra foi de grande importância.

LUCAS MARTÍNEZ VEGAZO: Inca Manco Yupanqui, o irmão de Atahualpa, que os índios desta terra tinham rogado ao marquês Dom Francisco Pizarro que reconhecesse como senhor destes reinos, dizendo que ele descendia de Deus, tal como a sua soberania, e depois de o ter recompensado, e vendo-se obedecido pelos nativos da terra, tentou revoltar-se contra os Espanhóis e matá-los: e isto levou ele a cabo através do cerco da cidade de Cusco com cerca de 200 000 guerreiros índios, um número registado tanto por índios como por Espanhóis; e eles colocaram os Espanhóis que estavam na cidade sob grande pressão, pois incendiaram as casas que capturaram e colocaram barricadas nas ruas e lutaram contra nós do cimo dos telhados, e apoderaram-se da cidade em grande ordem, matando alguns Espanhóis e cavalos, e ferindo outros; e quando estávamos prestes a perder a cidade, e com ela todo o reino, alguns homens foram escolhidos para capturar a fortaleza, e esta foi conquistada à noite: pois durante o dia em várias ocasiões foi impossível entrar devido à multidão de guerreiros que a defendiam; e através da brecha nos seus muros, numa parte remota da fortaleza e longe de onde os Espanhóis a cercavam, alguns 12 ou 15 Espanhóis entraram, matando e ferindo os nativos e gritando, «Espanha! Espanha!» e «Vitória!». E dos outros lados da fortaleza o resto dos Espanhóis entrou e também tomou parte na matança, durante a qual o capitão Juan Pizarro foi morto devido a um ferimento profundo na cabeça causado por uma pedra, e também um tal de Gallego foi morto, e outros Espanhóis foram feridos; e em tudo isto Mansio Serra tomou parte, e é evidente que lutou bem, sendo um bom soldado e um excelente jovem; embora eu tenha tomado parte nisto não me lembro se ele foi ou não o primeiro a entrar na fortaleza e a gritar vitória.

O Velho Soldado

CONQUISTADOR: Eu estava entre aqueles que mais tarde acompanharam Hernando Pizarro a Ollantaytambo, para onde Inca Manco se retirara com muitos dos seus homens para uma fortaleza(*) ao lado de um rio, e aí nós lutámos com os seus guerreiros, que mataram seis Espanhóis e feriram muitos outros, e devido a isto fomos forçados a regressar a Cusco com grande perigo para as nossas vidas.

DIEGO CAMACHO: Na companhia de Mansio Serra, esta testemunha e 70 cavaleiros foram à dita província e fortaleza, que nós atacámos no dia da nossa chegada. Quando os guerreiros índios saíram da fortaleza, ocorreu um grande combate até ao cair da noite, no qual muitos Espanhóis foram mortos e feridos; e abandonando o nosso acampamento e tendas fomos forçados a fugir para Cusco nessa mesma noite, perdendo tudo que tínhamos levado connosco; pois se aí tivéssemos permanecido até de manhã nem um de nós teria regressado vivo, devido ao grande número de guerreiros e ao acidentado do terreno.

CONQUISTADOR: Eu também estava entre os homens que acompanharam o capitão Heredia(**) até ao Cuntisuyo para sua pacificação, expedição na qual servi alguns sete ou oito meses como caudilho com 40 dos meus soldados, que pelo seu trabalho e sob grande perigo destruíram os acampamentos fortificado dos índios, colocando-o sob domínio real.

RODRIGO LÓPEZ BERNAL: O que sei é que alguns Espanhóis tinham sido mortos na província de Cuntisuyo, que se rebelara contra Sua Majestade, e eu acompanhei o capitão Nicolás de Heredia, juntamente com Mansio Serra, a essa província, e ele serviu aí como capitão e caudilho com os seus cavalos e armas, tanto de dia como de noite, em tudo o que se esperava dele; e muito se arriscou, pois nós, Espanhóis, éramos muito poucos em comparação com os muitos índi-

---

(*) O vale e as ruínas da fortaleza de Ollantaytambo ficam a 72 quilómetros de Cusco, no Vale Sagrado dos Incas.
(**) O capitão Nicolás de Heredia, um dos primeiros exploradores do Norte da Argentina.

os que nos atacaram e nos rodearam num terreno muito ermo, tornando-nos impossível chegar a um rio para obter a água de que precisávamos; e nessa noite, na fortaleza nativa de Alca, Mansio Serra e os índios ao seu serviço deixaram o nosso acampamento de modo a romperem o cerco, entrando na fortaleza a partir do alto da encosta, esgueirando-se pelas sentinelas e fazendo-as passar a fio de espada de modo a não poderem avisar os seus guerreiros; e deste modo, a meio da noite, eles subiram até às aldeias superiores onde a grande multidão de guerreiros estava acampada, e apanhando-os a dormir mataram muitos destes, e depois deram aos Espanhóis que ficaram em baixo o sinal para subirem e os seguirem. Nestes e noutros actos desejo informar Vossa Majestade que Mansio Serra foi um daqueles que serviram com grande diligência e valor, e com o lustre de um soldado e fidalgo, às suas próprias custas e missão; expedição que me lembro de ter durado oito ou dez meses.

FRANCISCO DE ILLESCAS: Muitos dos meus amigos foram na expedição, e quando regressaram disseram-me em várias ocasiões que Mansio Serra fora um dos mais trabalhadores entre eles, como era sempre o seu caso, sendo como era um homem tão ágil e tão excelente soldado; e nessa conquista, de grande risco e esforço, ouvi dizer que ele perdera um cavalo.

CONQUISTADOR: Juntamente com o capitão Gonzalo Pizarro, fui em perseguição de Inca Manco até aos Andes, onde ele estava acampado; e fui um dos primeiros do esquadrão na batalha que se seguiu a ajudar a capturar a mulher do Inca e o seu chefe guerreiro, que se chamava Cusi Rimache; e assisti à pacificação da província onde servi durante oito meses, sofrendo dificuldades e fome e o dispêndio de uma grande soma de pesos de ouro: pois fui para lá bem armado, com os meus cavalos e criados, servi ali como caudilho até que a terra estivesse em paz. E na campanha capturei uma ponte que fica próxima de Vilcabamba(*), que é a primeira fortaleza que os Incas aí possuíam, e capturei muitos dos seus batedores, e servi nobremente Sua Majestade.

(*) Vilcabamba é hoje conhecida como a Cidade Perdida dos Incas. Era a fortaleza-refúgio do Inca Manco nos vales subtropicais dos Andes a noroeste de Cusco.

O Velho Soldado

FRANCISCO DE ILLESCAS: Eu sei que Mansio Serra foi com o capitão Gonzalo Pizarro em busca de Inca Manco, que se tinha retirado para a província dos Andes, pois servi nessa expedição com o capitão, embora devido a doença tivesse de regressar a Cusco. E sei que Mansio Serra, que continuou, serviu durante a expedição; e é publicamente sabido que deu muito trabalho, e com grande risco, já que o terreno era escarpado e de floresta densa, onde os nativos se emboscavam ao longo dos desfiladeiros das montanhas das suas estradas; e nessa viagem eles capturaram Cusi Rimache, irmão do Inca, e a mulher do Inca e muitos guerreiros; e sei com toda a certeza que Mansio fez tudo o que relatou, e vi-o bem armado e a cavalo, ao serviço de Sua Majestade.

CONQUISTADOR: Na época da rebelião de Dom Diego de Almagro, *o Jovem*(*), e a morte do marquês Dom Francisco Pizarro, saí de Cusco em direcção à costa de modo a tomar uma caravela em busca do licenciado Vaca de Castro, acompanhado por oito amigos, todos bem armados, montados e abastecidos; e como Almagro foi informado que eu partira em busca do licenciado, tirou-me a minha casa em Cusco e os meus índios; e eu e os meus amigos fomos capturados por García de Alvarado, seu capitão, que nos desapossou das nossas armas, cavalos e escravos negros, todos os quais valiam cerca de 8000 pesos de ouro; e tendo-nos roubado e enforcado um dos nossos companheiros, ele trouxe-nos para Cusco como seus prisioneiros.

LUIS SÁNCHEZ: O que sei disto é que após a morte do marquês Dom Francisco Pizarro, Dom Diego de Almagro, *o Jovem*, foi informado pelo seu capitão Gregorio de Soto, que partira para Cusco, que Mansio Serra estava na província de Cuntisuyo na sua *encomienda* juntamente com alguns dos seus amigos, e ele ordenou que eles fossem feitos prisioneiros; e ouvindo isto eles fugiram em direcção à costa onde foram capturados pelo capitão de Dom Diego, García de

---

(*) Dom Diego de Almagro, *o Jovem*, era um mestiço panamiano filho do *Adelantado*; os seus apoiantes tinham sido responsáveis pelo assassínio de Pizarro.

Alvarado, que os levou como prisioneiros até Cusco. E mais tarde vi Dom Diego conceder a *encomienda* de Mansio Serra a Martín de Bilbao(*), outro dos seus capitães, e também lhe tirou a sua casa.

FRANCISCO DE ILLESCAS: Estando eu na cidade de Cusco ao mesmo tempo que Dom Diego, ouvi dizer que Mansio Serra e Mazuelas e Montenegro(**) e outros tinham partido para a costa em busca do governador Vaca de Castro; depois disso vi García de Alvarado, o capitão de Dom Diego, entrar na cidade com prisioneiros, entre eles Mansio Serra e outros soldados; e também soube que García de Alvarado tinha enforcado um destes, Montenegro, e os despojou de todos os seus bens e armas. E como Mansio Serra era seu prisioneiro, Dom Diego de Almagro tirou-lhe os seus índios e deu-os a Martín de Bilbao, seu capitão, que adquiriu o tributo destes, a quem lho vi trazer; e durante o tempo que Mansio Serra esteve prisioneiro sofreu um mau tratamento e tortura porque os tinha enfrentado.

CONQUISTADOR: Devido à minha recusa tardia em seguir Gonzalo Pizarro, quando ele chegou a Cusco e foi declarado procurador-geral, acompanhado como estava por muitos homens armados, ordenou que eu fosse torturado, o que me causou muitos ferimentos, e confiscou-me os meus índios e a minha casa, que ele deu ao seu aliado e vassalo Guerrero; e manteve-me prisioneiro e ameaçou cortar-me a cabeça, o que ele teria feito se não fosse pelo seu temor da reacção do povo(***).

LUIS SÁNCHEZ: Na altura eu estava na cidade de Cusco e vi Alonso de Toro, governador-tenente de Gonzalo Pizarro, aprisionar Mansio Serra e fazer-lhe muito mal, e julgava-se que ele o mataria por ser seu inimigo, e é disso que eu me lembro.

(*) Martín de Bilbao foi um dos assassinos de Pizarro.
(**) Os conquistadores Gómez de Mazuelas, futuro sogro de Mansio Serra, e Francisco Montenegro. A rebelião de Diego de Almagro terminou com a sua derrota na batalha de Chupas, em 1542.
(***) Isto culminou na rebelião de Gonzalo Pizarro dois anos depois.

O Velho Soldado

FRANCISCO DE ILLESCAS: Eu estava em Cusco e vi Gonzalo Pizarro levar os índios de Mansio Serra à cidade por este recusar ser um dos seus seguidores, e ele deu-os a um tal Guerrero, que era um seu conterrâneo, que eu vi fazer uso do seu serviço e do seu tributo, de ouro, prata, colheitas e vestuário, enviando o seu agente para os recolher; e também vi que quando Gonzalo Pizarro chegou a Cusco, ele queria que Mansio Serra e a mulher fossem despejados da sua própria casa, e devido à reacção do povo ele não o fez; e permitiu a Mansio Serra reter uma parte desta, o resto deu ao seu aliado Guerrero, a quem dera os seus índios; e para além disto, acredito que tiraram muitas outras coisas da sua casa, também o gado e quintas que ele tinha nas suas aldeias; e isto eu ouvi, e também que ele tinha perdido uma grande quantidade de ouro e que fora incapaz de deixar Cusco, estando virtualmente preso até o próprio Gonzalo Pizarro deixar a cidade: pois ninguém fugiu que não fosse trazido de volta como prisioneiro e depois enforcado; e só após Gonzalo Pizarro e os seus homens terem deixado Cusco foi ele capaz de escapar da prisão e fugir da cidade a cavalo. Após o que o vi no acampamento do presidente Dom Pedro de la Gasca no combate contra o exército de Gonzalo Pizarro, no qual serviu como um fidalgo e vassalo de Sua Majestade, e colaborou na prisão de Gonzalo Pizarro.

HERNANDO DE CESPEDES: Mansio Serra sofreu maus tratos e tortura pela posição que tomou, e por não querer ir com Gonzalo para a batalha de Huarina; e isto é do meu conhecimento por ter sido feito prisioneiro na batalha e trazido para Cusco por Gonzalo Pizarro, quando ele aí chegou trazendo o estandarte real do capitão Diego de Centeno. Sei que Mansio Serra sempre se opôs à opinião dos rebeldes e não sei, nem ouvi dizer que estivesse envolvido com eles contra o serviço de Sua Majestade; e vi-o ser tratado com grande honraria, e como fidalgo, mantendo uma casa e uma família e sustentando muitos soldados e criados de Sua Majestade; e vi isto, em especial, quando muitos prisioneiros foram levados para Cusco depois da batalha de Huarina, que Gonzalo Pizarro venceu.

CONQUISTADOR: Servi no exército de Sua Majestade do presidente Gasca e fiz tudo que me foi ordenado como cavalheiro e pessoa de honra até à batalha de Jaquijahuana, na qual lutei com as minhas armas e cavalos até Gonzalo Pizarro e os seus aliados terem sido feitos prisioneiros.

DIEGO CAMACHO: Tendo-me juntado à facção realista do presidente Gasca na província de Huaylas, vi Mansio Serra juntar-se mais tarde a nós e lutar sob o estandarte real na batalha de Jaquijahuana até Gonzalo Pizarro e os seus seguidores terem sido feitos prisioneiros; e vi-o a lutar na batalha, indo para lá em boa ordem com os seus cavalos, armas, escravos e criados, como *encomendero* e homem de grande posição.

CONQUISTADOR: Eu ia servir Sua Majestade sob as ordens do licenciado Gasca na captura de alguns partidários de Gonzalo Pizarro que tinham fugido para as províncias de Cuntisuyo e Charcas, entre eles o capitão Diego Guillen e o padre Vizcaino. E vendo quão zeloso eu era ao serviço de Sua Majestade, o licenciado confiou-me várias comissões de grande importância.

PEDRO SÚAREZ DE ILLANES: Após a batalha, o capitão Guillen e outros seguidores de Gonzalo Pizarro fugiram para as províncias de Callao e Cuntisuyo, e eu ouvi ser publicamente dito que o presidente Gasca encarregara Mansio Serra de os encontrar e capturar, e isto ele fez.

FRANCISCO DE ILLESCAS: Esta testemunha viu Mansio Serra trazer de Cusco, para esta Cidade dos Reis, e de Huamanga, alguns prisioneiros que tinham sido seguidores de Gonzalo Pizarro, e que tinham sido sentenciados a servir o seu castigo(*).

CONQUISTADOR: Na época da rebelião de Francisco Girón(**), só pelo uso da minha espada fui eu capaz de evitar que ele ferisse Gil Ramírez Dávalos, que era o governador de Cusco, e ajudei-o a fugir da cidade e levei-o para as minhas aldeias, e alimentei-o e tratei dele,

---

(*) A maioria fora condenada a servir nas galés reais.
(**) A rebelião do *encomendero* Francisco Girón em 1553-4.

O Velho Soldado

e fiz tudo o que pude ao serviço de Sua Majestade. Quando o mariscal Alonso de Alvarado veio de Charcas para auxiliar Sua Majestade contra Francisco Girón, fui recebê-lo, bem armado com os meus homens e cavalos. E tendo-me sido ordenado para ir ao campo inimigo perto de Nazca e às planícies da província de Parinacochas(*), levando comigo alguns Espanhóis, fui ali para descobrir os movimentos e intenções do inimigo. E executei a minha missão com muito cuidado, inspeccionando o acampamento inimigo e observando os seus movimentos, como bom caudilho e capitão; e informei o mariscal daquilo que estava exactamente a ocorrer no campo rebelde; o que foi tudo muito difícil, pois o terreno aí era muito rochoso, e impossível de alcançar a cavalo sem se ser detectado.

HERNÁN GÓMEZ: Quando o mariscal Alonso de Alvarado trouxe o seu exército contra Francisco Girón, enviou Mansio Serra para a província de Cuntisuyo com alguns soldados para bater o território e descobrir o estado do exército rebelde e os seus movimentos, e para descobrir qual a estrada que o exército de Sua Majestade deveria tomar, que era de grande importância; e depois disto ele foi para a província de Parinacochas para bater o território e quando o nosso exército chegou a essa província eu vi-o aí, e ele tinha consigo os caciques de toda essa província, que trouxera com ele, de modo a que os seus homens pudessem servir-nos como batedores, e enviar informação; e é do meu conhecimento que ele sentiu grandes dificuldades na sua missão devido à aridez da terra, muita da qual atravessou a pé, e que ele estudou as cercanias do campo inimigo com grande risco de vida.

JUAN DE RIVAMARTÍN: Como um dos comandantes do exército real do mariscal, eu sei que Mansio Serra levou consigo alguns soldados para as terras dos seus índios, que se situam entre as províncias de Cuntisuyo e Parinacochas, e perto da estrada pela qual o rebelde Girón deveria levar o seu exército, e que o mariscal foi informado dos seus movimentos. E como ele era conhecido dos nativos dessa província e respeitado por eles, também foi enviado para organizar as provisões

---

(*) Local das linhas pré-colombianas de Nazca.

para o acampamento real; e isto ele concordou em fazer, com aqueles homens que levara consigo para a fortaleza nativa em Parinacochas, que é hoje a *encomienda* de Alonso de Hinojosa, cidadão de Cusco, e que antes pertencera a Dom Baltazar de Castilla; e por ordem do mariscal fui lá para organizar as provisões, e uma vez, à meia-noite, numa noite de um frio terrível, encontrei Mansio Serra, que regressava para informar o mariscal daquilo que descobrira. O terreno era ermo e rochoso, e grande parte dele só poderia ser atravessado a pé.

CONQUISTADOR: Ajudei muitos soldados, equipando-os com mosquetes e pólvora e cavalos, e outros artigos de guerra para o serviço de Sua Majestade, e todos a grande custo para mim em pesos de ouro; e por ordem do mariscal, levando comigo algumas centenas de soldados, fui então interceptar alguns desfiladeiros e pontes na montanha por onde o inimigo iria marchar. E na companhia do mariscal Alonso de Alvarado entrei na batalha de Chuquinga, bem armado, com os meus cavalos e os meus criados, e eu era um dos da vanguarda na batalha e incitei os soldados a lutarem, e lutei ali como fidalgo e servidor de Sua Majestade até sermos derrotados, sendo um dos últimos a deixar o campo, a pé; aí perdi um grande montante de ouro, perto de 10 000 pesos.

HERNÁN GÓMEZ: É verdade que o mariscal enviou Mansio Serra com alguns soldados para cortar as passagens daquela parte de Chuquinga, por onde o exército dos rebeldes teria de fugir, se fosse derrotado no vale: uma missão que ele cumpriu com grande risco; mas como os rebeldes venciam a batalha não serviu de nada embora tivesse sido um grande serviço, e isto eu sei pois estava no exército do mariscal. Nessa mesma noite após a nossa derrota, ao abandonar o campo de batalha no vale superior e fugindo do inimigo, vi Mansio Serra, que fugia ele mesmo a pé apenas com uma espada desembainhada na mão, e despojado de todos os seus pertences, e caminhámos juntos durante o resto dessa noite até ao romper do dia, quando cada um seguiu o seu próprio caminho; e sei que ele perdeu muita da sua fortuna na batalha, pois eu vira-o no nosso acampamento bem aprovisionado com os seus cavalos, armas e criados, com o seu prato de jantar e tendas.

O Velho Soldado

FRANCISCO DE ILLESCAS: Cada um de nós fugiu o melhor que pôde, e ao chegar ao Cuntisuyo, cerca de dez dias depois, fiquei a saber que Mansio Serra lá estava, e que abandonara o campo de batalha a pé. Vi-o mais tarde a cavalo com os seus homens, e ouvi dizer que pedira emprestado o cavalo, ou que o comprara; e as suas perdas teriam sido grandes, pois quando entrou na batalha estava bem armado com cavalos, escravos e provisões, todos os quais perdeu, e quando o voltei a encontrar tudo que possuía eram as roupas que vestia. Na província de Cuntisuyo, onde Mansio Serra tinha os seus índios, vi que ele partilhava aquilo que podia para permitir a outros que fossem com ele em busca do exército real dos senhores juízes; e daí, eu, ele e outros soldados caminhámos através da terra mais árida e desolada de modo a evitarmos o inimigo, em cerca de 150 léguas, até encontrarmos o acampamento real de Huamanga, tendo levado connosco algumas onças de pólvora e outras armas que tínhamos feito para nós em Cuntisuyo.

CONQUISTADOR: De modo a evitar ser capturado por Francisco Girón e os seus seguidores, andei durante cerca de 200 léguas em busca dos senhores juízes, e a estes juntei-me mais tarde, trazendo comigo muitos Espanhóis e provisões do serviço real e cerca de 10 onças(*) de pólvora. E mais tarde servi sob o estandarte real de Sua Majestade na batalha de Pucará na linha da frente da cavalaria, com os meus cavalos e criados, como bom soldado e fidalgo, chefiando os meus homens até Francisco Girón e os seus seguidores serem capturados e levados perante a justiça.

FRANCISCO DE ILLESCAS: De manhã, na retirada do inimigo, vi-o dar-lhes caça, e vi que o seu cavalo perdera um olho, vazado ou por uma lança ou pelo tiro de um mosquete.

PEDRO DE ALCONCHEL: Durante toda a conquista, tal como em batalha, vi Mansio Serra servir como nobre e valente fidalgo, fazendo sempre o seu dever e colocando-se em perigo e risco, e à sua própria custa e despesa; pois todos nós servimos do mesmo modo, e ele não poderia senão ter dispendido grande parte da sua fortuna.

(*) Aproximadamente 28,35 gramas (*N. T.*)

NICOLÁS DE RIBERA: Conhecendo Mansio Serra há quase 31 anos, mais coisa menos coisa, sempre o vi servir à sua própria custa como um bom soldado e fidalgo, e ele não poderia ter deixado de gastar grande parte da sua fortuna; pela qual nunca recebeu qualquer retribuição ou ajuda, porque na altura da conquista deste reino esse era o costume, embora isto já não aconteça entre os *encomenderos*.

CONQUISTADOR: Declaro que estou nestes reinos há 31 anos, durante os quais servi Sua Majestade com toda a diligência e honra e à minha própria custa, como um cavalheiro de antiga linhagem, tendo dispendido em tal serviço e nas guerras passadas e rebeliões destes reinos mais de 50 000 pesos de ouro, e tendo sempre cumprido com as convocações de Sua Majestade, tanto em tempos de paz como de guerra, com a minha pessoa, armas e riqueza, embora de momento esteja pobre e com dívidas. E embora o marquês Dom Francisco Pizarro me tivesse recompensado com duas *encomiendas*, uma no Cuntisuyo, chamada Alca, e outra no Antisuyo, que para recompensar Dom Inca Paullu(*) ele me tirou e lhe deu, que era a *encomienda* de Callanga. E até ao dia de hoje só tive uma dessas *encomiendas* para me manter.

HERNÁN GÓMEZ: Na guerra e em tempos de paz sempre vi Mansio Serra tratado com grande respeito e honra, como cavalheiro e fidalgo e homem de grande qualidade, sustentando, como o fez, a sua família e muitos soldados que tinha frequentemente em sua casa; mantendo também cavalos, mulas, escravos e armas, e ajudando sempre quem quer que precisasse: e devido a isto ele gastou na verdade muito e é natural que tenha dívidas e que agora viva com necessidades.

FRANCISCO DE ILLESCAS: A aldeia onde Mansio Serra nasceu fica a menos de uma légua de distância da minha, e ao encontrar pessoas da sua terra sempre ouvi dizer que os seus pais eram fidalgos, e assim

---

(*) Inca Paullu, um filho do imperador Huayna Cápac e aliado dos Espanhóis.

O Velho Soldado

sendo gozavam dos privilégios dos fidalgos na aldeia de Pinto(*), e assim sempre o considerei. Devido aos seus grandes gastos durante os anos ao serviço de Sua Majestade, pelos quais não recebeu nem auxílio nem recompensa, e devido ao pequeno valor da sua *encomienda*, Mansio Serra vive em grande necessidade e possui muitas dívidas, pois eu mesmo vi os seus credores visitarem-no.

HERNANDO DE CESPEDES: Nos anos em que conheci Mansio Serra sempre o vi ser tratado e estimado como um cavalheiro e fidalgo, e em tal categoria é ele considerado, e isto não se revela apenas nos seus modos e comportamento, mas é publicamente conhecido; pois neste reino há muitas pessoas da sua terra natal, e as linhagens de Espanha são igualmente bem conhecidas nestes reinos.

LUCAS MARTÍNEZ VEGAZO: Sempre considerei Mansio Serra um fidalgo, e como tal ele vivia. Vi que ele era casado com a filha de Mazuelas, em Cusco, e que lhe foram deixados alguns filhos do seu casamento, embora eu não saiba quantos, e que o rendimento que ele recebe dos seus índios é pequeno e não está de acordo com a sua posição, pois ele está agora em grande necessidade e em dívida.

(*) A aldeia castelhana de Pinto, a sul de Madrid.

VIII

A Assombração

O etnólogo peruano Ricardo Palma, que escreveu no século XIX, relembrou alguns dos acontecimentos que ocorreram na Plaza Mayor de Lima numa noite em especial do ano de 1565(¹). Muita da sua informação foi obtida da *História do Peru* do cronista Garcilaso de la Vega, sendo esta por sua vez baseada em relatos pessoais de um colono das Índias e de um frade franciscano, tendo Garcilaso conhecido ambos em Espanha. Tal como Palma escreve, a história diz respeito ao roubo dos crânios de Gonzalo Pizarro, Francisco de Carbajal e Francisco Girón, que eram guardados na principal praça da cidade.

Documentos públicos registam que durante os quatro anos do seu governo rebelde no Peru, a forma de tratamento oficial dada a Gonzalo, não apenas pelos seus cortesãos mas também pelos bispos da colónia, era *Glorioso Gonzalo* e *Senhor Mui Magnificente*. Alto e de barba negra, tal como todos os seus irmãos, tinha 36 anos de idade quando foi executado, e presidiu à corte mais opulenta que a colónia já conhecera, onde tanto as mulheres espanholas como as índias usavam o vestuário e as jóias mais ricas.

Em 1544, rebelou-se contra as Novas Leis da Coroa espanhola, e autoproclamou-se Senhor Protector do Peru. Estas leis severas teriam privado os veteranos de Cajamarca das suas terras e vassalos índios. Cada conquistador ou *encomendero* que se tentava opor a ele arriscava a forca ou a prisão. Embora não surpreendentemente, nenhum deles falou em sua defesa quatro anos mais tarde, depois da batalha de Jaquijahuana, perto de Cusco, a norte; abandonado pelos seus homens e oficiais, rendeu-se ao governador-padre Pedro de la Gasca, que fora enviado pelo imperador para esmagar a rebelião.

Nesse dia, a túnica que Gonzalo usava sobre a sua cota de malha era feita de veludo amarelo, coberta por discos metálicos de ouro; o seu elmo e a faixa eram também de ouro. Ele tentou justificar a sua rebelião lembrando a Gasca que quem conquistara originalmente o Império Inca para a Coroa espanhola fora ele e os seus irmãos. Um cronista escreveu que o diminuto padre, ele mesmo de armadura, respondeu «que embora Sua Majestade tivesse concedido ao seu irmão, o marquês, tudo o que ele lhe dera, e que era o suficiente para o tirar e aos irmãos de uma vida de pobreza para uma de grande riqueza, erguendo-os do pó, eles não tinham mostrado qualquer gratidão, em especial ele que nada fizera em relação à descoberta do Peru, e o seu irmão, que fizera tudo, sempre demonstrara uma enorme gratidão, lealdade e respeito. Não esperou por uma resposta e ordenou ao seu mariscal que o levasse»([2]).

Durante toda essa noite, Gonzalo foi mantido numa tenda, guardado por homens que apenas alguns meses antes se tinham ajoelhado perante si em obediência, como seus cortesãos. A sua figura alta estava delineada pela luz de uma lamparina enquanto ele andava inquieto de um lado para o outro, e só antes do amanhecer é que conseguiu dormir um pouco.

De manhã, com o corpo nu envolto num manto preto, foi levado numa mula até um cadafalso que fora montado à pressa no campo de batalha. Nas mãos, segurava um crucifixo. Foi conduzido através das fileiras de homens silenciosos pelo mariscal padre de Gasca e por um arauto que recordou os seus crimes, até o pequeno cortejo chegar a um pequeno cadafalso de madeira. Aí, o próprio Gonzalo fez um pequeno discurso, repetindo mais uma vez o que dissera ao padre Gasca, e depois ajoelhou-se no cepo e dirigiu-se ao carrasco, o mulato Juan Enríquez: «Faça bem o seu trabalho, irmão Juan»([3]). E com uma única machadada, a sua cabeça foi cortada.

O padre Gasca ordenou então que o corpo de Gonzalo fosse levado para o convento de La Merced, em Cusco, onde os corpos decapitados do *Adelantado* Diego de Almagro e do seu filho mestiço também estavam enterrados, e que a cabeça dele fosse frita em óleo e enviada para Lima, e aí colocada em exibição numa gaiola no cimo de um poste na praça principal. Entre os papéis encontrados no seu acampamento abandonado estava uma carta que ele recebera alguns anos antes do comandante do seu exército. Fora enviada pouco tempo depois do assassínio do primeiro vice-rei da colónia, Dom Blasco Núñez Vela, e da derrota do exército deste na batalha de Añaquito. O corpo nu de Núñez Vela fora mutilado pelo soldados de infantaria de Gonzalo, e durante as semanas que se seguiram a sua barba manchada de sangue foi usada como adorno nos elmos do seus capitães:

> Meu Senhor, quando um vice-rei é morto numa batalha campal e a sua cabeça é decepada e colocada num poste, e a batalha era contra o estandarte real, e onde houve muitas mortes e tanta pilhagem, não se pode esperar qualquer perdão, e nenhum compromisso pode ser feito; apesar de vossa senhoria apresentar muitas desculpas e provar que é mais inocente do que um bebé de mama. Nem podeis confiar em palavras ou promessas, nem em quaisquer certezas que vos sejam dadas, a não ser que sejais vós a declarar-vos rei; e que tomais o governo vós mesmos sem esperar que outro vo-lo ofereça, e colocais a coroa na vossa cabeça: atribuindo qualquer terra que esteja desocupada aos nossos amigos e partidários; fazendo deles duques e marqueses e condes, tais como existem em todos os países do mundo, de modo a que eles defendam a vossa suserania assim como defendem as suas próprias propriedades; e não presteis atenção se for dito que sois um traidor ao rei de Espanha; não o sois, pois tal como diz o ditado, nenhum rei é traidor. Rogo a vossa senhoria que pondere cuidadosamente as minhas palavras, e aquilo que eu disse acerca de governar vitaliciamente o império, de modo a que todos os que vivem aqui vos seguirão. Por fim, incito-vos, mais uma vez, a coroar-vos rei. Morra rei, repito, e não vassalo, pois quem quer que aceite a servidão não pode merecer melhor...([4])

A segunda cabeça a ser colocada numa outra gaiola no mesmo dia, na praça principal de Lima, foi a do octogenário Francisco de Carbajal, o autor da carta a Gonzalo Pizarro, que era conhecido como o «Demónio dos Andes» devido à sua lendária brutalidade. Nascido Francisco López Gascón, na juventude estudara para o sacerdócio na sua Castela natal, adoptando o nome do seu patrono, o cardeal Bernardino de Carbajal. Veterano das guerras italianas, vangloriava-se de ter partido de Sevilha para as Índias apenas com a roupa que trazia vestida, e devendo «meio real a uma mulher que tinha uma taberna na Puerta de Arenal»([5]).

A sua reputação no que se referia à sua crueldade e troça acompanhou-o até na sua execução, e muitos dos espectadores que tinham passado por anos de abusos e tortura às suas mãos devem ter-se divertido com essa visão. Alguns deles tinham até estado presentes quando ele levara três dos conquistadores fugitivos de Cusco, nus e sobre mulas, para os arredores de Lima onde os enforcara numa árvore, cada um segundo a sua categoria, escolhendo o ramo mais alto para o fidalgo e conquistador Pedro del Barco.

Em rapaz, Garcilaso de la Vega conheceu Carbajal em Cusco e descreveu-o como um homem corpulento e de faces rosadas «que usava sempre um albornoz mouro de cor púrpura, com um capuz, e na cabeça um chapéu de tafetá preto com uma faixa de seda modesta enfeitada com penas de galinha brancas e pretas». Também recordava o humor cáustico por que era conhecido. Numa ocasião, Carbajal, ao deparar com um novo recruta, a quem se dirigiu sarcasticamente como «Vossa Graça», perguntou ao homem o seu nome; quando este lhe disse chamar-se «Hurtado» [roubado], ele observou: «Não vale a pena encontrar, quanto mais roubar!» Noutra ocasião, tendo feito prisioneiro um *encomendero* lealista que fingia não compreender por que ia ser enforcado, dissera-lhe: «Percebo que queira estabelecer uma origem para o seu martírio, de modo a poder indicá-lo como herança para os seus descendentes. Então que o seja, e agora, *Adíos*!»([6])

A captura de Carbajal seguira-se passado pouco depois da de Gonzalo e ele foi conduzido ao quartel-general pelo comandante realista Diego de Centeno. Um ano antes, Carbajal derrotara-o em batalha, e por várias ocasiões perseguira-o através dos Andes, mas agora fingia não o conhecer. Visivelmente irritado, Centeno exigiu saber se de facto ele se lembrava dele. «Por Deus, senhor», exclamou Carbajal, «tendo apenas visto as vossas nádegas a bater em retirada, posso afirmar-vos que não!»([7])

Carbajal iria receber pouca misericórdia por parte do padre Gasca, que não conseguia esquecer as cartas que recebera dele, incitando-o a regressar a Espanha:

> Com que engenho é que um padre, da inteligência que alguns afirmam que vós tendes, se envolve num empreendimento que nem o rei com todas as suas forças é capaz de reprimir, nem tem a capacidade para o fazer, senão através dos vossos decretos sem valor e cartas cheias de mentiras? Aquilo que poderéis considerar é que as instigações que fizeram com que os traidores rendessem a frota à vossa pessoa, venden-

do o seu senhor por dinheiro, tal como Judas, só se deram de modo a eles mesmos poderem tornar-se senhores, e vós, o seu padre... e deixai--nos desejar que com o tempo os vossos pecados o trarão em segurança para as minhas mãos...[8].

Despido da sua armadura, Carbajal foi colocado nu num cesto de vime que diversas mulas arrastaram até ao cadafalso. Antes da execução, o seu confessor pediu-lhe que dissesse o Pai Nosso e a Avé Maria. Provocador até ao fim, e para espanto até dos seus inimigos que se aglomeravam à volta da forca, ele repetiu simplesmente as palavras: «Pai Nosso, Avé Maria»[9]. Enforcado como um criminoso comum, o seu corpo foi então esquartejado e a cabeça colocada no mesmo alforge que transportara a cabeça do seu senhor para Lima.

Cinco anos mais tarde, o Peru voltou a mergulhar numa guerra civil devido a uma rebelião liderada pelo *encomendero* Francisco Girón. Durante quase um ano, este manteve a colónia na suas mãos como caudilho populista, antes de ser aprisionado e executado, constituindo o primeiro esquadrão de escravos negros como seus guarda-costas pessoais. Curiosamente, o seu principal conselheiro era um astrólogo.

Cerca de 11 anos depois da cabeça de Girón ter sido colocada na terceira gaiola de ferro na Plaza Mayor de Lima, Ricardo Palma escreveu que um colono recém-chegado, chocado pelo espectáculo macabro que a maior parte dos cidadãos de Lima achava normal, encontrou-se com a viúva castelhana de Girón, Mencia de Sosa, e ofereceu-se para retirar o crânio do seu marido para que este pudesse ter um enterro cristão. Na noite em questão, levou uma escada para a Plaza Mayor e, com o auxílio de um criado índio, retirou um dos crânios da gaiola e levou-o para casa da viúva. Para desânimo desta, ela reconheceu-o como o de Carbajal. O colono regressou à praça e retirou outro dos crânios, mas a viúva identificou-o como o de Gonzalo Pizarro. Por fim, mesmo antes do amanhecer, ele regressou mais uma vez à praça e retirou o crânio que restava.
Garcilaso de la Vega escreveu que anos mais tarde um dos seus informadores, o franciscano Luis Jerónimo de Oré, viu os crânios numa caixa de madeira no seu convento de Lima, mas que por essa altura já ninguém era capaz de os identificar. O seu outro informador, Luis de Cañaveral, afirmou que os três crânios tinham sido enterra-

dos pelo colono, segundo as instruções da viúva de Girón, embora o local nunca tenha sido descoberto. Qualquer que tenha sido a veracidade da história, a crença popular de que o Diabo levou os seus nunca foi negada pelos padres que mais tarde oficiaram numa cerimónia efectuada para purificar a praça. Os postes foram derrubados, sal e água benta aspergidos no solo, e pela última vez os crimes de traição e tirania dos três homens foram publicamente recordados pelo arauto da cidade.

IX

O Requiem

No ano de 1549, o filho do imperador Huayna Cápac, Inca Paullu, morreu em Cusco. Tinha 31 anos. Apenas seis anos antes, recebera o baptismo cristão e tomara o nome e título de Dom Cristóvão em honra do governador da cidade, Dom Cristóvão Vaca de Castro, seu padrinho. Durante vários dias, o seu corpo foi velado, de pés descalços, mas vestido com todo o requinte da corte espanhola, no palácio de Colcampata, cuja fachada em ruínas ainda pode ser vista no alto dos montes, a norte da cidade. Na cabeça, usava o toucado inca emplumado, e sobre o peito a insígnia do brasão com que o imperador espanhol o recompensara pela sua lealdade e serviços. Durante horas intermináveis, ouviram-se os lamentos de 500 guerreiros, ou perto disso, que tinham rodeado os muros do palácio; iriam permanecer de guarda ao corpo até este ser enterrado na capela adjacente que ele construíra e que baptizara em honra do seu santo cristão.

Um vislumbre do tratamento que Inca Paullu sofreu às mãos dos conquistadores é-nos dado pelo frade Vicente de Valverde numa carta ao imperador Carlos V, datada de 2 de Abril de 1539, na qual ele descreve como na expedição de Diego de Almagro ao Chile, o príncipe inca foi acorrentado pelo pescoço[1]. Mais tarde, o padre Luis de Morales registou:

> Em relação a Inca Paullu, vassalo e servidor de Vossa Majestade, ele tem sido verdadeiramente um bom amigo dos cristãos e de Sua Majestade, tal como o tem demonstrado pelos seus feitos, e na guerra

e nas batalhas contra o seu irmão Inca Manco, que permanece em rebelião; e se não fosse o seu auxílio, a maior parte dos Espanhóis que agora vivem aqui teriam sido mortos; e apesar disto, ele sofre o mais cruel dos abusos e tratamento às suas mãos, mas sendo de personalidade astuta e prudente ele tem-los aguentado: entram na sua casa e roubam-lhe os pertences, e tomam-lhe as suas mulheres. E desejando tornar-se um cristão ele tem residido na minha própria casa estes cinco meses, tempo em que o instruí na Fé([2]).

No seu baptismo, a mãe, filha de um cacique, e a sua irmã-mulher também foram baptizadas; ele obrigou-as a vestirem roupas espanholas e a tomarem os nomes titulares cristãos que o governador Vaca de Castro lhes concedera como fidalgos. Embora fosse capaz de fazer um sinal a representar o seu nome nunca aprendera a falar castelhano.

O incenso e a suave luz das velas pareciam amortalhar-lhe o corpo e tudo o que se ouvia eram os lamentos das mulheres, ajoelhadas à volta do caixão de madeira. O *requiem* foi cantado pelo bispo da cidade na capela que Inca Paullu fundara e assistiram todos os membros da casa real inca. Mas apenas o seu pequeno filho, Dom Carlos Inca, compreendeu o que estava a ser dito, enquanto as vozes entoando cânticos se erguiam e baixavam, e o incenso flutuava pelas vigas de madeira da pequena capela.

X

O Homem Cego de La Mota

O estranho pouco tinha para mostrar dos anos que passara nas Índias. Vestia calções de cor sóbria e camisa de lã puída iguais aos dos outros homens da aldeia, e o seu único adorno era a corrente índia de ouro que usava ao pescoço. A jovem, uma órfã de 17 anos, observou-o a atravessar a praça central da aldeia, onde decorriam as grandes feiras mercantis anuais de Medina del Campo, uma figura solitária e desalinhada, a barba ruiva muito grande e salpicada de cinzento. Nunca mais o voltou a ver, nem ninguém lhe falou dele. Apenas uma vez ouviu ela alguém comentar que o nome dele era Bernal Díaz, e que acompanhara o grande Cortéz na sua Conquista do México. Nem nunca viria ela a saber que na pobreza da sua nova vida nas Índias, às quais ele regressaria um dia, ele viria a escrever uma das mais importantes crónicas do Novo Mundo, *Historia Verdadera de la Conquista de la Nueva España*.

Era quase meio-dia na altura em que ela atravessou a praça, acompanhada pela tia, com quem vivia. Nascida filha de um nobre, com o passar dos anos vira-se reduzida a lavar a roupa das novas famílias ricas dos mercadores da cidade, muitos dos quais habitavam agora os antigos palácios cujos brasões esculpidos eram lembranças orgulhosas de um mundo ao qual ela já não pertencia. Era uma manhã de Verão como qualquer outra na planície árida de Castela, com o sol a aquecer as casas de azulejos rosados e as bancas do mercado, enquanto as duas figuras saíam pelo portão sul da aldeia em direcção ao rio, com a mais jovem das mulheres carregando nos braços uma trouxa de roupa.

Diante delas, erguia-se o castelo de La Mota, localizado do outro lado do rio Zapardiel nos arredores da aldeia, com as suas muralhas fortificadas de pedra maciça cinzenta e tijolo vermelho e a sua torre visíveis a quilómetros de distância. Sinistro e austero, servira como residência real e como prisão desde que os duques de Alba haviam legado a fortaleza à rainha Isabel, e as suas muralhas eram assombradas pelas memórias desvanecidas e fantasmas dos seus antigos cativos. Estes incluíam o exilado César Bórgia, filho do papa, que escapara saltando para o fosso e depois fugira para o reino montanhoso de Navarra em busca de refúgio, e Joana, a «rainha louca de Espanha», mãe do imperador Carlos V, cujos gritos — dizia-se — ainda se ouviam, quando ela se agarrara durante dias à ponte levadiça do castelo, na esperança de poder ver mais uma vez o seu inútil marido. Joana passaria o resto da vida prisioneira da sua loucura.

As duas mulheres avançaram em direcção ao castelo, pois a mais velha das duas obtivera autorização para visitar um novo prisioneiro, recém-chegado de Madrid, o qual iria ficar confinado no castelo durante um período indeterminado de tempo. Toda a população da aldeia conhecia o objectivo da visita delas e a vergonha que traria aos seus familiares empobrecidos. Até a sobrinha órfã que caminhava a seu lado duvidara a princípio das suas intenções, mas passado algum tempo decidira ignorar os mexericos e insinuações das mulheres da aldeia, que se haviam sempre comprazido em observar a humilhação diária das suas vidas.

O encontro decorreu pouco depois das duas dessa mesma tarde, após o prisioneiro ter assistido à missa na capela do castelo. A sala onde se encontrou com as duas mulheres estava ornamentada com tapeçarias, e das paredes pendiam armaduras decorativas. A mesa de carvalho, posta para uma refeição, estava adornada com pratos de ouro, e uma escrava negra dava apressadamente os toques finais nos preparativos, trazendo salvas de prata com fruta e pastéis doces que ela comprara nessa manhã na padaria da aldeia.

O prisioneiro era de meia-idade e parcialmente cego. No peito da sua capa curta usava a cruz escarlate da Ordem de Cavalaria de Santiago. O cronista Gonzalo Fernández, de Oviedo, que em tempos o conhecera na ilha caribenha de Hispaniola, descreveu-o como «um homem alto e enorme, com lábios e língua grossos, nariz bolboso e coberto por chagas»([1]). O acordo a que ele chegou nesse dia com a mais velha das duas mulheres foi referido muitos anos depois num depoimento prestado em julgamento, cujo manuscrito se encontra na Biblioteca Nacional em Madrid([2]). Uma das testemunhas registou que «a dita Dona Francisca de Mercado, tia de Dona Isabel de Mercado, que ela tinha criado como sua sobrinha, forçada por uma pobreza extrema levou-a à fortaleza, sendo o prisioneiro um homem de grande fortuna». Outra testemunha recorda que «a jovem era muito bela», e que uma vez ele vira-a «a ocupar uma das duas camas do quarto do prisioneiro».

Durante nove anos, a órfã Dona Isabel iria ser amante do mais célebre cativo de Espanha, um homem acusado de assassínio e genocídio, mas talvez o súbdito mais rico do reino. Ele fora publicamente desacreditado por ter ordenado a execução do idoso *Adelantado* Dom Diego de Almagro após a batalha de Salinas, na primeira das guerras civis do Peru.

Apenas duas vezes durante todo o tempo em que as duas mulheres partilharam o seu cativeiro é que elas deixaram o castelo, «com medo de que os seus familiares as matassem». Outras testemunhas afirmaram que os trovadores costumavam visitar o castelo para entreter o prisioneiro e a sua amante, e que ele adquiria instrumentos musicais com esse propósito, «incluindo um cravo e uma viola».

Nos anos do seu cativeiro, Dona Isabel deu à luz quatro crianças, duas das quais morreram de tenra idade. O seu futuro, e o dos filhos que sobreviveram, um rapaz e uma rapariga, não seria decidido pela Coroa, que optara por ignorar a sua existência, nem pela condenação constante do clero da aldeia, que a tinha por pouco mais do que uma prostituta, mas pelos acontecimentos que ocorreram a milhares de quilómetros de distância no Peru.

A 15 de Março de 1551, uma rapariga mestiça de 17 anos despediu-se da sua mãe índia no porto peruano de Callao, e embarcou num veleiro de três mastros com destino ao Panamá. Estava acompanhada pelo seu padrasto espanhol e pelo seu meio-irmão de 12 anos, filho da outra amante índia do seu pai, já falecido. Ela sempre se lembrara de ter sonhado com Espanha: uma terra acerca da qual ouvira muitas histórias extraordinárias e notáveis, que contavam a sua riqueza e as grandes cidades, os seus senhores e príncipes, e o seu imperador, que governava a maior parte da Europa e do Novo Mundo. Ele próprio lhe ordenara agora que se dirigisse à terra natal do seu pai.

Ela não confiava, nem gostava, do padrasto. Sabia que ele se oferecera para a escoltar apenas para tentar fazer tanto dinheiro quanto possível com o montante que o seu tutor lhe dera para a viagem. Nem gostava da mãe, cuja existência apenas servia para lhe lembrar o seu sangue mestiço([3]).

No início de Maio, o pequeno grupo de passageiros tinha chegado ao porto do Panamá, no Pacífico, onde permaneceram durante quase um mês antes de viajarem por mula através do istmo até ao porto atlântico de Nombre de Dios, descrito por muitos dos viajantes que passavam pelas suas estalagens e albergarias como um dos povoados mais desolados e repleto de doenças dos trópicos. Um mês mais tarde navegavam para Cuba, de onde fizeram a travessia final por galeão até ao porto de Sevilha.

Embora a aparência de Sevilha pouco se tivesse alterado desde os dias em que o seu padrasto navegara para as Índias, a cidade quase duplicara em população, tendo cerca de 80 000 habitantes. Os seus mercadores dominavam o comércio das Índias, e muitos deles tinham estabelecido casas comerciais em Lima, cuja arquitectura e reflectia a capital andaluza cultura mais do que qualquer outra cidade colonial. Havia quase 6000 escravos africanos e mouros registados como propriedade dos sevilhanos, cuja opulência em vestuário e impertinência eram avidamente imitada pelos colonos que regressavam([4]).

O espanhol Francisco de Ampuero registou no livro de despesas que mantinha que a sua enteada comprou na cidade muitos artigos de joalharia e pratos de prata, e que o seu jovem meio-irmão também adquirira grandes quantidades de vestuário de veludo e tafetá([5]). Não se sabe quanto tempo permaneceram em Sevilha, mas foram aí recebidos por um dos oficiais do imperador Carlos V, que acedeu ao pedido da jovem em visitar a aldeia natal do seu pai.

Nenhum registo chegou até nós para indicar exactamente quando é que a filha de Pizarro chegou a Medina del Campo. Contudo, o que se sabe é que antes da sua chegada Dona Isabel de Mercado deixou o castelo de La Mota e entrou no convento dominicano da aldeia de Santa Clara([6]). Antes do fim desse ano, a jovem herdeira mestiça, Dona Francisca Pizarro, ajoelhou-se perante o prisioneiro cego de La

Mota, um homem com idade para ser seu avô, e aceitou-o como marido e senhor.

Aquilo que se sabe do seu casamento com o seu tio Hernando Pizarro chega-nos principalmente dos diversos casos judiciais e petições que o casal fez à Coroa quando tentava assegurar a vasta herança dela como única herdeira do pai, e do prolongado caso judicial no qual Hernando se defendeu da acusação de ter mandado executar o idoso *Adelantado* Almagro. Fora devido a essa acusação que estivera preso durante tantos anos.

O casal pedira a alguns dos conquistadores sobreviventes em Cusco para testemunharem em seu nome num julgamento relativo ao serviço prestado pelo seu irmão na Conquista do Peru, que Hernando compilou. «Destes reinos foi levada uma tal infinidade de ouro e prata e pérolas e riquezas para Espanha», recordou um dos conquistadores, «que são diariamente enviados a Sua Majestade e para o seu reino, tudo isto sendo possível devido à descoberta, conquista e pacificação destes reinos pelo marquês Dom Francisco Pizarro e por aqueles que o acompanharam, e o maior serviço jamais registado, quer na história antiga quer na moderna, que quaisquer vassalos já prestaram a um monarca; tudo às suas próprias custas e empreendimento e sem qualquer despesa de Dom Carlos, nosso imperador e senhor, como é bam sabido, e pelo qual as Coroas de Castela e Leão foram tão grandemente dotadas...»[7].

Nos nove anos em que o casal viveu no castelo — o mesmo período de tempo que Dona Isabel de Mercado aí vivera —, nasceram-lhes cinco filhos.

No Verão de 1561, Hernando Pizarro foi por fim libertado de La Mota por ordem do rei Filipe II. Acompanhado pela sua jovem mulher e filhos, e por um grande séquito de criados e escravos, deixou por fim a sombra do grande castelo e partiu pela estrada ocidental da Extremadura para a sua aldeia natal de Trujillo. A coluna de carruagens, escoltada por cavaleiros e soldados de infantaria de libré, em breve se aproximou da aldeia medieval fortificada, que se erguia sobre uma linha do horizonte ermo e interminável. Cavalos e homens subiram lentamente as ruas empedradas serpenteantes, parando de tempos a tempos para receber o aplauso e guirlandas dos aldeões que tinham vindo ver a filha de Pizarro. Chegaram por fim à pequena praça da aldeia, onde Hernando Pizarro ergueu a mão repleta de jóias numa saudação à multidão que os aplaudia.

Apoiando-se num soldado de infantaria e na mulher, entrou na mesma praça onde, quando era jovem, fora o primeiro a pedir apoio para o seu irmão bastardo. Permaneceu de pé para saudar os funcionários da cidade um por um, com uma autoridade que lhe era natural, a armadura dourada enfeitada com esmeraldas e pérolas, e o rosto parcialmente escondido pela máscara de veludo que lhe cobria os olhos. Passada uma hora, o casal deixou a aldeia partindo para a sua propriedade rural, com o criado a espalhar as últimas moedas de prata entre a multidão de pedintes e espectadores.

Mais tarde, nesse mesmo dia, outra carruagem atravessou os portões da aldeia e dirigiu-se para o convento de Santa Clara, onde a figura pesadamente velada de Dona Isabel de Mercado foi vista a entrar no seu recinto. Durante quase 40 anos, viveria aí como freira.

Em Agosto de 1578, o cavaleiro de Santiago Hernando Pizarro morreu em Trujillo e foi enterrado no mosteiro franciscano dessa localidade, deixando uma fortuna obtida dos despojos do Peru, tal como registado pelo príncipe inca, Dom Diego Cayo, primo de Atahualpa, numa declaração. Dá-nos uma visão vívida dos primeiros dias da Conquista e da sua obsessiva demanda por ouro:

> Ouvi dizer, e na altura era do conhecimento geral em todos os povoados costeiros, que os filhos do mar tinham vindo das águas, conquistando e lutando com os nativos destes reinos, e que eles subjugaram, levando-lhes o seu ouro e prata; e que no vale de Tangarara eles tinham fundado uma aldeia, e que a partir desta tinham subido até ao vale de Cajamarca onde encontraram Atahualpa com o seu exército; e sem qualquer resistência tinham-no feito seu prisioneiro: pois foi dito que os seus cavalos e os seus corpos pertenciam ao mesmo corpo, e que quando os seus cavalos ergueram as caudas eles mataram os índios com o fogo dos seus arcabuzes, e que o fizeram com as suas espadas...
>
> Também ouvi dizer que depois de os Espanhóis capturarem Atahualpa, tiraram dele e dos seus senhores mais de dois milhões de pesos de ouro e prata, cuja grande parte foi dada a Dom Francisco e aos seus irmãos Hernando Pizarro, Juan Pizarro e Gonzalo Pizarro. E nessa altura era sabido que Dom Francisco Pizarro e Hernando Pizarro pediram a Atahualpa que lhes desse, bem como aos seus irmãos, e a todos aqueles que foram com eles, ouro e prata, e se ele concordasse com isto eles libertá-lo-iam. E Atahualpa, acreditando na palavra de Dom Francisco, enviou mensageiros a todas as regiões do império para reunir um tal tesouro, e também para trazerem com eles as *mamacunas*.

O Homem Cego de La Mota

E isto vi, e as grandes multidões de índios carregados de ouro, prata e jóias, que os levaram a Cajamarca, e duas grandes salas cheias com o tesouro; e isto foi dado a Dom Francisco e aos seus irmãos, e eles fizeram com isso o que desejavam...

Também ouvi dizer que Atahualpa se ofereceu para dar ao rei espanhol muitos dos seus caciques e senhores para seu serviço, juntamente com mais alguns seis milhões de pesos de ouro e prata, na condição de serem levados a Espanha; e isto Dom Francisco prometeu-lhe. E eu estava presente e testemunhei as palavras de Atahualpa. Mas sem qualquer motivo ou razão, Dom Francisco mandou-o matar.

E sei que Atahualpa teria sido capaz de fornecer os seis milhões de pesos de ouro e prata que prometeu, pois havia grandes quantidades de outros tesouros nos templos e entre as *mamacunas* por todo o reino; mas assim que se soube que ele fora morto todos estes permaneceram escondidos, e ninguém foi capaz de os descobrir devido ao ódio que os índios tinham e ainda têm pelos Espanhóis que vieram a estes reinos, e que continuam a vir...

Vi que depois de Dom Francisco ter ordenado a morte de Atahualpa, também ordenou a morte de muitos dos seus senhores guerreiros e familiares, e muitos outros índios, alguns 10 000 em número, e isto é sabido entre o meu povo.

Também é sabido que muitos caciques e senhores índios informaram Dom Francisco do grande tesouro existente no templo de Pachacamac, a algumas quatro léguas de distância da Cidade dos Reis, e que ele mandou o seu irmão Hernando Pizarro ir lá; e eu fui um daqueles que acompanharam Hernando Pizarro e encontrei-o e vi-o em Cajamarca, e também me disseram que tinham sido enviados mensageiros a todas as principais províncias para recolher ouro, prata, jarros, as jóias das *mamacunas* e de outras mulheres; e tudo isto seria dado a Hernando Pizarro; e vi que de todas as regiões cerca de 20 000 índios levaram tesouros a Pachacamac: ornamentos de ouro e prata, e esculturas de pássaros, rãs, homens e mulheres, lamas, *mamacunas*, todos de grande valor, e alguns dos quais também tinham vindo do templo do Sol, em Pachacamac, tudo isto reunido e transportado para Cajamarca por cerca de 10 000 índios, acompanhados por Hernando Pizarro.

Muito mais tarde, quando eu estava na cidade de Cusco, Hernando Pizarro aprisionou Dom Diego de Almagro e ordenou que lhe cortassem a cabeça. Nessa altura, ele era o governador de Dom Francisco em Cusco. E também assisti quando ele aprisionou Inca Manco Yupanqui, o irmão de Atahualpa, e o manteve cativo na fortaleza da cidade e o tratou cruelmente, tirando-lhe as mulheres e criados, e mantendo-o prisioneiro de modo a obter mais ouro e tesouros com ele. E tal como eu disse, ele levou consigo as mulheres e criados e Inca Manco, colocando-o numa cela escura, e testemunhei em várias alturas Hernando Pizarro tentar obter dele ouro e prata, dizendo-lhe que o libertaria e que o nomearia como Inca sucessor. Também vi que de modo a acabar com os abusos e torturas às quais estivera sujeito, Inca Manco prometeu dar a Hernando Pizarro duas figuras de tamanho natural em ouro, de um homem e de uma mulher, que se diz pesavam mais de 40 000 pesos, ou o mesmo que 100 cestos de ouro. E eu vi-o dar a Hernando Pizarro estes tesouros, pois o meu pai era o responsável pelo seu transporte a Hernando Pizarro, acreditando que Inca Manco seria liberto.

Mas ele não o libertou. Exigiu dele ainda mais ouro e prata, que ele dizia querer levar a Sua Majestade em Espanha. E eu testemunhei Inca Manco ordenar a cerca de 3000 índios para levar todas as semanas pó de ouro a Hernando Pizarro, e isto eles fizeram durante o espaço de cinco luas, todos os domingos, mesmo antes de Hernando Pizarro se ter levantado e vestido para ir à missa([8]).

Passados três anos da sua morte, a jovem viúva de Hernando viria a casar com o filho paupérrimo do conde de Puñonrostro, neto de Dom Pedro Arias Dávila, o infame Pedrarias, que fora sogro de Hernando Soto, e cujo ódio pelos Pizarro quase lhes custara a Conquista.

Durante o resto da vida, a filha de Pizarro iria esbanjar a enorme fortuna que herdara do pai e do marido. Nos poucos anos em que estivera no Peru, este último acumulara mais riqueza do povo da sua mãe do que qualquer outro conquistador. Ela morreu em Madrid em 1598.

Nesse mesmo ano, Dona Isabel de Mercado morreu no convento de Trujillo, desconhecendo que um dia, e devido à extinção da linhagem de Dona Francisca, os seus próprios descendentes acabariam por herdar o marquesado concedido aos Pizarro, juntamente com o enorme palácio que o seu amante tinha construído na praça principal da aldeia. No cemitério, naquilo que é hoje uma capela abandonada e sem telhado, encontra-se uma escultura de tamanho natural de Hernando Pizarro com armadura, mas o pouco que ainda pode ser reconhecido das suas feições assemelha-se sem quaisquer dúvidas à descrição grotesca deixada pelo cronista Fernández de Oviedo.

XI

A Filha do Imperador

Pelo terceiro dia consecutivo, o arauto da cidade de Cusco, o mestiço Pedro de Valdelomar, anunciou o futuro leilão dos bens da velha índia, do seu vestuário, mobiliário e pertences pessoais. A mansão de pedra cinzenta, onde ela vivera com o seu falecido marido, o espanhol Diego Hernández, também iria ser leiloada, por ordem do tribunal da cidade. A mansão fora construída pelo conquistador Vasco de Guevara, e cerca de vinte anos antes os herdeiros órfãos deste tinham-na vendido à mulher. Com a sua bela alvenaria inca a brilhar ao sol da manhã suportando as sumptuosas colunas mouras e galerias, ninguém entre a multidão que se encontrava reunida na pequena praça do convento de São Francisco fazia qualquer ideia de que a mulher ainda estava no interior do edifício. Desafiadora até ao fim, nessa mesma manhã dissera ao seu idoso escravo negro para barricar não apenas a principal porta de entrada mas também as portas laterais e as janelas gradeadas a ferro.

O leilão foi animado, e passado pouco tempo já um jovem nobre espanhol tinha adquirido a mansão aos bailios da cidade. Algum tempo depois, o escravo da mulher, que fora levado para a colónia pelo irmão de Pizarro, Hernando, disse-lhe que os seus dois filhos tinham finalmente saído do edifício, trepando pelos telhados para conseguirem fugir. Só então é que ela desanimou. Puxando o xaile sobre o rosto, a mulher ordenou-lhe que destrancasse a enorme porta. O saque da mansão demorou diversas horas, e aquilo que os bailios não roubaram para si mesmos foi lançado para uma pilha na praça. A mulher nada disse e simplesmente avançou para a rua, uma figura triste e solitária, não erguendo sequer o olhar quando o seu escravo foi vendido pelo mestiço.

Durante o resto desse dia, sentou-se sozinha entre o lixo da rua, como os pedintes índios que bordejavam o pórtico da igreja na praça do convento, e foi aí que Martín, o advogado que o tribunal lhe nomeara, e que falava a sua língua, acabou por a encontrar. Ele contou-lhe que tinha feito tudo ao seu alcance para evitar o leilão da sua casa e dos seus bens, apelando por várias vezes até para o vizinho dela, o regedor de los Ríos, em casa de quem ela se casara tantos anos antes, mas também este se recusara a ajudá-la. Ela ouviu as palavras dele em silêncio. Sabia que também ele a tentaria enganar e roubar, e que a persuadiria a fazer uma marca nos documentos que ela não compreendia nem nunca saberia ler. Mas, no fundo, ele era um homem bom e ofereceu-lhe uma cama para essa noite.

Na escuridão da casa de Martín, no pequeno quarto que ele lhe dera para dormir, ela lembrou-se de como o acompanhara ao tribunal da cidade, vestida com os trajes espanhóis que o marido sempre a obrigara a vestir, mas com o seu precioso xaile índio a cobrir a sua figura frágil. De cabelo outrora negro e agora salpicado de branco, ela mantivera-se, impassível, de pé na principal sala do tribunal enquanto esperava pelo alcaide da cidade para se dirigir ao tribunal. Lembrava-se de como estremecera quando Martín a informara da identidade do alcaide, perguntando-se quantas das pessoas ali reunidas naquele dia saberiam que ela fora anteriormente sua concubina e que fora abandonada por ele, e que ele era o pai do seu filho mais velho.

Durante mais de uma hora, ele ouviu os diversos peticionários que tinham acusações contra ela por causa do dinheiro que afirmavam que ela lhes devia, e depois o seu advogado Martín explicou ao tribunal que após a morte do seu marido Hernández ela descobrira que este hipotecara toda a propriedade dela pela quantia de 1700 pesos de prata, e que o fizera sem o seu conhecimento. Ela admitiu, disse o advogado ao tribunal, que pusera a sua marca em diversos documentos, admitindo as acções do marido, mas afirmou que fora enganada por ele, e que quando ele morrera fora obrigada a comprar a sua própria casa aos herdeiros dele, juntamente com várias outras propriedades. Infelizmente, fora incapaz de assegurar qualquer benefício financeiro de qualquer uma delas devido às dívidas que ele lhe

A Filha do Imperador

deixara, e por isso estava agora a ser processada por pagamento de dívidas não apenas por parte dos litigantes, que lhe eram desconhecidos, mas pelo filho ilegítimo do marido.

Foi então que o alcaide se lhe dirigiu na língua dela, dizendo-lhe que as provas contra ela eram irrefutáveis. No entanto, ele decidira recusar qualquer pedido para leiloar os seus bens até o apelo que ela fizera à Coroa ter sido ouvido. Repetiu então a sua sentença em castelhano, mas nem a sua equidade nem as petições que ela mais tarde enviou ao vice-rei evitaram a humilhação que sofreu naquele dia.

No Verão de 1571, a velha índia morreu. Tinha apenas 50 anos, mas parecia muito mais velha. Um milhar de índios, ou perto disso, seguiu o seu caixão ao longo das ruas empedradas que serpenteavam pela cidade até ao mosteiro de São Domingo, pois ela pedira para ser colocada no mesmo túmulo do seu filho mais velho, que ali fora enterrado sete anos antes.

A sua pobreza abjecta e os anos de litígio que suportara às mãos dos credores do marido estão registados num manuscrito, não publicado, no Archivo General de la Nácion, em Lima, e sem dúvida que seriam de pouco interesse histórico se não fosse pela identidade dela[1]. Entre os diversos documentos do manuscrito, incluindo o seu testamento, que ela ditou «de saúde fraca, mas mente sã», encontra-se o decreto real de Filipe II, datado de 20 de Agosto de 1570, que chegou ao vice-reino depois de todos os bens e posses dela terem sido vendidos:

> Dom Filipe, pela Graça de Deus, Rei de Castela, Leão e das Índias. Que seja sabido por todos que Miguel Ruiz, advogado em nome de Dona Beatriz Manco Cápac Coya, filha de Huayna Cápac, outrora senhor destes reinos do Peru, a quem foram concedidas por mandado real as *encomiendas* de Urcos e Juliaca, afirmava na petição a nós apresentada a sua necessidade extrema de subsistência, e que a cada dia os credores vendiam os seus terrenos agrícolas e pertences, extraindo os rendimentos dos seus índios, e tomando posse da sua casa; e não apenas por ser filha de Huayna Cápac, mas como *encomendera*, ela pede e roga-nos o nosso decreto real: que nem um único indivíduo, sob qualquer circunstância, ou devido a qualquer dívida, seja autorizado a tomar posse da sua casa, nem de qualquer escravo ou escrava dela, nem dos rendimentos das suas *encomiendas*, e aquilo que lhe foi tirado lhe seja devolvido... incluindo quaisquer roupas e outros pertences dela...

113

A mulher que foi enterrada nesse dia em Cusco era conhecida na sua língua nativa como Coya Quispiquipi Manco Cápac e era a última filha sobrevivente do imperador inca Huayna Cápac e da sua rainha, a Coya Rahua Ocllo([2]). Pouco se sabe da sua vida, mas ela foi certamente uma das figuras mais trágicas e notáveis da dinastia inca conquistada. O seu filho mais velho, Juan, ao lado do qual ela foi enterrada no mosteiro de São Domingo, era o filho ilegítimo do conquistador Mansio Serra de Leguizamón que, como alcaide da cidade, presidira ao seu julgamento no ano anterior à sua morte.

Nasceu na cidade setentrional de Surampalli, capital do povo Cañari (o local da actual cidade equatoriana de Cuenca), a que mais tarde deu o nome da sua *panaca* de Tumibamba. Aquando do seu nascimento, e tal como era costume inca, foi-lhe atribuído como seu guardião e protector um dos chefes guerreiros mais poderosos do seu pai, o cacique Cariapasa, senhor da nação Lupaca, cujas terras se situavam nas costas setentrionais e ocidentais do lago Titicaca([3]).

Em criança, a princesa sofrera a perda do pai e apenas alguns anos depois a sua mãe e o irmão, o imperador Huáscar, foram mortos pelos chefes guerreiros do seu meio-irmão Atahualpa. Juntamente com a sua única irmã sobrevivente, Marca Chimbo, ela foi poupada devido à sua juventude, e porque, tal como o cronista Juan Díez de Betanzos registou, «não conhecera qualquer homem»([4]). As duas princesas foram mantidas prisioneiras em Cusco para aguardar a entrada triunfal de Atahualpa na cidade; tinham sido escolhidas para o seu harém pessoal, possivelmente como forma de humilhar ainda mais a memória de Huáscar. Não se sabe nada a respeito do papel que o seu guardião Cariapasa terá representado durante o seu cativeiro, e é provável que tal como tantos dos chefes guerreiros do seu pai ele se tenha colocado ao lado do exército rebelde de Atahualpa. Assim que Cusco caiu nas mãos dos Espanhóis, diz-se que ele instou os seus servos da tribo de Lupaca a regressarem às suas terras ancestrais. «Quando Dom Francisco Pizarro entrou em Cusco veio à cidade o principal senhor da província de Chuquito chamado Cariapasa, um índio idoso que era governador dessa província, e ele chegou à aldeia de Muina onde os homens da tribo eram servos dos Incas, e disse-lhes: "Meus irmãos, já não vivemos no tempo do Inca, assim podeis todos regressar às vossas terras"»([5]).

A Filha do Imperador

O conquistador Juan de Pancorbo recorda ter visto pela primeira vez a princesa «alguns dias depois da captura de Cusco», quando ela teria talvez cerca de 12 anos(⁶). O presbítero Sánchez de Olave também refere tê-la visto após a queda da cidade, referindo que ela era uma das mulheres que acompanhavam o seu meio-irmão Inca Manco, que jurara fidelidade aos Espanhóis e que fora por isso nomeado dirigente nativo por Pizarro(⁷).

É mais do que provável que ela apenas se tenha tornado amante do conquistador Mansio Serra de Leguizamón cerca de dois anos depois, altura em que o seu meio-irmão Manco foi preso pelos Espanhóis. O seu primo Inca Cayo afirmou que «fora do seu conhecimento e testemunhado por ele que quando Hernando Pizarro manteve Inca Manco prisioneiro tirou-lhe as suas mulheres e criados»(⁸). Outro manuscrito regista que os guardas destacados para manterem o jovem príncipe inca prisioneiro, e que o torturaram bastante impiedosamente, foram os conquistadores Diego Maldonado, Pedro Pizarro, o jovem parente de Pizarro e futuro cronista, Alonso de Mesa, e Mansio Serra de Leguizamón, e insinua que cada um ficou com uma das princesas reais para sua concubina(⁹). O cronista Gonzalo Fernández, de Oviedo, escreveu que Hernando Pizarro, os seus dois irmãos, Juan e Gonzalo, e os seus companheiros mais próximos «não deixaram nem uma única mulher ou irmã dele por violar»(¹⁰).

O conquistador Juan de Pancorbo recorda que algum tempo depois a jovem princesa «informou o seu senhor, em cuja casa ela vivia, e que era Mansio de Leguizamón, acerca da rebelião que o seu irmão tinha planeado, e ele informou Hernando Pizarro»(¹¹). Esta rebelião foi o grande levantamento inca conduzido por Manco e que deixaria Cusco cercada durante quase 14 meses, período durante o qual a princesa permaneceu com o amante no palácio inca fortificado da cidade, onde os 200 Espanhóis e os seus auxiliares índios se tinham barricado. A retirada subsequente das forças de Manco para os Andes e a tomada de Cusco pelo *Adelantado* Diego Almagro, que prendeu os irmãos e apoiantes de Pizarro, entre estes Serra de Leguizamón, de 22 anos, deixou a princesa, que estava grávida do seu filho, à mercê dos seus captores.

Francisco de Illescas, um dos prisioneiros de Almagro, afirmou que em Julho de 1537 esteve presente no nascimento do filho da princesa, Juan, embora seja mais do que provável que por essa altura ela tivesse sido capturada como saque por um dos capitães de Almagro([12]). A derrota que Almagro viria a sofrer na batalha de Salinas às mãos de Hernando Pizarro conduziu à libertação do pai do seu filho passado quase um ano de cativeiro, acorrentado com os outros principais prisioneiros pizarristas no campanário de uma das torres incas da cidade. Mas a sua libertação trouxe-lhe pouco consolo: foi provavelmente a humilhação que ele deve ter sentido na concubinagem forçada dela que fez com que ele a abandonasse.

A cidade na qual a princesa de 17 anos se viu obrigada a encontrar uma casa para si e para o seu jovem filho estava inteiramente na mão dos conquistadores, com os seus enormes palácios e templos desdenhosamente convertidos em estábulos e aquartelamentos; era aqui que mantinham as suas numerosas amantes índias, muitas das quais filhas dos caciques das suas *encomiendas*. A princesa nem sequer poderia procurar abrigo nos antigos templos da cidade, já que estes serviam agora de armazéns ou de capelas privadas.

A situação dos numerosos indigentes e mulheres incas violadas, muitas das quais sofrendo de sífilis e malnutrição, foi realçada pelo frade dominicano Vicente de Valverde, que servia então como bispo de Cusco após um breve interregno em Espanha. Numa carta ao imperador Carlos V, explicou que muitas das princesas estavam a ser forçadas a prostituírem-se:

> Sua Majestade tem a obrigação de lhes conceder meios para se alimentarem, pois elas vagueiam por esta cidade abandonada, o que é uma grande vergonha de se ver: e o que sinto é que as mulheres, após serem instruídas, se tornarão cristãs, e assim não haverá falta de homens que queiram casar com elas se Sua Majestade os recompensar([13]).

Outra carta com um teor semelhante foi escrita pelo padre Luis de Morales e dirigida ao imperador espanhol: «Há muitos que nada têm para comer e que morrem de fome, e que vão de casa em casa, levando nas mãos uma vela e uma tigela de mendicante, pedindo comida em nome de Deus e da Sua Santa Mãe»([14]). Um ano depois, escreveu:

> Há muitas princesas, especialmente na cidade de Cusco, filhas de Huayna Cápac, com quem muitos fidalgos casariam, pois alguns exigem-nas. No entanto, por falta de dotes, eles recusam-se a casar com

elas, em especial porque anteriormente todas elas tinham possuído dotes e muitas terras que lhes foram deixadas pelo pai. Sua Majestade: rogo-vos que decreteis que lhes sejam concedidos dotes e terras de modo a que possam viver decentemente e casar, e assim ficarão garantidas para viverem honestamente e ao serviço de Deus. E que a Pedro de Bustinza, um fidalgo pobre e habitante de Cusco, que casou com a filha de Huayna Cápac, que se chama Dona Beatriz, e que pela Graça de Deus tem filhos, e que vive em grande pobreza, seja concedida uma *encomienda* de modo a que sejam capazes de se sustentar, e, ao fazê-lo, prestem a Deus um grande serviço, pelo qual muita alegria será dada aos nativos[15].

O basco Pedro de Bustinza era um funcionário menor do tesouro que fora para o Peru no séquito de Hernando Pizarro aquando do regresso deste à colónia. O casamento decorreu talvez cerca de dois anos depois de a princesa ter sido abandonada por Serra de Leguizamón, e é provável que tenha sido nessa altura que foi baptizada e lhe deram o nome cristão de Dona Beatriz. Baptizaram-na com esse nome em honra da sua madrinha, a antiga escrava moura Beatriz de Salcedo, que se tornara amiga de muitas das princesas, tanto em Cajamarca como em Cusco, e que mais tarde se instalou em Lima e se tornou uma das mulheres mais influentes e ricas do vice-reino.

Em resposta à carta de Morales, o imperador Carlos V concedeu à princesa Dona Beatriz a *encomienda* de Urcos, situada a sudeste de Cusco nas antigas terras da sua mãe, a Coya Rahua Ocllo, parte das quais tinha anteriormente pertencido a Hernando Pizarro. A concessão iria alterar dramaticamente as vidas do casal e dos seus filhos: o seu filho de cinco anos, Juan, e os seus dois filhos mais novos com Bustinza, Pedro e Martín.

A rebelião de Gonzalo Pizarro nos anos de 1544-8 traria ainda maior prosperidade à princesa e ao marido, que era um dos apoiantes mais proeminentes de Gonzalo. Foi também uma das testemunhas que o governador rebelde de Cusco, Diego Maldonado, chamou para justificar a rebelião, registando no conselho da cidade que o exército de Gonzalo tinha sido apenas criado para defender a cidade do ataque do Inca Manco:

É do meu conhecimento que Inca Manco, senhor nativo destes reinos, se revoltou contra Sua Majestade e que declarou publicamente que pretende trazer os seus guerreiros a esta cidade de Cusco e capturá--la. Sei disto porque sou casado com a senhora que é filha de Huayna Cápac, outrora senhor nativo destes reinos, e irmã de Inca Manco, e que desde o dia em que Gonzalo Pizarro e os seus homens deixaram a cidade, que foi há um mês ou perto disso, todos os dias a minha mulher, que está muitíssimo assustada, tem-me implorado que partamos da cidade com os nossos pertences, pois ela teme que Inca Manco venha até aqui com muitos dos seus guerreiros e que a leve como prisioneira, e que mate todos os Espanhóis... e através de outro mensageiro enviado pela irmã da minha mulher ela ficou a saber que o Inca afirmou que não está zangado com ela; pois ela é a irmã que ele mais ama... mas ainda assim ela deseja fugir da cidade... pois existem poucos de nós aqui e não mais do que 20 cavalos[16].

Outra testemunha afirmou: «Inca Manco jurou pelo Sol e pela Lua, e pela Terra, que dentro de poucos dias estará na praça principal de Cusco, e as suas irmãs, que se encontram nesta cidade e que casaram com Espanhóis, também me informaram disto, e cada uma delas me suplicou que implore aos seus maridos para deixarem a cidade e partirem para Arequipa, pois se o Inca as encontrar matá-las-á, pois elas já foram suas mulheres»[17].

Contudo, Inca Manco nunca voltaria a cercar Cusco. Alguns meses depois, foi assassinado por um soldado espanhol renegado que procurara refúgio no seu retiro montanhoso em Vilcos, perto da fortaleza subtropical da cidade de Vilcabamba, conhecida até aos dias de hoje como a Cidade Perdida dos Incas. Quaisquer que fossem os diferendos que Dona Beatriz possa ter tido com o seu meio-irmão, ela demonstrou o seu amor por ele ao tomar conta de duas das suas filhas, as princesas Usezino e Ancacica, que ele deixara para trás em Cusco depois de ter fugido da cidade oito anos antes[18].

O sobrinho de Dona Beatriz, o cronista mestiço Garcilaso de la Vega, registou a morte de Bustinza, o seu marido, que Gonzalo Pizarro nomeara alcaide de Cusco após a sua vitória na batalha de Huarina em 1547. Traída por Inca Cayo, primo dela, Bustinza foi capturado pelos lealistas quando recrutava auxiliares índios das terras de Dona Beatriz; foi conduzido ao acampamento do governador Pedro de la Gasca, em Jauja, onde foi enforcado.

Agora viúva com três filhos e 27 anos, o futuro de Dona Beatriz, tal como o de muitas outras mulheres e amantes de rebeldes, dependia do resultado da batalha de Jaquijahuana, que teve uma conclusão precipitada devido à deserção em massa do outrora invencível exército de Gonzalo Pizarro, constituído por vários milhares de homens. As notícias da sua subsequente decapitação foram-lhe levadas a Cusco. As suas perspectivas pareciam sombrias, já que o seu marido fora um dos principais apoiantes de Gonzalo. Apesar de tudo, ela aguardou a sua sorte com um misto de paciência e desafio, tal como Garcilaso de la Vega registou:

> A mulher de Pedro de Bustinza, que era uma das filhas de Huayna Cápac, e cujos índios da sua *encomienda* lhe tinham pertencido e não ao marido, os governadores deram em casamento a um excelente soldado de bom carácter chamado Diego Hernández, que se diz — mais por malícia do que por verdade — que na sua juventude fora alfaiate. E quando isto chegou ao conhecimento da princesa, ela recusou-se a casar com ele, dizendo que não era justo que uma filha de Huayna Cápac devesse casar com um alfaiate; e embora o bispo de Cusco lhe tivesse rogado para reconsiderar e que o capitão Centeno e outras personalidades a tentassem persuadir, nenhum foi capaz de o fazer. Foi então que chamaram Dom Cristóvão Paullu, o seu irmão, que, ao visitá-la, a levou para um canto da sala e lhe disse que não era do interesse deles que ela recusasse o casamento, pois apenas traria dificuldades para a família real, e os Espanhóis vê-los-iam como seus inimigos e nunca mais lhes ofereceriam a sua amizade. Ela concordou então em aceitar a ordem do irmão, embora não muito de bom grado, e assim foi perante o bispo e o altar. E ao lhe ser perguntado por um intérprete se aceitaria ser mulher do soldado, ela respondeu na sua língua: «*íchach munani, íchach manamuni*», que significa, «talvez aceite, talvez não aceite». E assim foram concluídos os esponsais, que foram celebrados na casa de Diego de los Ríos, *encomendero* de Cusco[19].

O novo marido da princesa, um idoso soldado da fortuna, que tinha provavelmente o dobro da sua idade, era natural de Talavera. O dote que ela lhe levou era substancial. A acrescentar à sua mansão em Cusco, a sua *encomienda* de Urcos tinha um tributo anual de cerca de 400 índios homens e as suas famílias. Possuía também herdades enormes na região de Cusco, incluindo diversos moinhos, propriedades e plantações de coca[20]. O índio Mazma recordou: «Eu vi os índios de todas as regiões e nações mostrar-lhe obediência e respeito como filha do nosso rei e senhor»[21].

Princesas Incas

Na altura, o total da população andina devia ser constituído por não mais de dois milhões de índios e cerca de 8000 colonos; 346 destes eram *encomenderos*, mas apenas quatro *encomiendas* eram mantidas pelos membros da casa real inca[22]. Todos os outros familiares da princesa não tinham terras nem rendimentos, e eram obrigados a ganhar o seu sustento como criados dos colonos. O mais rico dos príncipes incas *encomenderos* era o seu meio-irmão Inca Paullu, após a morte do qual ela assumiu a liderança nominal da casa real de Cusco. A sua irmã mais velha, Dona Juana, cujo marido, o conquistador Francisco de Villacastín, fora exilado para toda a vida por Gasca pelo seu papel na rebelião de Gonzalo, também deve ter morrido perto dessa altura. «Em Cusco, onde ela residia», registou o cronista Diego Fernández, «não havia senhor, homem ou mulher, de maior grandeza do que ela»[23].

A pequena corte a que a princesa presidia na sua mansão em Cusco deveria ser índia em aparência e costumes, pois nem ela nem nenhum dos seus familiares próximos alguma vez aprendeu a falar castelhano. Tal como outros *encomenderos*, na altura restringidos a residir nas cidades onde se encontravam as suas *encomiendas*, ela deveria ter sido, apesar disso, obrigada a viajar de tempos a tempos pelas suas terras e a supervisionar os índios tributários, viajando numa liteira, acompanhada pelo marido e filhos, e pelos seus criados *yanacona*. A administração da sua *encomienda* estaria nas mãos de intendentes espanhóis: estes colonos sem terras eram em geral conhecidos pela sua crueldade e desonestidade como capatazes, e em anos posteriores a maioria foi substituída por mestiços, embora estes também fossem igualmente desprezados pelos índios das *encomiendas*. Os intendentes eram responsáveis por recolher os tributos e supervisionar os produtos agrícolas dos caciques que duas vezes por ano — na festa de São João Baptista (24 de Junho) e no Natal — seriam levados à cidade da jurisdição da *encomienda* para venda nos seus mercados. Os produtos incluíam coca, milho e batatas, vestuário e gado (lamas, alpacas e vicunhas), juntamente com qualquer ouro ou prata que tivesse sido extraído das terras tributárias.

O casamento da princesa com um recruta quase desconhecido do exército de Gasca mostrava a relutância geral dos conquistadores mais proeminentes e de fidalgos espanhóis em casar com as mães índias dos seus filhos. Tal racismo era inculcado na mente dos homens espanhóis, independentemente das suas próprias origens humildes; o seu sentido de pureza racial, *limpieza de sangre*, dominava a sua atitude quanto às linhagens que desejavam estabelecer como nobres de uma nova ordem social. Tais atitudes eram comuns até em Espanha, onde os seus conterrâneos se esforçaram por se distanciar de qualquer estigma de sangue misto judeu e mouro. (Na verdade, esta anomalia ainda era evidente em Espanha tão tardiamente quanto 1859, no que se refere à entrada para o corpo de oficiais cadetes.)([24])

Os primeiros anos da Conquista, quando os veteranos de Cajamarca tinham vivido abertamente com as suas amantes índias, tinham dado lugar a uma aparência de conformidade moral imposta à colónia por sucessivos missionários e pela própria Coroa. A Coroa criticou publicamente o facto de os conquistadores agora de meia--idade não se terem casado e em darem o exemplo tanto aos colonos como aos índios: atitude que fora anteriormente tolerada durante o governo de Pizarro. Ele mesmo se recusara a casar com qualquer uma das duas princesas incas que eram as mães dos seus quatro filhos.

A relutância dos conquistadores em casarem com as suas concubinas índias iniciou uma «febre do ouro» de caçadoras de fortuna femininas vindas de Espanha e do istmo, mulheres que estavam mais do que dispostas a trocar a sua juventude e pele pálida pelas fortunas de soldados cheios de gota e cicatrizes de batalha, muitos dos quais desfigurados pela sífilis ou por verrugas faciais que muitas vezes contraíam nos trópicos; entre outros, ficou registado que o idoso Almagro sofria de tais verrugas. O afluxo de mulheres, variando desde as mais nobres famílias de Castela até às prostitutas mais humildes, lançou as fundações da futura aristocracia crioula da colónia. Também privou os filhos ilegítimos mestiços dos conquistadores de qualquer direito legal às fortunas dos seus velhos pais, e muitos eram vistos pelas suas jovens madrastas espanholas como uma ameaça aos seus próprios filhos. Poucos conquistadores escaparam a este ciclo. Por exemplo, o velho Lucas Martínez Vegazo casou com uma crioula suficientemente nova para ser sua neta, e foi ela que acabou por herdar a sua *encomienda*.

Sendo mestiços, os três filhos da princesa Dona Beatriz foram privados dos direitos legais concedidos até ao mais humilde dos colonos, segundo decreto emitido em Valladolid em 1549 pelo imperador Carlos V. Este não só proibia os mestiços de exercerem cargos públicos, também lhes negava o direito a herdarem as *encomiendas* dos seus pais ou a andarem armados.

Em muitos casos, as filhas mestiças dos veteranos de Cajamarca estavam em melhor situação. A muitas foram dados dotes consideráveis para os seus casamentos, ou para as suas doações aquando da admissão nos conventos da cidade. Existem poucas provas que sugiram que a maioria dos conquistadores visse os seus filhos mestiços com algo mais do que afeição, tal como é evidente no testamento de Alonso de Mesa, que pagou uma considerável fortuna pela admissão das suas filhas no convento mais proeminente de Toledo. As filhas menos afortunadas cujos pais espanhóis eram de categoria inferior casavam ou com os seus conterrâneos mestiços ou com camponeses espanhóis imigrantes, ou retornavam ao seu legado índio, muitas delas fazendo alianças com as famílias dos seus antigos vassalos caciques. Esta prática foi seguida pelas filhas de sangue puro da nobreza principesca inca de Cusco durante várias gerações.

Após anos de coabitação com as suas mulheres índias, muitos dos conquistadores eram vistos pelos recém-chegados colonos espanhóis como pouco mais do que nativos, que falavam fluentemente tanto quéchua como aimára, as principais línguas dos seus vassalos tributários, e tal como barões medievais mantinham os seus exércitos de nativos das suas *encomiendas*. Apesar disso, como o demonstram muitos dos depoimentos das princesas incas, foram os velhos conquistadores, mais do que quaisquer outros, que defenderam os privilégios das princesas e que as apoiaram nas suas petições à Coroa.

Uma das princesas que viviam em Cusco na altura do casamento de Dona Beatriz com Diego Hernández era Dona Angelina, sobrinha de Atahualpa e sua mulher favorita, que Pizarro tomara durante pouco tempo como concubina. Ela dera-lhe dois filhos. Contudo era vista com hostilidade por Dona Beatriz e outros membros da sua *panaca*, que nunca a perdoaram pela sua associação com Atahualpa e o seu massacre sangrento da família imperial, explicitamente descrito pelo conquistador Juan de Pancorbo: «Vi numa colina sobranceira à cidade mais de 150 cadáveres pendurados em postes, e disseram-me que eram senhores incas, que tinham sido mortos por Chalcuchima, o chefe guerreiro de Atahualpa, e ali colocados para que todos os vissem»[25].

Esta hostilidade foi evidente nos escritos de Garcilaso de la Vega (cuja mãe pertencia à *panaca* de Dona Beatriz), que foi o responsável

A Filha do Imperador

por caluniar as origens da mãe de Atahualpa ao afirmar com bastante falsidade que esta era uma princesa vassala de Quito. Uma contra-afirmação consta da crónica do marido espanhol de Dona Angelina, Juan Díez de Betanzos, que omitiu Huáscar da sua lista de monarcas incas e se referiu à mãe de Dona Beatriz, a imperatriz Rahua Ocllo, como uma concubina. (Alegação semelhante foi feita pelo Inca Titu Cusi Yupanqui, filho ilegítimo do Inca Manco, muitos anos depois numa tentativa para impressionar os Espanhóis quanto ao seu direito ao trono inca.) Contudo, Betanzos, baseando-se no facto de a sua mulher ser a mãe dos filhos de Pizarro, obteve para ela uma *encomienda* no vale Yucay, de que mais tarde se apropriou.

Em Outubro de 1555, o imperador espanhol Carlos V anunciou a sua abdicação no grande átrio do palácio em Bruxelas, concedendo as coroas de Espanha e das Índias ao seu filho, Filipe II. Por essa altura, a princesa Dona Beatriz tinha 34 anos.

Um dos últimos decretos que o imperador assinou antes de viajar para o exílio que se auto-impôs na Extremadura fora a nomeação de um novo vice-rei para os seus territórios peruanos. O marquês de Cañete chegou a Lima em 1556, trazendo consigo um dos maiores séquitos de oficiais e funcionários jamais visto. Nessa altura, a única resistência à absoluta soberania de Espanha sobre a sua colónia situava-se na região andina de Vilcabamba, que era agora virtualmente um reino inca independente. Desde a morte do Inca Manco que o seu filho, Sayri Túpac, que tinha 21 anos em 1556, governava o que restava do seu exército de guerreiros no enclave fortificado da montanha, e tinha repetidamente recusado negociar um acordo de paz com os Espanhóis. A presença dos seus guerreiros nas cercanias de Cusco gerou algum desconforto entre os colonos, e vários viajantes foram atacados na estrada que ligava a cidade a Lima.

Um dos primeiros actos do marquês de Cañete foi escrever à princesa Dona Beatriz pedindo-lhe ajuda na persuasão do seu sobrinho Sayri Túpac para receber os seus emissários. A delegação que subsequentemente deixou Cusco a caminho de Vilcabamba incluía o seu marido, Diego Hernández, o cronista Betanzos e dois frades dominicanos, e era encabeçada pelo seu filho de 20 anos, Juan. Após três viagens separadas ao refúgio andino subtropical do primo, Juan conseguiu por fim persuadir Sayri Túpac a render-se à Coroa.

Princesas Incas

Em Outubro de 1557, deixando em Vilcabamba o seu irmão mais novo, Túpac Amaru, e o seu meio-irmão, Titu Cusi Yupanqui, o chefe índio começou a sua viagem dos Andes, acompanhado pela filha e pela sua jovem irmã-mulher, Cusi Huarcay, e algumas centenas dos seus guerreiros. A caravana de liteiras que o transportou e à sua família até ao vale de Andahuaylas era escoltada pelo seu primo a cavalo e pelo marido de Dona Beatriz, Diego Hernández. Às portas de Lima foram recebidos pelos conselheiros da cidade. O vice-rei recebeu o Inca com as honras concedidas a alguém de grande importância, sentando-o a seu lado na sala de audiências do palácio.

Ao descrever um banquete preparado pelo arcebispo de Lima, no qual Sayri Túpac foi presenteado com documentos que lhe concediam o perdão e a concessão das suas *encomiendas* de índios, Garcilaso de la Vega observou que o Inca trocara aquilo que outrora fora o seu império pelo equivalente a um fio do tecido que cobria a mesa de jantar.

As *encomiendas* concedidas vitaliciamente ao Inca e aos seus descendentes incluíam grande parte do vale Yucay, conhecido como «Vale Sagrado», o qual fizera outrora parte das terras do seu avô, da *panaca* de Tumibamba do imperador Huayna Cápac. A sua transformação num *encomendero* castelhano seria concluída após chegar à antiga capital dos seus antepassados e com o seu baptismo e casamento cristão com a sua irmã-mulher, Cusi Huarcay, para o qual viria a ser obtida uma dispensa especial de Roma por intermédio do rei Filipe II. Ao Inca e a Cusi Huarcay foram-lhes dados os nomes cristãos de Dom Diego e Dona Maria em honra do vice-rei e da sua mulher. A filha deles, Beatriz Clara, foi assim chamada em honra da sua tia, a princesa Dona Beatriz.

Aquando da sua entrada em Cusco, transportados em liteiras, deram uma volta pelos poucos monumentos nativos que ainda restavam na cidade na companhia do seu primo Juan, a quem, tal como recorda o conquistador Juan de Pancorbo, o Inca «mostrava grande amor»[26]. Milhares de vassalos do Inca de todo o antigo império fizeram peregrinações à cidade para lhe prestarem homenagem durante as semanas em que ele e a sua jovem mulher permaneceram como convidados na mansão da sua tia. Entre os familiares que vieram prestar-lhe homenagem encontrava-se Garcilaso de la Vega, de 19 anos.

A Filha do Imperador

Antes de partir para a sua *encomienda* no Yucay, o Inca deu ao seu primo Juan o direito legal exclusivo de administrar as suas terras e fortuna, e também ditou um testamento, testemunhado pelo marido de Dona Beatriz, Diego Hernández, no qual deixava a Juan 1000 pesos de ouro como forma de gratidão «pelo trabalho que fez por mim e pelo serviço que me prestou»[27].

Alguns dias depois de o casal ter deixado a cidade, o governador de Cusco, Juan Polo de Ondegardo, decidiu exibir publicamente na sua mansão as múmias do pai e da avó de Dona Beatriz. Este foi, sem dúvida, um dos actos mais insensíveis dos colonos e funcionários posteriores da Coroa, e ilustra perfeitamente a sua atitude para com os restantes membros da família real inca. Apesar disso, foi um evento que o governador orgulhosamente registou alguns anos depois numa carta ao vice-rei, Dom Francisco de Toledo:

> Eu estava na altura encarregado do governo destas províncias, há cerca de 12 ou 13 anos, e com muita diligência e através de diversas fontes fui capaz de descobrir os corpos... alguns deles estavam tão bem embalsamados e tão bem conservados que pareciam ter morrido recentemente; e descobri quatro deles, que eram os de Huayna Cápac e Inca Amaru Topa e Inca Pachacuti, e o da mãe de Huayna Cápac, que se chamava Mama Ocllo, e os outros, em gaiolas de bronze que tinham sido secretamente enterradas; e também entre elas descobri as cinzas de Túpac Inca Yupanqui num pequeno vaso de barro, envolto num tecido fino e com a sua insígnia; pois foi esta múmia, ouvi dizer, que Juan Pizarro queimou, acreditando que fora enterrado um tesouro com ela[28].

O local onde se encontravam as múmias pode ter sido revelado a Polo de Ondegardo pelo Inca, a conselho do dominicano Melchor de los Reyes, que se encarregara da sua conversão. Estas iriam permanecer na mansão do governador até o vice-rei ordenar a sua remoção de Lima, onde acabariam por ser enterradas no chão do hospital de San Andrés da cidade. Numa resignação silenciosa, Dona Beatriz aceitou o sacrilégio. O seu único consolo foi a recompensa que o vice-rei lhe concedeu em troca da sua colaboração: a *encomienda* de Juliaca, situada nas costas setentrionais do lago Titicaca. Esta região pertencera outrora ao seu guardião de infância, Cariapasa, senhor da nação Lupaca. O seu filho Juan também foi recompensado pelo vice-rei pelo papel que teve nas negociações com o Inca, mas apenas lhe foi concedida uma insignificante *encomienda* em Písac, no Yucay. Foi um reconhecimento deplorável pelos seus serviços, e é claramente evidente a discriminação prevalecente contra aqueles de origem mestiça.

O principal herdeiro da princesa Dona Beatriz, como o regista o testamento dela, foi o seu filho legítimo mais velho, Pedro de Bustinza, que lhe sucedeu na *encomienda* de Juliaca, embora quando ele morreu esta tivesse revertido a favor da Coroa[29]. Os seus descendentes por casamento tornaram-se caciques da *encomienda*, um título que mantiveram até à guerra da independência no início do século XIX. Os herdeiros do filho mais novo de Dona Beatriz, Martín de Bustinza, tornar-se-iam por sua vez caciques da sua antiga *encomienda* de Urcos, e também teriam um papel proeminente ao apoiar os Espanhóis nos últimos dias do seu poder.

A filha do imperador Huayna Cápac foi enterrada ao lado do seu filho Juan no mosteiro de São Domingo, no local onde outrora se erguera o templo inca do Sol; ali, em criança, ela fora venerada como a filha do deus vivo. A sua vida e morte estão reflectidas nas palavras de um poema memorial inca contemporâneo:

> Nasci como a flor de um campo,
> Como flor fui apreciada na minha juventude
> Cheguei à idade adulta, envelheci;
> Agora definho e morro[30].

O testamento de Dona Beatriz

> Em nome de Deus, amén, faça-se saber que por este testamento, eu, Dona Beatriz Manco Cápac Coya, filha de Huayna Cápac, que foi senhor destes reinos e províncias do Peru, *encomendera* desta grande cidade de Cusco, capital destes reinos, estando doente de corpo mas sã de mente e juízo, como Nosso Senhor o quis, e acreditando o mais firmemente na verdade da Santíssima Trindade, Pai, Filho e Espírito Santo, e num Deus único verdadeiro, e em tudo aquilo que a Santa Madre Igreja prega, estando próxima da minha morte, e desejando salvar a minha alma, ordeno este meu testamento na seguinte ordem:

A Filha do Imperador

Primeiro, encomendo a minha alma a Deus Nosso Senhor, e que quando por fim o meu corpo expire este seja enterrado no mosteiro de São Domingo nesta cidade de Cusco, no túmulo onde o meu filho Juan Serra de Leguizamón está enterrado, e que as missas pelo meu repouso e as esmolas dadas sejam pagas pelos meus executores.

Declaro que devido à persuasão de Martín e Cristóvão de Bustinza e Juan Palacios concordei com várias escrituras e documentos a favor dos irmãos, herdeiros e credores de Diego Hernández, meu segundo marido, agora falecido; e que em tudo isto fui enganada, e que o fiz contra minha vontade; e devido a isso até ao dia de hoje estão pendentes certos casos judiciais, e eu declaro que não lhes devo nada, e que os meus herdeiros defendam a minha propriedade.

Declaro que Juan Palacios me deve, aproximadamente, 800 pesos relativos à altura em que ele recolhia o tributo dos meus índios, e pelos quais nunca me prestou contas, e eu ordeno que isto seja obtido dele.

Declaro que as habitações do meu domicílio, onde agora me encontro, foram pagas com o meu dinheiro, e que a carta de propriedade de Diego Hernández não é válida, pois elas são minhas e dos meus herdeiros.

Declaro que aquando do meu casamento com Diego Hernández possuíamos e comprámos a quinta e a propriedade de Pancarbamba, que se situa abaixo da antiga fortaleza de Urcos, entre o rio e a estrada, e também as quintas de Yaguaci e aquelas de Mollebamba e Cachebamba, a de Urcos, que comprámos, e as outras que nos foram concedidas pela Coroa; e durante o nosso casamento construímos o moinho em Yaguachi, que foi pago por mim, e concedi metade da posse deste ao meu marido, e que é agora propriedade dos herdeiros dele, e que vale perto de oito ou nove mil pesos; pois isso é o que as letras de pagamento feitas por Diego Pérez Ballesteros e Cristóvão de Lugones demonstram, e que eu fui obrigada a voltar a pagar, devido às dívidas contraídas por Diego Hernández e às exigências que me foram feitas pelas irmãs e familiares dele, devido às promessas que ele lhes fizera relativamente aos seus dotes. E ordeno que aquilo que lhes possa ser retirado seja guardado para os meus herdeiros.

Declaro ser meu desejo que todos os índios da minha concessão, tal como nomeados nos selos da minha *encomienda*, e de acordo com a lei, sejam herdados pelo meu filho legítimo mais velho, Pedro de Bustinza, filho de Pedro de Bustinza, o meu primeiro marido, e a quem nomeio meu herdeiro e sucessor de todos os meus índios.

Ordeno que as terras agrícolas e vinhas que possuo na ravina de Urcos no Yucay, e tudo o que a elas se refere, sejam herdadas pelo meu filho Martín de Bustinza, filho do meu primeiro marido.

Ordeno que as quintas de Quipervarpata e Guachas Puquio que possuo no vale de Yucay sejam herdadas pelo meu filho Pedro de Bustinza.

Ordeno que as terras agrícolas de coca que possuo em Paucarbamba e em Las Salinas sejam herdadas por Martín de Bustinza, o meu filho mais novo[31].

Uma saúde débil impediu Dona Beatriz de terminar o seu testamento, o qual ela ditara em quéchua ao sobrinho, Alonso Martín de Ampuero, filho da sua meia-irmã Dona Inês. Uma das testemunhas foi o seu outro sobrinho, Juan Balsa, filho da sua irmã Dona Juana. Morreu pouco depois. Todas as suas posses, para além da *encomienda* de Juliaca, estavam nas mãos dos credores do seu último marido, como demonstrado no caso judicial apresentado por Martín García de Licona contra os seus dois filhos e herdeiros, e que se arrastaria durante vários anos[32].

1. Princesa inca. Escola de Cusco, século XVIII. (*Museo Inka, Unsaac, Cusco/Autor*)

2. Inca Túpac Amaru. Escola de Cusco, século XVIII. (*Museo Inka, Unsaac, Cusco/Autor*)

3. A união e descendente imperial inca das Casas de Loyola e Borja. Dom Martín de Loyola e a princesa Dona Beatriz Clara. *Em cima à esquerda*: Dona Beatriz, o tio de Clara, o Inca Túpac Amaru, e a sua mãe, a princesa Dona Maria. Escola de Cusco, século XVIII. (*Igreja da Compañia, Cusco/Autor*)

4. Inca Tupa Yupanqui, um dos filhos do imperador Huayna Cápac. (*Archivo General de Indias*, Sevilha/Autor)

Arcanjo. Pintado pelo Mestre de Calamarca, *c.* 1680. (*Museo Nacional de Arte, La Paz, Bolívia/Autor*)

6. A União e Descendente Imperial Inca das Casas de Loyola e Borja. *Da esquerda para a direita*: Dom Martín de Loyola, a princesa Dona Beatriz Clara, o seu cunhado Dom Juan de Borja e a sua filha Dona Ana Maria Lorenza de Loyola. Atrás estão os antepassados da noiva e do noivo. Santo Inácio de Lovola e São Francisco de Boria. Escola de

7. Dom Marcos Chiquathopa. Cacique e descendente inca. Escola de Cusco, século XVIII.
(*Museo Inka, Unsaac, Cusco/Autor*)

8. A festa do *Corpus Christi*. Pormenor dos nobres incas de Cusco. Escola de Cusco, século XVIII. (*Museo de Arte Religioso, Cusco/Autor*)

9. Virgem do Rosário. Pintada por Luis Niño, *c.* 1750. (*Museo de la Casa de la Moneda, Potosí, Bolívia/Autor*)

10. A igreja de San Lorenzo, Potosí, Bolívia (1728-44). (*Autor*)

11. Brasão do conquistador Mansio Serra de Leguizamón. Integra a cabeça do *Villaoma*, o sumo sacerdote inca do Sol. O brasão foi concedido pelo imperador Carlos V. Escultura de parede, início do século XVII. (*Ayuntamiento de Pinto/Autor*)

12. Virgem da Candelária. Pintada por Luis Niño, *c.* 1730. Miniatura em medalhão. (*Colecção privada/Autor*)

13. O palácio Díez de Medina. (*O actual Museo Nacional de Arte, La Paz, Bolívia/ Alexander Stirling*)

14. Brasão do Inca Tupa Yupanqui, concedido pelo imperador Carlos V em 1545. (*Archivo General de Indias, Autor/Sevilha*)

15. O Castelo de La Mota, Medina del Campo. Gravação do século XIX por Parcerisa. (*Colecção Privada/Autor*)

16. Francisco Pizarro e a princesa Dona Inês. (*Palacio de la Conquista, Trujillo, Extremadura. Autor*)

XII

O Príncipe Mestiço

Nos Arquivos das Índias, em Sevilha, encontra-se o depoimento do neto do imperador Huayna Cápac, Dom Juan Serra de Leguizamón, que morreu em 1564.([1]) Dá-nos uma perspectiva notável da veneração com que a sua mãe, a princesa Dona Beatriz, era considerada pelo seu povo, e descreve as negociações com o seu primo, o Inca Sayri Túpac, na cidade perdida de Vilcabamba, local que nunca foi totalmente determinado. O manuscrito também mostra a sua vida em Cusco, muitas vezes triste e empobrecida, depois da morte de Sayri Túpac, cujas *encomiendas* ele tinha administrado, mas que reverteram para a Coroa aquando do seu papel como guardião da jovem filha herdeira do Inca, Dona Beatriz Clara.

Ao contrário dos seus companheiros de infância Pedro del Barco, que liderou uma rebelião falhada dos mestiços de Cusco em 1560 (devido à qual foi exilado no Chile), e o cronista Garcilaso de la Vega, Juan Serra de Leguizamón teve uma vida praticamente reclusa. Na sua pequena *encomienda* em Písac, no Vale Sagrado dos Incas, perto de Cusco, abaixo das ruínas que marcavam o local do refúgio campestre do seu avô, ele construiu os seus alojamentos junto ao rio Vilcanota numa das mais belas regiões dos Andes. Durante cinco anos permaneceu como *encomendero* de Písac, vivendo aí com a sua mulher, Dona Maria Ramírez, e os dois filhos, Dom Juan, que herdou a sua *encomienda* e a quem a Coroa concedeu o governo do Yucay, e Dona Bernardina, que se tornou freira no convento de Santa Catalina, em Cusco.

Princesas Incas

A pequena aldeia colonial de Písac, construída no século XVII por missionários jesuítas, é tudo o que resta do seu legado. Hoje, o pitoresco mercado domingueiro da cidade e as ruínas incas estão entre as atracções turísticas mais populares de Cusco.

Entre os anos de 1559 e 1561, ele apresentou o seu depoimento ao Tribunal da Chancelaria Real de Lima, e este foi devidamente enviado ao rei Filipe II pelo vice-rei, o marquês de Cañete. Seis conquistadores de Lima e Cusco apresentaram-se como suas testemunhas, juntamente com vários nobres incas, caciques e servos índios, na sua maioria homens idosos, que juraram dizer a verdade nos seus depoimentos em conformidade com os seus ritos nativos.

O depoimento

JUAN SERRA DE LEGUIZÁMON: Mui poderoso senhor, eu, Juan Serra de Leguizámon, declaro ser o neto de Huayna Cápac, outrora senhor e rei destes reinos, e filho de Dona Beatriz Yupanqui(*), sua filha legítima, e desejando como desejo rogar à vossa real pessoa que me favoreça nas minhas dificuldades. E peço a Vossa Alteza que em conformidade com as vossas ordens reais as seguintes questões sejam colocadas às testemunhas que apresento: Se é do conhecimento delas que Huayna Cápac Yupanqui foi rei e senhor destes reinos do Peru, das suas montanhas e vales, do Chile até locais tão distantes quanto as terras de Pastu(**), e que entre os muitos filhos dele nascidos se encontrava a minha mãe Dona Beatriz Yupanqui. E que na altura do seu nascimento em Surampalli(***), no seu domínio de Tumibamba, ele lhe deu como guardião e serviçal o cacique Cariapasa, senhor de Lupaca, por ser ela a sua filha legítima da sua rainha, mãe de Huáscar Inca(****), que mais tarde lhe iria suceder como rei e senhor de Cusco; e que desde a morte de Huayna Cápac ela tem sido obedecida e hon-

---

(*) Yupanqui: título inca que indica realeza.
(**) Pastu: Norte do Equador.
(***) Surampalli: antiga capital do povo Cañari, ao qual mais tarde se deu o nome da *panaca* do imperador de Tumibamba. Local da actual cidade equatoriana de Cuenca.
(****) A mãe do imperador Huáscar, a Coya Rahua Ocllo.

rada como sua filha legítima por todos os índios e senhores nativos destes reinos. E que ela herdou a posição da mulher legítima dele, sua mãe, que era também mãe de Inca Huáscar, que mais tarde foi rei.

DOM GARCÍA SUMA YUPANQUI, INCA: É do conhecimento de todo o povo índio que Huayna Cápac foi rei e senhor destes reinos, desde as terras do Chile até às de Pastu, e que todas as suas leis e ordens foram obedecidas pelos seus vassalos, pois é aquilo que sei e testemunhei. E na minha presença, a sua filha Dona Beatriz Yupanqui nasceu em Surampalli nas terras de Tumibamba, e para marcar o seu nascimento houve muitos festins. E eu mesmo estive presente quando Huayna Cápac a reconheceu como sua filha, o que o ouvi repetir muitas vezes; pois acompanhei-o a Tumibamba vindo de Cusco, e aí o servi como guerreiro nas suas guerras. E desde o dia do seu nascimento até ao presente ela tem sido honrada e obedecida por todos os nativos destes reinos.

PASTAC, ÍNDIO DE CUSCO: É como foi dito, que ela nasceu nos alojamentos em Surampalli e que era a filha de Huayna Cápac: pois testemunhei o seu nascimento, devido ao qual foi ordenado grande festim, sendo como era a filha de um tão grande senhor e rei, tendo os festins durado dez dias e dez noites. E desde essa altura até ao dia de hoje ela tem sido obedecida e reverenciada devido ao seu nascimento que eu testemunhei, tendo acompanhado e servido Huayna Cápac nas guerras desta cidade de Cusco até ao seu lugar em Surampalli(*).

DOM DIEGO CAYO, INCA: Desde o seu nascimento até ao presente ela foi sempre obedecida e respeitada, tal como eu sempre lhe obedeci e a respeitei.

MAZMA, ÍNDIO DE MAYO: Eu parti com Huayna Cápac desta cidade até ao seu lugar de Surampalli na altura das guerras, nas quais servi o Inca; e aí testemunhei o seu nascimento entre as outras filhas dele nessa estação; e estive presente quando Huayna Cápac ordenou a

---

(*) As conquistas de Huayna Cápac a norte.

Cariapasa para a servir e ser seu guardião; pois Cariapasa era um chefe guerreiro de muitos povos. Após a morte da mãe, vi que ela herdou a sua posição, e vi os índios de todas as regiões e nações mostrarem-lhe a sua obediência e respeito como filha do senhor e rei.

DOM JUAN APANGA, INCA: Sendo como ela era a filha de tão grande rei, grande júbilo foi ordenado no seu nascimento, e eu testemunhei o chefe guerreiro Cariapasa prestar-lhe homenagem.

JUAN DE PANCORBO: Vi-a pela primeira vez poucos dias depois de nós, Espanhóis, termos entrado em Cusco, e chegou ao meu conhecimento que ela era filha de Huayna Cápac. E eu vi então, como ainda vejo agora, que os índios destes reinos lhe obedecem e lhe mostram a sua reverência.

DIEGO DE TRUJILLO: Os índios desta cidade de Cusco e de outras regiões mostram-lhe a sua homenagem e obediência.

JUAN SERRA DE LEGUIZAMÓN: Se é do conhecimento deles que na sua casa Dona Beatriz Yupanqui albergou e criou várias netas de Huayna Cápac, entre elas as filhas de Inca Manco, o pai de Sayri Túpac; devido ao que muitas e grandes calamidades foram evitadas na altura que Inca Manco estava em rebelião.

DOM MARTÍN NAPTI YUPANQUI, INCA: Eu vi-a criar duas filhas de Inca Manco, seu irmão, uma chamada Usezino e a outra Ancacica.

FRANCISCO DE ILLESCAS: Eu vi duas princesas índias a viverem na sua casa, e que dizem ser filhas de Inca Manco, que na altura estava em rebelião e nos Andes; e também vi outros familiares dela, a quem ela deu abrigo na sua casa, sendo como era uma pessoa de tal importância entre os nativos; e devido a isso foram evitados muitos ataques pelos rebeldes índios. E foi ela que informou Hernando Pizarro da rebelião planeada por Inca Manco.

BERNABÉ PICÓN: Conheço-a desde o ano 1533, quando o marquês Dom Francisco Pizarro, governador destes reinos, entrou com os Espanhóis nesta cidade de Cusco, e ouvi dizer que ela tinha a viver em sua casa algumas das filhas de Inca Manco, que eram suas sobrinhas, irmãs de Sayri Túpac, que desde então jurou fidelidade ao senhor vice-rei; e que na altura em que o *Villaoma* regressou à cidade de onde o *Adelantado* Dom Diego de Almagro o levara a caminho da sua descoberta do Chile, e de onde fugiu, ouvi dizer que foi ela que informou o seu senhor Mansio Serra de Leguizamón, com quem vivia, que o *Villaoma* regressara para levar Inca Manco com ele porque queria fugir da cidade: e que foi Mansio Serra de Leguizamón quem levou isto ao conhecimento de Hernando Pizarro, dizendo-lhe que foi Dona Beatriz que o informou de como *Villaoma* e Inca Manco planeavam fugir da cidade.

JUAN SERRA DE LEGUIZAMÓN: Se é do conhecimento deles que o licenciado Vaca de Castro, governador destes reinos, tal como todos os outros governadores antes e depois dele, tentou de todas as maneiras convencer o Inca Manco a fazer a paz, e isto eles não foram capazes de fazer devido à morte do Inca; e que o seu filho Sayri Túpac era seu herdeiro, e que ele permaneceu nos Andes com todo o povo e chefes guerreiros do seu pai.

DIEGO MARTÍN: Em diversas ocasiões presenciei várias pessoas irem aos Andes de Vilcabamba na época de Dom Diego de Almagro e do seu filho, e também durante o governo de Vaca de Castro, e cada uma destas tentativas era para persuadir Inca Manco a partir dali em paz; e entre aqueles que vi partirem para esse lugar estavam Pedro de Oñate, Juan Gómez Malaver e o capitão Rui Díaz, e diversos outros cujos nomes já não me recordo. Eu mesmo, na companhia de Sancho de Canda, parti para aí, e nenhum de nós foi alguma vez capaz de o persuadir a partir, e o seu povo não nos deixou vê-lo, e apenas nos trouxe a mensagem de que ele não partiria.

JUAN SERRA DE LEGUIZAMÓN: Após a morte de Inca Manco, nenhum espanhol foi capaz de entrar no domínio do Inca Sayri Túpac para além de Francisco de Pino, guardião dos filhos de Dom Inca Paullu, e só com um salvo-conduto e acompanhado por Martín, o tradutor, na época do presidente Gasca. Nem foi ele capaz de conseguir alguma coisa.

Princesas Incas

CHASCA, GUERREIRO ÍNDIO: O Inca mandou-me e a outros chefes dele ao alcaide Gasca para lhe dizer que viria em paz, e para lhe perguntar onde viveria: e esta testemunha e outros chefes falaram com o alcaide que nos disse que se ele saísse dali em três meses lhe daria os índios que tinham pertencido a Huayna Cápac e algumas casas e propriedades em Pomacorca no vale de Písac e terras em Mayo, neste vale chamado Guancaro. E eu disse ao Inca aquilo que o alcaide me mandara dizer, e o Inca estava então prestes a partir com o seu povo mas um dos seus capitães, que era cristão, disse-lhe que ele era demasiado jovem, e que não devia partir até ser muito mais velho, e por esse motivo ele não partiu(*).

BERNABÉ PICÓN: Francisco de Pino disse-me pessoalmente que se lhe oferecessem todo o Peru ele nunca aí voltaria.

JUAN SERRA DE LEGUIZAMÓN: O senhor vice-rei, o marquês de Cañete, enviou muitas pessoas aos Andes para persuadir Sayri Túpac a partir dali em paz, e ninguém lá queria ir excepto os dois frades de São Domingos e Juan de Betanzos, o tradutor; mas a ninguém foi permitido entrar ali para além de mim.

JUAN DE PANCORBO: Eu vi Juan de Betanzos deixar a cidade pelo motivo apresentado, e é do conhecimento geral que não lhe foi permitido entrar em Vilcabamba para ver o Inca. Eu mesmo noutra altura saí da cidade com alguns cavaleiros para retaliar contra os índios de Sayri Túpac, que haviam morto vários negros e incendiado quintas, e executado outros ataques na estrada perto do rio Apurímac. E cavalguei até um dos marcos fronteiriços da região que estava coberta de neve, e onde fiquei a saber que Sayri Túpac tinha cerca de 800 guerreiros sob seu comando, e nós vimos que o ataque às quintas fora feito por 200 dos seus guerreiros, que estavam bem armados; e não tendo qualquer comissão das magistraturas da cidade não tive mais nenhum recurso senão regressar à estrada, onde permaneci de guarda durante vários dias.

(*) Este capitão cristão era possivelmente um renegado espanhol, apoiante do derrotado Gonzalo Pizarro.

O Príncipe Mestiço

JUAN SERRA DE LEGUIZAMÓN: Eu estive envolvido nos tratados e negociações com o senhor vice-rei e o Inca, e vim e fui três vezes ao vice-rei, até que depois de muita persuasão da minha parte fui capaz de trazer o Inca em paz desse local, juntamente com os seus chefes guerreiros e senhores; devido ao que as estradas e regiões dessa parte dos Andes estão agora tranquilas e livres de guerra.

FRANCISCO DE VILLAFUERTE: O que sei disto é que vi Juan Serra de Leguizamón passar à porta da minha casa e ele disse-me que ia para os Andes para tirar dali Sayri Túpac em paz.

PAUCAR YUPANQUI, INCA: Como guerreiro ao serviço do Inca Sayri Túpac, na sua companhia presenciei a sua entrada em Vilcabamba, e como ele era seu primo direito o Inca recebeu-o bem, e também por respeito à sua mãe, Dona Beatriz Yupanqui, sua tia. E ele estava acompanhado pelo frade Melchor. E ouvi-o dizer a Sayri Túpac que se ele deixasse Vilcabamba, o vice-rei, o marquês de Cañete, lhe daria muitos índios bem como terras ao seu povo e muito vestuário e outros bens, de modo a ele ficar satisfeito; e tudo isto ele lhe disse muitas vezes e na minha presença, e também o ouvi dizer o mesmo aos chefes guerreiros. Também o vi a tomar parte no tratado e nos debates com Sayri Túpac; e o Inca enviou-o duas vezes ao senhor marquês no que se referia à sua partida de Vilcabamba, e ele veio duas vezes para ver o Inca, trazendo consigo pagamento e presentes.

DOM MARTÍN NAPTI YUPANQUI, INCA: Por várias ocasiões ouvi Sayri Túpac dizer depois de deixar o *tambo*(*) de Vilcas, para onde eu fora, ido desta cidade, que foi o seu primo que o trouxera em paz; e que isto é do meu conhecimento porque eu criei Sayri Túpac quando ele era ainda uma criança e porque vi Juan Serra de Leguizamón ir à Cidade dos Reis, e então regressar até onde o Inca estava, trazendo com ele despachos e salvo-condutos para que ele pudesse partir em paz.

(*) *Tambo*: fortaleza paliçada inca.

Princesas Incas

DIEGO MARTÍN: Sei disto porque na estrada para Vilcas encontrei Sayri Túpac, que vinha com muitos índios, e a acompanhá-los estava Diego Hernández(*), *encomendero* desta cidade, e Juan Serra de Leguizamón.

DIEGO DE TRUJILLO: É publicamente conhecido que Diego Hernández, *encomendero* de Cusco, e Juan Serra de Leguizamón trouxeram o Inca de Vilcabamba em paz e que o levaram para se encontrar com o senhor vice-rei, e a seguir presenciei a sua entrada nesta cidade de Cusco, onde resido. E desde aquela altura as estradas e terras agrícolas da região têm estado livres de ataques.

JUAN DE PANCORBO: Eu vi Juan Serra de Leguizamón a passear por esta cidade na companhia de Sayri Túpac, que lhe demonstrava grande afeição.

JUAN SERRA DE LEGUIZAMÓN: Se é do conhecimento deles que eu sou o filho natural de Dona Beatriz Yupanqui e de Mansio Serra de Leguizamón, e como tal sou tido por todos aqueles que me conhecem, e que nasci antes de qualquer um dos meus pais ser casado. E que sou de momento casado pelos ritos da nossa Santa Madre Igreja com Dona Maria Ramírez. E que o meu pai Mansio Serra de Leguizamón é um fidalgo e pessoa de grande distinção, e um dos primeiros conquistadores deste reino, que pelos seus feitos e acções sempre reverenciou sua Majestade Real. E se é do conhecimento deles que apenas possuo uma pequena aldeia de índios, chamada Písac, que tem um rendimento anual de alguns trezentos a quatrocentos pesos de prata, pelo que vivo numa grande pobreza e necessidade, dependente como sou da bondade de meu pai e minha mãe para me alimentarem e tomarem conta de mim. E que quando Sayri Túpac se encontrou com o vice-rei, ele acreditou tal como eu que seria recompensado; algo que o meu primo lhe rogou em diversas ocasiões.

PASTAC, ÍNDIO DE CUSCO: É do meu conhecimento que ele é o filho de Dona Beatriz Yupanqui, filha de Huayna Cápac, porque eu

---

(*) Diego Hernández Escobar: marido de Dona Beatriz.

estava nesta cidade de Cusco quando ele nasceu; e desde essa altura até ao presente sempre o vi viver em casa dela. E é também do meu conhecimento que Mansio Serra de Leguizamón é seu pai. E sendo eu um homem velho, conheço o seu pai há muitos anos.

FRANCISCO DE ILLESCAS: Isto assim é, pois eu conheço-o desde o dia em que ele nasceu. E considero o seu pai um fidalgo, e como tal é ele considerado e conhecido na aldeia de Pinto nos reinos de Espanha, onde nasceu.

ALONSO DE MESA: Eu conheço o seu pai, Mansio Serra de Leguizamón, há mais de 30 anos, e também os seus familiares, e tenho-o por um conquistador a quem o marquês Dom Francisco Pizarro recompensou com uma *encomienda* de índios, e que ele serviu Sua Majestade no cerco desta cidade pelos índios e nas rebeliões deste reino. E sei que se não fosse pelo auxílio dado pelo seus pais, ele não seria capaz de se sustentar nem à sua família, pois a sua aldeia de Písac é de pouco mérito.

DOM DIEGO CAYO, INCA: Eu vi-o levar uma vida de casado com a mulher, Dona Maria Ramírez, pois sei que eles se casaram pelos ritos da Santa Igreja na Cidade dos Reis, em Lima.

DIEGO DE TRUJILLO: É do meu conhecimento e testemunhado por mim que ele vive numa grande pobreza com a sua mãe, e que os índios que possui são poucos em número e igualmente pobres, e que a renda que lhe dão pode bem ser o que ele afirma. E vi-o sobretudo na casa de sua mãe, Dona Beatriz, e é aí que ele come e bebe e se sustenta.

FRANCISCO DE VILLAFUERTE: Eu sei que ele possui uma pequena *encomienda* em Písac que lhe foi concedida pelo vice-rei, o marquês de Cañete, e que tem poucos índios. Também o vi na prisão, na cadeia de Cusco, por ser incapaz de pagar uma dívida de 70 pesos.

XIII

A Noiva de Santa Clara

Durante toda essa noite, os sinos de Cusco repicaram. Na escuridão da sua cela no convento de Santa Clara, a jovem filha do falecido Inca Sayri Túpac imaginou que o som anunciava o nascimento de um grande imperador ou senhor. Na realidade, os sinos serviam para assinalar a captura de um jovem que ela nunca conhecera, que traziam das florestas dos Andes sob guarda. Apenas mais tarde viria ela a saber que ele era seu tio.

Ela tinha 14 anos e passara mais de metade da sua vida no convento, tendo sido para ali levada pela mãe, a princesa inca Dona Maria, aos cinco anos. O seu crime — pois a rapariguita acreditava tê-la de algum modo gravemente ofendido para justificar tantos anos de confinamento — nunca fora do seu conhecimento. Ocasionalmente, era permitido à mãe e ao padrasto espanhol, um homem visto pelo seu próprio povo como de pouco valor, falar com ela na galeria dos visitantes, e em determinados dias era-lhe dada autorização para brincar no pequeno jardim do convento, rodeado pelo quadrângulo de claustros erigidos pela primeira abadessa, Dona Francisca Ortíz. O convento erguia-se no local outrora ocupado por parte da mansão do conquistador Alonso Díaz, que fora enforcado pelo seu papel na rebelião do *encomendero* Girón[1].

A rapariga nunca veria o seu tio, nem assistiria à sua entrada na cidade naquele dia, mas as pessoas da cidade afluíam às ruas para observar enquanto coluna atrás de coluna de espanhóis armados entrava pela porta setentrional de Carmenca, que fora decorada com flores. Entre estes havia veteranos idosos da Conquista, envergando as suas armaduras antiquadas e elmos *morrión*, os estandartes heráldicos erguidos bem alto pelos seus caciques índios, e fileira após fileira de soldados armados conduzidos pelo clero da cidade — agostinianos, dominicanos, e mercedários(*), nos seus característicos hábitos pretos, brancos e castanhos. Atrás deles, marchavam os 1500 auxiliares índios do idoso príncipe inca Cayo, vestido com calções espanhóis e gibão de veludo, e por fim, entusiasticamente aplaudido pelas gentes da cidade, vinha o jovem capitão da guarda do vice-rei que capturara o Inca, e que agora levava o prisioneiro por uma corrente de ouro presa ao pescoço. Diversas testemunhas oculares lembram que quando Loyola se aproximava da varanda do vice-rei, Dom Francisco de Toledo, fez um sinal ao Inca para que este retirasse o seu toucado e baixasse a cabeça; quando o jovem se recusou, Loyola bateu-lhe várias vezes no rosto.

Trinta e oito anos depois, Baltasar de Ocampo, um dos recrutas espanhóis no exército expedicionário de Vilcabamba, escreveu uma descrição da execução do Inca em Cusco, baseada no relato de um frade mercedário que foi testemunha ocular da execução:

> O Inca estava vestido com um manto e um gibão de veludo escarlate. Os seus sapatos de diversas cores eram feitos da lã do país. A coroa ou toucado chamado *mascapaicha* estava colocado sobre a sua cabeça com uma franja a cobrir-lhe a testa, sendo esta a insígnia real do Inca.
> Depois de Sua Excelência, o vice-rei, ter saboreado a sua conquista, ordenou que o Inca e os seus chefes fossem conduzidos à fortaleza que se situa na paróquia de San Cristóbal, de Colcampata... ao fim de dois ou três dias, depois de ter sido ensinado e catequizado, Túpac Amaru foi baptizado.
> Foi então levado da fortaleza através das ruas públicas da cidade com uma guarda de 400 Cañaris armados com lanças... acompanhado pelos padres Alonso de Barzana, da Companhia de Jesus, e pelo

---

(*) Da Ordem Real e Militar de Nossa Senhora das Mercês da Redenção dos Cativos, ou, na sua forma abreviada, Ordem de Nossa Senhora das Mercês, fundada em 1218 em Espanha, naquele que era, na época, o reino de Aragão, por São Pedro Nolasco. Originalmente tinha por missão libertar os cristãos cativos dos Mouros, mas com a descoberta e conquista das Américas passou a assumir a tarefa de evangelizar os indígenas (*N. R.*)

A Noiva de Santa Clara

padre Molina, um de cada lado... os espaços abertos, telhados e janelas das paróquias de Carmenca e San Cristóbal estavam tão povoados com espectadores que se uma laranja tivesse sido lançada para o chão não teria atingido o solo em lado algum, tão compactas estavam as pessoas.

Enquanto o carrasco, que era um índio cañari, tirava a faca com que iria decapitar o Inca, deu-se um acontecimento extraordinário. Toda a multidão de nativos soltou um tal grito de angústia que parecia que chegara o Dia do Juízo Final, e todos aqueles de raça espanhola não deixaram de mostrar os seus sentimentos ao derramarem lágrimas de angústia e dor. Quando o Inca viu a cena, limitou-se a levantar bem alto a mão direita e a deixá-la cair. Pessoa de mente nobre, apenas ele permanecia calmo, e a todo o ruído seguiu-se um silêncio tão profundo que nem vivalma se mexeu, quer entre aqueles que se encontravam na praça ou entre os que estavam mais distantes.

O bispo de Popayán, o provincial da Ordem de Nossa Senhora das Mercês, o prior da Ordem de Santo Agostinho, o prior de São Domingos, o provincial de São Francisco, o reitor da Companhia de Jesus... foram todos ter com o vice-rei. Ajoelharam-se e imploraram-lhe que mostrasse misericórdia, e poupasse a vida do Inca. Insistiram que ele deveria ser enviado para Espanha para ser julgado pelo próprio rei. Mas súplica alguma persuadiu o vice-rei.

Juan de Soto, principal oficial do tribunal, foi enviado a cavalo com uma lança para abrir caminho, galopando furiosamente e atropelando todo o tipo de pessoas. Ele ordenou que a cabeça do Inca fosse cortada de imediato em nome do vice-rei... então o carrasco avançou e, pegando no cabelo com a mão esquerda, decepou a cabeça com um único golpe da faca, e ergueu-a ao alto para que todos a vissem. Enquanto a cabeça era decapitada, os sinos da catedral começaram a repicar, seguidos pelos de todos os mosteiros e igrejas paroquiais da cidade... quando a cabeça foi cortada foi colocada num poste e deixada no mesmo cadafalso na grande praça... aí tornou-se cada dia mais bela... e os índios vinham de noite para adorar a cabeça do seu Inca[2].

O Inca Túpac Amaru tinha apenas 28 anos. Ao caminhar para a morte naquela manhã de Setembro, um espanhol relembrou que a irmã dele, a princesa Dona Maria, ao assistir ao espectáculo da janela de uma casa, gritou-lhe: «Para onde vos levam, meu irmão, príncipe e único rei de Tahuantinsuyo?»[3] O informador do soldado Ocampo também recordaria que algumas noites depois da execução, o jovem neto da princesa Dona Beatriz, Dom Juan Serra de Leguizamón, ten-

Princesas Incas

do acordado de madrugada, olhou da janela do seu quarto e viu milhares de índios ajoelhando-se enquanto adoravam os restos sangrentos do seu primo(⁴).

Algumas semanas mais tarde, chegou à porta do convento um mensageiro do vice-rei Toledo, pedindo à abadessa que preparasse a jovem noviça índia para o seu noivado, que, disseram-lhe, decorreria naquela noite em presença dele na mansão do *encomendero* Diego de Silva. Vestindo ainda o seu traje nativo, a rapariga foi rapidamente escoltada por duas freiras até à mansão, onde foi informada da identidade do homem com quem iria casar. Acompanhada pela mãe e pelo padrasto, que tinham sido obrigados a presenciar a cerimónia, ela caminhou até à pequena capela privada da mansão, onde o vice-rei e o seu futuro marido a esperavam. Passada uma hora, a princesa Dona Beatriz Clara estava noiva do cavaleiro de Calatrava, Martín García de Loyola, sobrinho-neto de Santo Inácio de Loyola, o fundador da Ordem dos Jesuítas — e o captor do seu tio morto. Nessa noite, ela regressou ao convento, onde iria permanecer durante mais 18 anos.

Numa carta ao rei Filipe II, o vice-rei Toledo informou-o que Loyola, que se encontrava então a meio da casa dos trinta, concordara em casar com a princesa, «de modo a servir a Coroa, embora ela fosse uma índia e ainda usasse o seu vestido nativo»(⁵). Ninguém do Conselho das Índias que leu o despacho do vice-rei quando chegou a Madrid teve qualquer dúvida quando ao motivo do jovem oficial, ou da protecção de que desfrutava. Um despacho posterior do Peru informava o Conselho de Toledo da atribuição a Loyola de todas as *encomiendas* e terras da princesa no rico vale de Yucay, a norte de Cusco, que a Coroa mantivera sob custódia para ela desde a morte do seu pai, o Inca Sayri Túpac.

Dois anos depois do noivado, Loyola regressou a Espanha para uma curta visita, período durante o qual obteve do rei uma pensão anual, a acrescentar ao seu já vasto rendimento. Também pediu autorização para alterar o brasão dos Loyola, que representava dois lobos a segurar um caldeirão, e para incorporar neste uma cabeça decapitada, mas este pedido foi-lhe recusado. Cinco anos depois, foi nomeado governador da cidade de Potosí.

Se a relutância de Loyola em consumar a sua união com a jovem princesa se devia à sua provável homossexualidade ou à sua aversão

A Noiva de Santa Clara

por casar com uma índia, nunca se saberá. Mas tal união foi de qualquer modo impossível durante longo período de tempo, devido ao regresso ao Peru do homem que afirmava ser o seu marido legítimo. O mestiço Cristóvão Maldonado, sobrinho do mais rico *encomendero* do Peru, fora exilado da colónia durante vários anos pelo seu papel numa rebelião falhada. Agora não apenas declarava o noivado de Loyola ilegal, e tal casamento como bigamia, como reclamava para si todos os rendimentos que recebera do dote da princesa. Os inimigos de Loyola agravaram o problema ao apelarem para um tribunal eclesiástico em nome de Maldonado. No seu depoimento ao tribunal, Maldonado revelou que com a idade de sete anos a princesa fora retirada do convento de Santa Clara pela mãe, e que ela vivera com ele como sua amante durante quase dois anos — mas também que ele casara com ela. Informou igualmente o tribunal de que a mãe da princesa era na época amante do seu irmão, e que lhe dera duas filhas ilegítimas. As revelações sucediam-se, todos os dias, acrescentando uma notoriedade cada vez maior ao escândalo.

Durante os anos do julgamento, Dona Beatriz Clara foi mantida praticamente prisioneira em Santa Clara, por receio de que uma parte ou a outra a raptassem. Os rendimentos da sua enorme fortuna continuavam entretanto a ser recolhidos pelos agentes de Loyola, que lhe negaram qualquer parte do seu dinheiro; na maioria em pesos de ouro e prata, os rendimentos eram pagos duas vezes ao ano pelos seus vassalos índios.

Em 1591, o julgamento longamente disputado foi por fim resolvido a favor de Loyola. Aquando do seu casamento, mais tarde nesse mesmo ano, Dona Beatriz Clara tinha 33 anos, mas pouco conhecia do mundo para além dos muros do convento. No ano seguinte, a princesa deixou Cusco para nunca mais regressar e juntou-se ao marido na colónia do Chile, onde ele fora nomeado governador-geral. No povoado de Concepción, deu à luz a sua única filha, Dona Ana Maria. Pouco tempo depois, Loyola foi morto ao chefiar uma expedição punitiva contra os índios araucanianos. Passadas poucas semanas, a princesa deixou o governo e partiu para Lima, onde viveu com uma das irmãs até morrer, dois anos depois.

O casamento da sua filha com um descendente de São Francisco de Borja foi comemorado pelos jesuítas do Peru numa série de pinturas representando Santo Inácio de Loyola, o famoso antepassado do

Princesas Incas

seu pai. Loyola, que sofrera o mesmo destino que o tio da princesa 26 anos antes, faria uma última aparição no palco da História: quando os índios araucanianos acabaram por se render às autoridades espanholas, trouxeram consigo o crânio dele, que tinham guardado como troféu.

No seu testamento, datado de 3 de Março de 1600, Dona Beatriz Clara deixou toda a sua fortuna e toda as suas posses à filha. Entre os artigos listados encontravam-se os seus três escravos negros e as suas jóias «de correntes de ouro, pérolas, rubis, e diamantes»; estas ela mandou que fossem recuperadas aos prestamistas de Cusco, para onde tinham sido levadas pelo marido([6]). O vice-rei, Dom García Hurtado de Mendoza, ele próprio um antigo governador do Chile, deixou uma descrição muito pouco lisonjeira de Loyola, com as palavras: «Ele era um excelente mercador, mas avarento, e de forma alguma um soldado»([7]).

XIV

O Tesouro Perdido

A 24 de Julho de 1911, quase 340 anos depois do incêndio da cidade inca de Vilcabamba pelo exército de conquista do vice-rei Dom Francisco de Toledo, um professor norte-americano de História, alto e magro, vestindo calças de montar e usando um chapéu de abas coçado, escalou gradualmente através da densa vegetação rasteira subtropical que cobria os rochedos aguçados de uma cumeeira montanhosa nos Andes, a cerca de 300 metros acima de uma estrada de terra, 96 quilómetros a noroeste de Cusco. O seu objectivo era descobrir a localização de Vilcabamba, e para esse fim munira-se dos relatos de vários cronistas, principalmente o do frade agostiniano do século XVII, Antonio de Calancha y Benavides, que deixara uma descrição da região na história da sua Ordem. Embora o vice-rei Toledo tivesse mais tarde fundado uma cidade com o mesmo nome, o verdadeiro local da Cidade Perdida dos Incas, que foi completamente incendiada pelos conquistadores, fora engolido durante séculos pela densa vegetação rasteira, embora os seus tesouros e fama tivessem sobrevivido nas lendas e histórias dos Andes.

O norte-americano estava acompanhado por dois homens, um sargento do exército peruano e o proprietário de um bar local, que lhe falara de algumas construções de pedra que ele vira perto de uma pequena parcela de terra que possuía. Enquanto subiam, os dois peruanos começaram a andar em passo mais apressado, cortando com os machetes uma vereda para o americano que, contra o conselho destes, trouxera consigo uma câmara fotográfica pesada e um tripé, o que apenas aumentava o peso da carga que transportavam. Voltando a descer, entraram no desfiladeiro do rio Urubamba, e atravessaram a ponte de troncos. Perto do meio-dia, chegaram a uma cabana que pertencia a uma família camponesa índia, que trabalhava para o proprietário do bar como lenhadores. O norte-americano anotou no seu diário que era meio-dia e sete minutos, e que os índios os convidaram para uma refeição de batatas-doces.

Depois de terem comido, ficou decidido que o proprietário do bar ficaria na cabana, e que o jovem filho da família acompanharia o norte-americano e o sargento do exército. Avançaram durante algum tempo em silêncio, seguindo uma longa vereda escondida pela floresta, até chegarem àquilo que parecia ser um promontório rochoso que sobressaía por entre a vegetação rasteira. Foi então que o norte-americano se apercebeu de que estavam na verdade de pé sobre um lanço de terraços de pedra, para lá do qual ele conseguia ver a silhueta de edifícios de pedra muito bem talhados. A alguma distância, alcandorada sobre os desfiladeiros montanhosos, banhada numa neblina baixa, encontrava-se a cidade em ruínas de Machu Picchu. Foi talvez a maior descoberta arqueológica do século XX([1]).

Ao contemplar deslumbrado as ruínas, Hiram Bingham, de 30 anos, acreditava estar a olhar para a cidade perdida de Vilcabamba, mas de facto descobrira uma cidade-templo inca muito mais antiga: Machu Picchu. Ironicamente, 24 de Julho era também o aniversário do libertador Simón Bolívar, cujo estudo das campanhas militares fizera com que Bingham partisse para os Andes.

Só mais recentemente é que os arqueólogos estabeleceram a provável localização de Vilcabamba em Espíritu Pampa, um vale subtropical na região vizinha dos Andes, a oeste de Machu Picchu. Espantosamente, nem um único cronista espanhol ou testemunha inca contemporânea fez qualquer referência à existência desta cidade-templo, que se situa não muito longe, quer de Vilcabamba, quer de Cusco; nem foi a sua identificação facilitada pelo facto de o nome original da cidade permanecer desconhecido. Foi-lhe dado o nome Machu Picchu, que significa montanha antiga, pelos companheiros de Bingham.

Com toda a probabilidade, Machu Picchu foi construída cem anos antes da Conquista, no reinado de Pachacuti, pai do imperador

O Tesouro Perdido

Huayna Cápac, e permaneceu na posse da sua *panaca* após a sua morte(²). Os registos coloniais coevos mostram que as terras nos arredores da cidade eram do conhecimento dos conquistadores, já que uma *encomienda* neste local foi concedida por Pizarro ao seu irmão Hernando; esta *encomienda*, que também incluía a aldeia chamada Vilcabamba, foi mais tarde concedida ao colaborador Inca Paullu, em 1539.

É muito pouco provável que Inca Manco, que fugira para a região durante a ocupação de Cusco pelos generais de Atahualpa e que construíra Vilcabamba como um refúgio fortificado, pudesse desconhecer a existência de Machu Picchu. Nem parece credível que o local de um templo tão sagrado pudesse ter permanecido desconhecido dos seus filhos e sucessores. É mais do que provável que ainda estivesse a ser utilizada como templo e local de adoração nos primeiros anos da Conquista, e que o seu tesouro tenha sido secretamente levado ou pelos próprios Incas ou por qualquer um dos conquistadores que tinham *encomiendas* na região; é indubitável que os seus índios os teriam informado da sua existência, de modo a obter favores. Certamente que Hernando Pizarro, o principal *encomendero* da região, não teria pejo em saquear a cidade e depois levar consigo o segredo para a cova, evitando assim o pagamento de impostos sobre o tesouro à Coroa.

Poucos dos grandes tesouros incas foram declarados à Coroa pelos conquistadores. O ouro tinha sido o principal objectivo da sua conquista e assim permaneceria durante muitos anos. O lago de Urcos, a sudeste de Cusco, foi várias vezes esquadrinhado em busca da gigantesca corrente de ouro em forma de cobra que o imperador Huayna Cápac mandara fazer para assinalar o nascimento do seu filho Huáscar. Sabe-se que a corrente foi usada em festivais religiosos em Cusco e que se estendia por todo o comprimento da praça da cidade. A *huaca* de guerra inca conhecida como Muru Urco, uma pedra quadrada de grande tamanho que outrora estava colocada na praça principal de Cusco, engastada com ouro e esmeraldas, também nunca foi encontrada. Tal como os indiscutíveis tesouros do templo inca em Copacabana, no lago Titicaca, que foram provavelmente atirados para as suas águas.

Um dos comandantes do saque de 1572 de Vilcabamba foi o historiador Pedro Sarmiento de Gamboa, considerado pelo vice-rei

Princesas Incas

Toledo o homem mais culto que conhecera nas Índias. Este parecia estar convencido da existência de uma cidade de grandes riquezas nos Andes, construída por um dos filhos do imperador Huayna Cápac. Quer a sua informação se baseasse nalguma prova em especial ou tivesse sido resultado de necromancia — pela prática da qual fora preso em duas ocasiões diferentes pelas autoridades eclesiásticas de Lima — nunca se saberá. Catorze anos depois, quando ia a caminho de Espanha, foi capturado por um corsário inglês e levado como prisioneiro para Londres, onde lhe foi concedida uma audiência com a rainha Isabel I. No seu último depoimento à Coroa espanhola, ele relembra que falou com ela em latim, e que ela, a pedido de Sir Walter Raleigh, ordenou a sua libertação(^{3}).

Raleigh adquiriu um enorme conhecimento sobre o Peru com Sarmiento de Gamboa, e isto influenciou a sua busca irreal do lendário reino inca de El Dorado e a exploração da Guiana, cujo nome é uma corruptela do nome do imperador Huayna Cápac. Se algum espanhol teve conhecimento da existência de Machu Picchu teria sido Sarmiento de Gamboa, pois passara um considerável período de tempo em Vilcabamba e na região vizinha, e também conduzira o principal interrogatório das testemunhas incas aquando da investigação do vice-rei Toledo em Cusco, e no vale vizinho do Yucay.

Outra possível referência a um tesouro nos Andes surge numa carta escrita pelo neto da princesa Dona Beatriz, Dom Juan Serra de Leguizamón, o governador de Yucay, que quando era jovem presenciara a execução do primo do pai, o Inca Túpac Amaru. Ele escreveu ao principal ministro do rei Filipe III, o duque de Lerma, em Madrid:

> Sua Excelência, o Nosso Senhor e Rei está nobremente servido, devido à honra a mim demonstrada por alguns anciãos índios dada a minha ascendência; fui informado por eles que me mostrarão a localização do grande tesouro dos Incas, escondido perto de Cusco, os frutos do qual desejo que Sua Majestade seja o primeiro a usufruir; e por esse motivo envio o reverendo frade Antonio Martínez, meu companheiro, que também está ciente da existência do tesouro, para informar Sua Majestade em pessoa, tesouro esse que tenciono encontrar. Que Deus conceda a Sua Excelência boa saúde. E com respeito às petições dos meus serviços passados, espero que Sua Excelência lhe mostre favores e justiça, em Cusco, 15 de Abril de 1614, beijo as mãos de Sua Excelência. Assinado. Dom Juan Serra de Leguizamón(^{4}).

No fim do documento, o padre Martínez acrescentou as palavras: «Esta carta foi escrita por Juan Serra de Leguizamón em Písac em sua casa e na minha presença, embora esteja selada com o selo de Cusco».

Se Juan Serra de Leguizamón inventou este «grande tesouro» apenas para reforçar as suas petições à corte espanhola, ou se ele mais tarde decidiu guardar para si o que os índios lhe mostraram, permanece um mistério. O que é evidente é que o frade agostiniano Martínez permaneceu ignorante do assunto, tal como mostra a sua correspondência posterior com o rei Filipe III:

> Há alguns anos, fui de Cusco para Espanha em nome de Dom Juan Serra de Leguizamón, *encomendero* de Cusco, para dar a Sua Majestade um relato dos maiores tesouros do mundo, pois é assim que são descritos por ele nas cartas que junto; auxiliando-o também no envio de diversos decretos reais que ele me pediu; e como Sua Majestade viu que ele não cumpriu com aquilo que dissera, Sua Majestade deu-me autorização para regressar ao Peru. À minha chegada a Cusco, por três ocasiões, e sem a companhia de mais ninguém, ele voltou a garantir-me a veracidade de tudo o que me contara, e que era apenas uma questão de tempo até descobrir o tesouro. Contudo, vendo que ele nada fazia, escrevi ao vice-rei, o príncipe de Esquilache, pedindo-lhe que nos convocasse a ambos à sua presença, e como este também nada fez, escrevi à Real Chancelaria de Lima, que na presença do vice-rei leu a minha carta; e como resultado ele mandou que nós dois comparecêssemos perante ele. Eu, pela minha parte, fiz a viagem. Dom Juan fugiu para as montanhas e ali se escondeu em várias igrejas, e como não veio a Lima foram emitidos diversos mandados reais para que ele cumprisse com as convocatórias[5].

Mas Juan Serra de Leguizamón nunca cumpriu com as convocações do vice-rei. Para além de alguns pedidos que mais tarde fez ao convento de Santa Catalina, em Cusco, nada mais foi registado da sua vida. Nunca saberemos se ele alguma vez viu as riquezas que afirmava ter descoberto, ou se estas existiram na realidade; se existiram, será possível que tenham alguma vez feito parte do grande tesouro de Machu Picchu ou de Vilcabamba?

XV

O Sacristão de Córdova

O mestiço Garcilaso de la Vega é referido mais vezes do que qualquer outro cronista no início da história do Peru colonial, e as suas crónicas iriam influenciar muita da concepção europeia posterior do Novo Mundo, dando origem à imagem romântica de Rousseau do «bom selvagem». Garcilaso nasceu em Cusco em 1539, filho ilegítimo de um conquistador extremadurense e da princesa inca Dona Isabel, sobrinha do imperador Huayna Cápac. Criado na casa do pai na cidade, juntamente com o seu primo Juan Serra de Leguizamón e outros filhos mestiços dos conquistadores, frequentou uma pequena escola que o cónego Juan de Cuéllar, um nativo de Medina del Campo, abriu em Cusco em 1552. Tão orgulhoso estava o cónego dos seus pupilos, recordou Garcilaso mais tarde, que gostaria de os ter podido enviar para a Universidade de Salamanca.

No entanto, durante grande parte da sua vida, Garcilaso sofreria do estigma do seu sangue misto. «Aos filhos de Espanhóis e índios chamam mestiços», escreveu ele na sua velhice, «o que significa que nós somos de raça mista, e o termo [foi] inventado pelos primeiros Espanhóis que tiveram filhos de índias; e como foi um nome dado pelos nossos pais eu orgulhava-me de ser assim chamado... embora agora nas Índias seja visto como um termo de inferioridade»([1]). Contudo, foi a humilhação de ver a mãe reduzida quase ao papel de criada pela mulher do pai que mais influenciou o seu desejo de deixar o Peru.

O pai de Garcilaso, um antigo governador de Cusco, era um dos *encomenderos* mais ricos do Peru. Morreu em 1558, e no seu testamento deixou ao filho «4000 pesos de ouro e prata, de modo a que ele possa viajar para Castela para estudar», acrescentando, «isto eu desejo devido ao amor que tenho por ele já que é o meu filho natural, e assim lhe chamo e o reconheço»([2]). No ano seguinte Garcilaso, agora com a idade de 19 anos, trocou Cusco por Espanha; nunca mais regressaria.

Os primeiros anos do seu exílio espanhol foram cruéis e decepcionantes. Não conseguindo convencer o Conselho das Índias a conceder-lhe uma pensão, estava completamente reduzido à caridade dos familiares do pai, poucos dos quais estavam dispostos a recebê-lo, e ao seu talento para domar e treinar cavalos, o que durante algum tempo lhe deu um pequeno rendimento. Juntou-se ao exército de Dom João de Áustria e tomou parte na luta contra o levantamento mourisco na Andaluzia, instalando-se depois na aldeia de Montilla (mudando-se mais tarde para Córdova), e dedicou-se ao estudo da literatura e das crónicas que tinham sido publicadas a respeito do Novo Mundo. Afastado da sua terra natal, o antigo pupilo da pequena escola do cónego Cuéllar, em Cusco, escreveu uma das mais importantes narrativas históricas das Américas, *Comentarios Reales de los Incas, Historia General del Perú*, que iria influenciar o pensamento acerca da civilização inca durante os séculos vindouros.

Embora por vezes pouco fiável em tudo que pudesse difamar a sua projecção de uma sociedade inca heróica e quase utópica — negou, por exemplo, a prática inca do sacrifício humano —, apesar disso a sua história apresenta o relato épico de um povo, da sua religião e costumes numa prosa com um estilo nunca igualado por qualquer outro dos cronistas do Peru.

A maior parte do que escreveu baseava-se em histórias e lendas que ouvira em criança aos familiares da mãe, e naquilo que ele mesmo observara durante a sua adolescência entre os conquistadores, cujas casas ele frequentava. Um dos seus erros mais duradouros, que foi seguido por numerosos historiadores, foi o seu retrato de Hernando de Soto e Pedro del Barco como os primeiros conquistadores a entrarem em Cusco antes de esta ser tomada; transportados para a cidade em redes, e maravilhados ante os tesouros da cidade, foram tratados pelos Incas como deuses. Esta história foi inventada pelo filho órfão mestiço de del Barco, o companheiro de juventude de Garcilaso, e ele mais tarde repetiu a história no seu depoimento à Coroa, talvez numa tentativa para glorificar o papel do pai na Conquista. O idoso del Barco, que na altura nem sequer se encontrava em Cajamarca, não faz tal afirmação no seu próprio depoimento(³). Os cronistas contemporâneos que também acreditaram na história incluíam Agustín de Zárate, cujo relato da história do Peru foi lido e aprovado pelo rei Filipe II durante a sua viagem a Inglaterra para se casar com a rainha Maria Tudor; no ano seguinte, esta narrativa foi publicada nos Países Baixos.

Em 1603, Garcilaso foi confrontado com um dos pedidos mais penosos que lhe iriam ser feitos durante anos, por parte dos seus familiares reais de Cusco. Estes também tinham escrito aos seus primos mestiços Alonso de Mesa e Dom Melchor Carlos Inca, que na época viviam em Valladolid. O jovem Melchor Carlos era neto do Inca Paullu, o mais proeminente colaborador inca dos Espanhóis. O seu pai, Dom Carlos Inca, herdara não apenas as vastas *encomiendas* de Paullu mas também o seu palácio de Colcampata acima de Cusco, e para afirmar ainda mais o seu estatuto casara com a filha de um espanhol. No entanto, a fortuna da família tinha-se praticamente perdido após o suposto envolvimento de Dom Melchor Carlos com a revolta mestiça de Cusco.

Foi pouco depois da chegada de Melchor Carlos a Espanha que Garcilaso recebeu o pedido dos seus familiares para apresentar a petição destes em seu nome ao rei, «juntando à carta deles dirigida a nós três [Garcilaso, Melchor Carlos e Alonso de Mesa] a sua linhagem e ascendência real, juntamente com uma árvore genealógica pintada em seda branca... e com os retratos dos seus antepassados soberanos»(⁴).

Garcilaso acrescenta que enviou a petição e os papéis anexos a Melchor Carlos, «mas ele não estava disposto a apresentar os papéis de modo a não revelar quantas pessoas havia de sangue real, pensando que se o fizesse iria prejudicar as suas próprias afirmações»(⁵). Na verdade, havia pouco que qualquer um deles pudesse ter feito para aliviar o sofrimento e dificuldades enfrentadas pelos seus familiares, cujos privilégios e direito de isenção de servidão tinham sido retirados, e alguns dos quais tinham sido publicamente flagelados em Cusco por recusarem trabalho como servos.

A própria mãe de Garcilaso, defraudada pelo marido espanhol com quem casara mais tarde, morrera deixando o pouco que restava das suas posses à sua filha Ana, mulher do primo de Garcilaso, Martín de Bustinza, o filho mais novo da princesa Dona Beatriz.

Dom Melchor Carlos morreu sete anos depois na casa de hóspedes de um mosteiro em Alcalá de Henares, o local onde nasceu Cervantes. Tinha 39 anos. No seu testamento, registou que a sua casa consistia de nove criados, um escravo e um anão.

Uma das últimas fontes de Garcilaso para a redacção da sua história foi o idoso soldado da fortuna Gonzalo Silvestre, que tomara parte na desastrosa expedição de Hernando de Soto ao Sul dos Estados Unidos. A sua entrada na aldeia andaluza de Montilla, que Garcilaso adoptara e onde vivera de início durante o seu exílio espanhol, foi descrita por um dos habitantes: «Um homem velho, obeso e inchado, a tratar a sua doença venérea e transportado numa carroça por um boi enorme. Condoída ao vê-lo aparecer, uma velha mirrada avançou para perguntar qual a origem da sua miséria, e, ao ser informada, dirigiu-o para a aldeia vizinha de Las Posadas, onde na Primavera de cada ano havia uma planta para aliviar a sua aflição, e onde ele se viria a instalar»[6].

Em 1605, foi publicado a narrativa de Garcilaso da conquista de De Soto da Florida, *La Florida del Inca*, e quatro anos mais tarde saiu a primeira parte da sua história dos Andes, *Comentarios Reales de los Incas*, sete anos antes da sua morte em Córdova, em 1616, com a idade de 72 anos. Deixou uma pequena herança à capela dedicada às Santas Almas do Purgatório na catedral-mesquita da cidade. Ele servira na catedral como sacristão, e os seus restos mortais foram aí enterrados. No seu testamento, deixou à sua escrava negra, Marina de Córdova, uma anuidade de 50 ducados e um mandado para a sua libertação. Ao seu filho ilegítimo, deixou o resto dos seus bens[7].

Permaneceu até ao fim sem saber a fama universal que a história do povo da sua mãe lhe iria trazer, e certamente nunca teria imaginado que cerca de três séculos depois da sua morte as suas cinzas seriam levadas para a sua cidade natal pelo descendente do seu soberano, o rei Juan Carlos, para ser enterrado com pompa de Estado na igreja do Triunfo, em Cusco.

XVI

O Último dos Conquistadores

Dois anos depois da derrota da Invencível Armada, a última testemunha do Império Inca do Peru morreu em Cusco, nos primeiros dias do ano de 1590(¹). No preâmbulo do seu testamento, deixou a única apologia conhecida da Conquista do império e da sua posterior destruição, dirigindo as suas palavras ao seu soberano, o rei Filipe II. O conquistador Mansio Serra de Leguizamón nasceu em 1515, o mesmo ano de Santa Teresa de Ávila, e aos 14 anos deixou a mãe viúva e partiu para as Índias para fazer fortuna, servindo de início como pajem na Conquista de Veragua, na Nicarágua. Quatro anos depois, acompanhou a cavalaria de Diego de Almagro até Cajamarca.

Durante vários meses antes da sua morte estivera acamado na sua mansão em Cusco, que fora construída sobre as fundações do palácio inca de Yacha Huasi; esta seria mais tarde conhecida como a Casa das Serpentes devido às gigantescas serpentes esculpidas que suportavam o seu brasão a encimar o pórtico. O cronista jesuíta Bernabé Cobo registou que diversas pedras *huaca*, algumas delas tendo símbolos de cobras (demonstrando sabedoria, e o facto de o palácio ter sido usado como escola pelos nobres incas em tempos pré-colombianos), formavam parte da alvenaria da mansão. Construída cerca de dez anos depois da Conquista, a casa foi um dos poucos edifícios que sobreviveram a um terramoto que demoliu a maior parte de Cusco em 1650. A sua história nem sempre foi feliz. De uma janela de esquina no piso superior, o comandante de Gonzalo Pizarro, Francisco de Carbajal, enforcara Maria Calderón, a mulher do astrólogo Jerónimo de Villegas, por o ter caluniado.

Mansio Serra de Leguizamón nasceu em Pinto, a aldeia castelhana da mãe, situada a sul de Madrid, embora a sua família fosse da Biscaia, onde tinham servido como um dos *parientes mayores*, uma das 35 famílias senhoriais que governavam os seus *fueros* [forais], e que, segundo a tradição, os reis de Espanha juraram proteger em Guernica([2]). O escritor vitoriano Richard Ford, que viajou bastante pela província, descreveu o povo biscaio como sendo obcecado pela sua independência e linhagem: «[Os seus] escudos brasonados, tão grandes quanto o orgulho dos seus proprietários, estão esculpidos por cima dos portais das suas casas, e contêm mais esquarteladuras do que existem cadeiras nas salas de estar ou mesas na despensa... bem sabia Dom Quixote que a melhor forma de irritar um biscaio era dizer-lhe que ele não era nobre»([3]).

Segundo o cronista e genealogista espanhol do século XV, Lope García de Salazar, a família Leguizamón descendia de Álvar Fáñez de Minaya, um primo de Rodrigo Díaz de Bivar, conhecido na história e na lenda pelo seu título mourisco de El Cid, o senhor cujo nome iria embelezar as baladas da Idade Média e inspirar o épico *Poema de Mio Cid*. Salazar escreveu:

> Da linhagem de Álvar Fáñez de Minaya, primo do Cid de Bivar, sucedeu um cavaleiro que se veio instalar nas terras conhecidas como Leguizamón, e aí fundou a Casa de Leguizamón muitos anos antes de Bilbau ser povoada, e de pai para filho foi sucedido por Diego Pérez de Leguizamón, um excelente cavaleiro e tido como o mais nobre do seu nome, que ostentava por armas barras horizontais tal como as apresentadas pelo dito Álvar Fáñez de Minaya no seu sepulcro em San Pedro de Gumiel de Hízan onde está enterrado, e que pertencem a esta linhagem, e por sua vez sucedeu-lhe Sancho Díaz de Leguizamón, que foi morto na *veja* [várzea] de Granada([4]).

Era uma linhagem que o velho soldado exibia orgulhosamente, não apenas no brasão que lhe fora concedido pelo imperador Carlos V e que encimava o portal da sua mansão em Cusco, mas também nas tapeçarias que encomendara em Sevilha: estas representavam a Cruz de Calatrava de Serra, as três barras dos Leguizamón, e as correntes douradas e cabeça coroada do *Villaoma*, o sumo sacerdote inca do Sol, que ele fizera prisioneiro muitos anos antes.

O aspecto mais notável do carácter de Leguizamón é revelado pela sua atitude nos últimos anos em relação aos índios da sua *encomienda*, e pelo que lhes restituiu em ambos os testamentos: um gesto que poucos colonos europeus poderiam sequer imaginar. Outros conquistadores também fariam algumas restituições aos seus índios, e há poucos motivos para negar a sua sinceridade, mesmo que tais sentimentos fossem influenciados pela perspectiva de uma morte iminente e instigados pelos seus confessores. Muitos não tiveram tal atitude. Nem nenhum dos *encomenderos* posteriores, que foram responsáveis por uma exploração muito maior e por um pior tratamento dos índios das suas *encomiendas*.

No seu primeiro testamento, escrito alguns anos antes da sua morte, quando ficou virtualmente indigente devido às suas dívidas de jogo, Mansio Serra de Leguizamón ordenou aos seus executores que devolvessem aos seus vassalos índios quase todos os produtos e gado da sua *encomienda*, que por direito devia ter sido herdada pelos seus filhos:

> Declaro que os produtos e herança da minha *encomienda* em Alca(*) pertencem aos índios dessa *encomienda* porque foram eles que os plantaram, e eles que construíram a sua *hacienda*, por isso lhes pertence e eles devem mantê-la e possuí-la, já que outrora foi deles. Declaro que todas as minhas éguas, cabras, ovelhas castelhanas, pertencem aos índios da minha *encomienda*... e isto lhes dou para que possa ser distribuído entre eles... Declaro que recebi ao longo dos anos como tributo dos meus índios cerca de 50 000 pesos de ouro, e é isso que lhes devo([5]).

A idade acalmara o velho conquistador, e como consolação virara-se para a religião e para uma das confrarias da cidade. A sua mulher morrera há 30 anos. Durante os 15 anos do seu casamento, ela dera-lhe duas filhas e cinco filhos. A mais velha das suas filhas era Dona Maria, que nascera em Cusco nos últimos anos da rebelião de Gonzalo Pizarro; aos 11 fora colocada no mosteiro franciscano de

---

(*) Alca – uma *encomienda* na província Cuntisuyo de Arequipa, onde se situa a actual cidade de Alca de Hontiveros.

Santa Clara na cidade, localizado na mesma praça da mansão dos seus pais, então conhecida como Santa Clara la Vieja. Fundada em 1550, esta fora a primeira instituição do género no Peru, e aqui a jovem princesa Dona Beatriz Clara passara grande parte da sua vida. A primeira abadessa tinha a seu cargo 24 freiras de pais espanhóis, 12 mestiças e 40 raparigas crioulas estudantes que eram educadas até atingirem a idade casadoira. Entre as freiras fundadoras encontravam-se as filhas e netas dos conquistadores Bernabé Picón e Francisco de Villafuerte.

Desafiando os pais, Dona Maria escolheu entrar para o noviciado do convento. O seu gesto levou a uma longa disputa entre o pai e as freiras, mas por fim ele foi obrigado a doar ao convento um dote de jóias e vestuário, avaliado em 2000 pesos de ouro, juntamente com 700 cabeças de gado para as quintas do convento. A sua recusa em fazer mais donativos em nome da filha pode explicar muitas das palavras do relato do cronista franciscano Diego de Mendoza, no que se refere à jovem noviça:

> Entre as glórias desta vida encontrava-se a irmã María de Leguizamón, uma das 24 freiras fundadoras deste convento, filha do valoroso conquistador Mansio Serra de Leguizamón e de sua mulher, Dona Lucía, *encomenderos* de Cusco que eram bem conhecidos neste reino pela sua nobreza e fortuna, e que aos 11 anos deixou a casa dos pais, e fugindo daí, e das vaidades do mundo, entrou no convento de Santa Clara... e daí nem toda a influência dos pais a fez sair; nem por aliciamento nem promessas; até eles a deserdarem, negando-lhe o seu refúgio e sustento... no entanto, numa idade tão jovem, ela encomendou-se a Deus... e quanto mais os pais lhe negavam a vocação, mais ela aceitava as suas irmãs espirituais como sua família... tirando-a da confusão e cativeiro da Babilónia até às portas de Sião([6]).

Tomando o nome de irmã Maria da Visitação, Dona Maria viria a tornar-se uma das mais proeminentes figuras de Cusco, devotando grande parte da sua vida ao cuidado dos índios no hospital nativo da cidade, e foi por fim eleita abadessa de Santa Clara. Na sua história, o frade Mendoza refere-se às suas muitas demonstrações de santidade e mortificação. Aquando da sua morte, aos 60 anos, ele relembra que se ouviu um coro de anjos a cantar as Vésperas na capela do convento, e que alguns dias depois ela apareceu a uma das freiras. Quatro anos depois da sua morte, quando o convento foi transferido para o seu local actual, o frade descreveu como o caixão foi aberto e o seu corpo encontrado intacto; acrescentou que as freiras queriam colocar os seus restos mortais num caixão mais pequeno para ser levado e enterrado na sua nova igreja; para o fazer, partiram-lhe as pernas, e «sangue fluiu livremente das suas feridas».

O avô materno dos filhos legítimos de Leguizamón, o conquistador Gómez de Mazuelas, fora um dos *encomenderos* mais ricos de Cusco, tendo sobrevivido ao seu companheiro Gonzalo Pizarro. Uma carta que ele enviou a Gonzalo pouco tempo depois do casamento da filha demonstra a relação problemática entre ele e o seu novo genro, que trocara a noiva pelas mesas de jogo de Lima — tendo perdido a figura inca de ouro do Sol numa noite de jogo após o saque de Cusco, bem poderia ser considerado o santo patrono dos jogadores:

> Meu senhor ilustre, por outras cartas que vos enviei e às quais não respondestes, já informei vossa excelência dos acontecimentos que ocorreram aqui [em Cusco]. Nesta carta, apenas falarei daquilo que me foi esbanjado, do pouco que possuo, e que está sempre ao dispor e serviço de vossa excelência... como vossa excelência sabe, Mansio Serra de Leguizamón, *encomendero* desta cidade, casou com a minha filha; eu teria imaginado que ele teria servido melhor vossa excelência nesta cidade ou no domínio da sua *encomienda*, e se ele aí estivesse, e esse for o caso, respirarei aliviado ao aceitar a sua partida... contudo, como sei que ele é tão obcecado com esta coisa do jogo, creio que ele partiu para aquela cidade [de Lima] que lhe oferece uma oportunidade maior de estar entre pessoas dessa persuasão; no entanto, não apenas satisfeito por jogar aquilo que possui e aquilo que não possui, vendeu a sua habitação nesta cidade, o que nos causou a todos uma grande quantidade de sarilhos, e estando informada disto, a minha filha, mulher dele, pediu à justiça desta cidade o tributo que ele recebe dos seus índios... a justiça, no entanto, informou-me que vossa excelência ordenou que o tributo fosse enviado para Lima. Se vossa excelência não tem necessidade desse tributo para vosso serviço, rogo que este seja enviado para a mulher dele, mesmo que seja apenas para a sua alimentação e subsistência. E isto rogo como vosso criado, por mais nenhum motivo para além de ser justo, e eu também receberei alguma mercê. Nosso senhor, excelência mais ilustre, que a saúde e a prosperidade sejam vossas, cujas mãos ilustres eu beijo[7].

A capacidade de Mazuelas para sobreviver às purgas contra os antigos rebeldes gonzalistas é evidente na sua nomeação posterior pela Coroa como regedor de Cusco, cargo que manteve durante o resto da vida. O seu testamento regista que em 1550 ele enviou para Espanha 2000 pesos de ouro para a construção de uma igreja na sua aldeia nativa de Valdetorres, perto de Medellín[8]. Também regista o interrogatório prolongado de várias testemunhas da aldeia para provarem a linhagem de fidalgo do seu pai. Alguns confirmaram a sua nobreza, outros simplesmente disseram que ele era um cristão-velho e nada mais. Em idade avançada, Mazuelas, viúvo, tal como tantos outros conquistadores, foi vítima de um casamento com uma jovem aventureira espanhola. Dona Maria Arias Castillejo era a irmã do deão da catedral de Cusco, e pouco depois da morte dele casou com um homem muito mais novo, Martín de Olmos, que acabou por herdar as *encomiendas* de Mazuelas, tanto em Cusco como na região de La Paz.

Sobreviveram poucos registos dos outros filhos do conquistador. O seu filho Jerónimo também entrou na vida religiosa no mosteiro dominicano de São Domingos, em Cusco, construído sobre as fundações do templo inca de Coricancha. Talvez a sua decisão tenha sido influenciada pelo facto de a sua mãe, Dona Lucia, ter sido aí enterrada. O licenciado Cepeda enviou da cidade de La Plata uma carta ao rei Filipe II, datada de 14 de Fevereiro de 1585, à qual juntou uma missiva do jesuíta Alonso de Barzana: «De modo a cumprir com a minha função na aprovação da língua nativa dos índios entre o clero que reside neste bispado de Charcas, posso testemunhar que o reverendo padre Jerónimo de Leguizamón, curador da paróquia de São Pedro de Potosí, fala com grande fluência a língua quéchua»[9]. Dez anos mais tarde, Jerónimo foi eleito prior do mosteiro de São Domingos, em Huamanga.

Apenas dois dos filhos legítimos do conquistador casaram. O seu filho mais velho, Mansio, herdeiro da sua *encomienda* de Alca, casou com Dona Francisca de Cabezuelas contra a sua vontade, como ele registou numa carta em 1586, dois anos depois da morte do filho:

> Desejo que fique devidamente registado a Sua Majestade, o rei, e aos alcaides desta cidade de Cusco, que o meu filho mais velho, Mansio Serra de Leguizamón, abandonou a minha casa contra minha vontade

e contra toda a razão, sendo embora uma pessoa de grande qualidade e inteligência... e que o arcebispo de Lima, vendo a desordem e a desigualdade do casamento a que o meu filho se propunha, aprisionou-o para seu próprio bem, mas aquando da sua libertação ele foi para a cidade de Arequipa e aí casou à mesma([10]).

Qualquer que tenha sido a razão, o conquistador desaprovou fortemente o casamento, e por esse motivo deserdou o filho, e passou anos em litígio lutando contra as exigências das netas, que viriam a herdar a sua *encomienda*. O seu filho mais novo, Francisco, que ele enviara duas vezes a Espanha, gastando com isso 10 000 pesos de ouro, para conseguir uma recompensa do rei pelos serviços prestados, também viria a desiludir o velho conquistador devido ao seu casamento com uma jovem de Sevilha que não sabia ler nem escrever, e cuja alegação de nobreza fidalga foi apenas verificada por diversas testemunhas analfabetas, uma das quais a descreveu como tendo «cabelo loiro, com feições aquilinas e um sinal do lado direito do rosto»([11]). O seu filho mestiço, Dom Juan, cuja mãe era a princesa Dona Beatriz, morrera há cerca de 20 anos, deixando o velho com dois netos, Dom Juan e a freira Dona Bernardina, os quais estavam ambos presentes aquando da sua morte.

Fantasmas e memórias era tudo o que restava agora ao velho homem. Recordou a sua juventude em Castela, e a sua travessia do Atlântico; as suas explorações na Nicarágua e em Cajamarca; as mortes e as torturas que suportara. Conjurou as imagens de guerra e amor, de rostos órfãos e vozes, todos agora perdidos para sempre no silêncio da velhice. Por fim, na escuridão do seu quarto, com as paredes cheias das armaduras e armas que usara quando era novo, o idoso conquistador soltou o seu último fôlego. Tinha 75 anos, e era o último conquistador do Peru.

O Testamento

Eu, o capitão Mansio Serra de Leguizamón, *encomendero* desta grande cidade de Cusco, capital destes reinos do Peru, e o primeiro a entrar nela à época da sua conquista: estando como estou enfermo e acamado mas no entanto de mente, juízo e memória sãos, e temendo a morte como é natural, a qual chega quando menos se espera, autorizo que seja conhecido que faço deste o meu último testamento e de minha livre vontade, enumerando os seus legados e codicilos na ordem que se segue:

Primeiro, pela paz da minha alma e antes de iniciar o meu testamento, declaro que já há muitos anos que desejo dirigir-me a Sua Majestade Católica, Dom Filipe, nosso senhor, sabendo o quão católico e mui cristão ele é, e zeloso do seu serviço de Deus, Nosso Senhor, vendo que tomei parte em nome da Coroa na descoberta, conquista e colonização destes reinos quando nós privámos aqueles que eram os senhores incas, que os tinham governado como se fossem deles. E deve ser conhecido de Sua Mui Católica Majestade que encontrámos estes reinos numa tal ordem que não eram admitidos entre eles nem ladrões, nem homens viciosos, nem adúlteros, nem mulheres desgraçadas, nem eram eles um povo imoral, estando satisfeitos e sendo honestos no seu trabalho. E as suas terras, florestas, minas, pastagens, habitações e todo o tipo de produtos eram regulados e distribuídos entre eles de tal modo que cada pessoa possuía a sua própria propriedade sem que qualquer outro a tomasse ou a ocupasse. E que nem existiam processos judiciais conhecidos com respeito a tais coisas, e que nem as suas guerras, as quais havia muitas, interferiam com o comércio e a agricultura do seu povo. Todas as coisas, desde a maior à mais pequena, tinham o seu lugar e ordem. E que os Incas eram temidos, obedecidos e respeitados pelos seus vassalos como sendo muito capazes e especializados na sua liderança, tal como os seus governadores.

E como nós os iríamos destituir da sua autoridade de modo a subjugá-los ao serviço de Deus, Nosso Senhor, e tirá-los das suas terras e a colocá-los sob a protecção da Sua Coroa, era necessário privá-los inteiramente de qualquer controlo sobre os seus bens e terras, de que nos apropriámos pela força das armas. E como Deus, Nosso Senhor, permitiu isto, foi possível subjugar este reino de tão grande variedade de povos e riquezas, apesar de nós, Espanhóis, sermos tão poucos em número, e fazer dos seus senhores nossos criados e vassalos, como é sabido.

Desejo que Sua Majestade Católica compreenda que o motivo que me leva a fazer esta declaração é a paz da minha consciência e devido à culpa que carrego. Pois nós destruímos, pelo nosso comportamento maléfico, um tal governo como aquele que era desfrutado por estes nativos. Eles eram tão livres do cometimento de crimes e excessos, tanto homens como mulheres, que o índio que possuísse 100 000 pesos de ouro ou prata em casa deixava-a aberta colocando apenas um pequeno pau a atravessar a porta, como sinal de que estava fora. Segundo os seus costumes ninguém podia entrar nem tirar nada que lá se encontrasse.

O Último dos Conquistadores

E quando eles viram que nós púnhamos fechaduras e chaves nas nossas portas, pensaram que tínhamos medo deles por nos matarem, mas não porque acreditassem que qualquer pessoa pudesse roubar a propriedade de outra. E assim, quando eles descobriram que tínhamos ladrões entre nós, e homens que procuravam forçar as suas mulheres e filhas para cometer pecado com eles, desprezaram-nos.

Mas agora eles chegaram a um tal ponto de ofensa a Deus, devido ao mau exemplo que lhes demos em todas as coisas, que estes nativos que nada faziam de mal mudaram para pessoas que agora nada fazem de bom, ou muito pouco; algo que deve tocar a consciência de Sua Majestade tal como toca a minha, como um dos primeiros conquistadores e descobridores, e algo que precisa de ser remediado. Pois agora, aqueles que foram outrora obedecidos como reis e senhores destes reinos, como Incas com poder e riquezas, caíram em tal pobreza e dificuldade que são os mais pobres deste reino e forçados a executar as tarefas mais baixas e servis, como guardadores dos nossos bens e criados das nossas casas e como varredores das nossas ruas. E de acordo com a ordem do vice-rei, Dom Francisco de Toledo, serão isentos de tais serviços se arranjarem um ofício, e agora alguns são sapateiros e trabalham em tais ocupações semelhantes e de baixa categoria.

E como muitas destas coisas são permitidas é necessário que Sua Majestade seja informado daqueles que são culpados de tais ofensas. Informo Sua Majestade de que não há nada mais que eu possa fazer para aliviar estas injustiças, para além das minhas palavras, naquilo que rogo a Deus que me perdoe, pois fico comovido ao dizer isto, vendo que sou o último dos conquistadores e descobridores a morrer, como é bem sabido, e que não resta mais ninguém para além de mim, neste reino ou fora dele. E agora que descarreguei a minha consciência disto, declaro e ordeno o meu testamento da seguinte forma:

Primeiro, desejo oferecer a minha alma a Deus, Nosso Senhor, que lhe deu vida e que a preencheu através da Sua Paixão e com o Seu Sangue Muito Precioso, e ordenou que o meu corpo fosse colocado na terra de onde foi formado.

Ordeno que o meu corpo seja enterrado no convento de San Agustín desta cidade, na capela da Irmandade de San Nicolás e Santa Lúcia, e que os meus executores ajam em conformidade e doem ao convento uma outra soma, para além do milhar de pesos de ouro que já doei como pagamento de missas pela minha alma, as quais ordeno que sejam cumpridas.

Ordeno que o meu corpo seja enterrado com o hábito de San Agustín e que seja vestido com o hábito velho de um dos frades, e que um novo hábito seja comprado e lhe seja dado.

Ordeno que no dia do meu enterro todos os padres da cidade ofereçam uma missa pela minha alma, e que o Conselho da Sacra Igreja acompanhe o meu corpo, juntamente com todas as confrarias das quais sou membro, com quatro religiosos de cada um dos mosteiros; e que rezem todos missa pela minha alma, e que as suas despesas sejam pagas.

Ordeno que mais 200 missas sejam oferecidas pela minha alma, 100 em San Nicolás de Tolentino e as outras 100 como um *requiem*, e que as despesas destas também sejam pagas.

Ordeno que quando o meu corpo for enterrado, seja erguido um monumento de pedra com o meu brasão e com um grande crucifixo, e que seja pendurado vitaliciamente sobre ele um círio iluminado, e que seja também o local de enterro dos meus herdeiros.

Ordeno que sejam oferecidas 50 missas para a conversão dos nativos deste reino.

Ordeno que sejam ditas 20 missas pelas almas daqueles por quem fui responsável, e por aqueles que me são desconhecidos.

Ordeno que as ditas missas sejam celebradas no mosteiro de San Agustín, e que 50 dessas missas sejam ditas no mosteiro de São Domingos, e que todas as despesas sejam pagas.

Ordeno que sejam dadas aos pobres do hospital dos nativos desta cidade 30 peças de oito.

Ordeno que aos caciques, índios e comunidade de Alca, a minha *encomienda*, não lhes seja pedido nem que paguem qualquer tributo desde a Festa de San Juan até ao Natal e ao fim do ano, e liberto-os desta obrigação.

Declaro que na época de Cajamarca e da distribuição dos tesouros entre os conquistadores, eu, como um deles, fui recompensado com 2000 pesos de ouro, e na distribuição em Cusco, com cerca de 8000 pesos de ouro, mais ou menos. E que me foi dada a figura do Sol que era de ouro e guardada pelos Incas na Casa do Sol, que é agora o mosteiro de São Domingos e onde eles praticavam a idolatria, que eu creio valia cera de 2000 pesos; sendo tudo isto perto de 12 000 pesos de ouro. E desejo que os meus executores registem esta quantia pela paz da minha consciência e que paguem esta quantia exacta com a minha propriedade.

Declaro que o doutor Alegría me tratou na minha casa durante quase um ano, apesar de ser por breves períodos de tempo, e ordeno que os seus herdeiros sejam pagos da forma que os meus executores considerem apropriado.

Ordeno que se quaisquer dívidas causadas por actos meus sejam conhecidas, sejam pagas, e que se alguém jurar que lhe devo até dez pesos, que esse alguém também seja pago.

O Último dos Conquistadores

Declaro que o advogado Galín de Robles me deve 1000 peças de oito que lhe emprestei.

Ordeno que aquilo que me é devido pelo governador de Cuntisuyo, província em que a minha *encomienda* está situada, lhe seja pedido, pois acredito que ele ainda está em dívida para comigo por lhe ter pago em excesso pela evangelização de Alca e Potosí, e por aquilo que já me devia.

Declaro que na época em que a minha filha Dona Maria de Leguizámon entrou no convento de Santa Clara desta cidade, a minha mulher e eu lhe legámos muitas jóias e adornos, e mais tarde algumas 700 cabeças de gado, todas de grande valor, e valendo cerca de 2000 pesos de ouro; isto eu registo de modo a que o dito convento não faça mais exigências posteriores sobre as minhas propriedades.

Declaro que Gomez de Mazuelas, meu sogro, ofereceu aos seus netos, meus filhos, 12 vacas e um touro, e que eu mesmo lhes dei vacas e touros, com o propósito de procriarem, e que paguei pela sua manutenção; e que parte deste gado foi oferecida ao convento de Santa Clara por causa da dita Dona Maria, minha filha, e parte ao mosteiro de São Domingos, onde o meu filho Jerónimo de Leguizámon era frade. E que uma parte também foi dada a Mansio Serra de Leguizámon, meu filho mais velho, juntamente com outro gado que lhe dei. Registo isto para que seja compreendido que a sua propriedade recebeu mais do que suficiente, e que o dito Mansio recebeu de mim cerca de 2000 pesos até à sua morte, e que eu o sustentei, bem como à sua mulher e filhos desde a altura do seu casamento, que foi há cerca de 20 anos, de modo que aos seus herdeiros sejam negadas quaisquer reivindicações posteriores sobre a minha propriedade; pois eles já receberam mais do que aquilo a que tinham direito.

Declaro que as minhas propriedades imobiliárias compreendem a minha residência e as outras casas que a rodeiam, no valor de cerca de 8000 pesos de ouro, mais ou menos; algumas terras e campos de alfafa no vale de Tubembaque; no povoado de Alca na minha *encomienda* várias casas, plantações e terras; e no vale desta cidade e naquele de Huanacauri uma pequena propriedade que serve para a criação de cabras e a manufactura de madeira.

Declaro possuir cinco barras de ouro, três grandes e duas de tamanho médio, marcadas e estampadas, que creio valerem perto de 3000 pesos e que ordeno sejam levadas e depositadas no mosteiro de San Agustín, onde devem ser mantidas em segurança até serem divididas entre os meus herdeiros.

Declaro possuir uma grande urna decorada em prata e uma mais pequena, um prato de servir e duas garrafas, também 13 pratos pequenos e dois jarros, três colheres, um penico, três saleiros, um candelabro, uma figura do Salvador, todas de prata, que também confio ao cuidado do reverendo frade Juan Pacheco, prior do mosteiro de San Agustín.

Declaro que ainda me devem o tributo dos meus índios de Alca, que é o seu pagamento pelo Festa de San Juan deste ano.

Declaro possuir uma tapeçaria, arcas, cadeiras, mesas, roupa de cama, uma caixa para jóias, uma negra, um cavalo, uma cota de malha, uma espada, um elmo de aço, e muito outro mobiliário e acessórios.

Declaro que um ano após a minha morte seja concedida a liberdade perpétua à escrava Filipa, ao serviço da minha filha, Dona Petronila de Leguizámon, e isto eu ordeno por escrito.

Ordeno que sejam dadas a Juan Fernández, mulato, que me serviu durante muitos anos 200 peças de oito.

Declaro que sejam dadas a Francisca Montañesaca 150 peças de oito, pelo tempo que ela me serviu.

Declaro que Dona Paula de Leguizámon é minha filha natural, que reconheço como tal e que vive em minha casa, e ordeno que lhe sejam dadas 2000 peças de oito dos meus bens para o seu bem-estar.

Declaro que na época da minha juventude tive um filho natural, Dom Juan Serra de Leguizámon, agora falecido, cuja mãe foi Dona Beatriz Manco Cápac, filha mais nova de Huayna Cápac, outrora rei destes reinos, e que o auxiliei no seu casamento e na casa, e que o vice-rei daqueles tempos, o marquês de Cañete, lhe concedeu a *encomienda* do vale de Písac, por ser meu filho e por ter trazido o seu primo Diego Sayri Inca da montanha de Vilcabamba. E que os índios da dita *encomienda* desfrutem agora da suserania de Juan Serra de Leguziámon, meu neto, seu filho, e o ajudem no sustento de Dona Bernardina de Leguizámon, sua irmã e filha legítima do meu filho, que são meus netos. Rogo que me perdoem, assim como rogo a Sua Majestade Católica, por causa dos meus serviços passados, que eles sejam recompensados em vida, e isto eu peço humildemente a rei e senhor tão católico.

Declaro que os filhos legítimos do meu casamento com Dona Lucía de Mazuelas, agora falecida, são Francisco Serra de Leguizámon, Dona Petronila de Leguizámon, Pablo Serra de Leguizámon e Miguel de Leguizámon, todos solteiros. E a dita Dona Maria de Leguizámon, que é freira, e Jerónimo de Leguizámon, frade dominicano, e Mansio Serra de Leguizámon, meu filho mais velho, que já faleceu há muitos anos e casou contra as minhas ordens e vontade; deixando três filhos legítimos, a mais velha dos quais, Dona Lucía, sucede ao pai segundo as leis do nosso senhor, o rei, como minha herdeira na *encomienda* de Alca. E que independentemente do meu presente estado de pobreza,

O Último dos Conquistadores

ela intentou uma acção contra mim, e sabendo como sei que ela nunca olhará pelos meus outros filhos não tenho qualquer recurso para além de rogar o meu passado serviço à Coroa para benefício destes.

Rogo isto agora na hora da minha morte, como um dos descobridores e conquistadores destes reinos cujo serviço foi de grande valor naqueles dias iniciais quando estávamos perdidos nas mãos dos nativos, e mais tarde na época das suas rebeliões, como é bem conhecido; e que através de diligência e acções contribuí para a pacificação deste reino, e que naquele primeiro ano de conquista me foi concedida pelo marquês Dom Francisco Pizarro a *encomienda* de Alca; e que as províncias de Catanga e Callanga, sendo as mais ricas do reino e que ele também me concedeu, ele veio mais tarde a considerar necessário tirar--mas e recompensar com elas Inca Paullu, como sucessor dos Incas e senhores deste reino, por se ter colocado contra os seus irmãos e família na pacificação deste reino. E que nem eu nem os meus filhos obtivemos alguma vez qualquer benefício com esta entrega, feita para bem do reino. E devido a isto fiquei pobre apenas com a aldeia de Alca da minha província de Cuntisuyo, com a qual sustentei os meus filhos, e de cujo rendimento ajudei a pagar as guerras entre Espanhóis, embora a minha província me tivesse sido tirada em três ocasiões pela minha lealdade para com Sua Majestade, e da qual os traidores usufruíram dos tributos. Assim fui forçado a colocar uma filha no convento, e a outra, ainda solteira, na minha casa; pois nem lhes posso deixar nem aos meus outros filhos legítimos o suficiente para se alimentarem durante um ano.

Assim, rogo humildemente a Sua Real Majestade Católica, o rei Dom Filipe, nosso senhor, para ter em consideração os meus filhos legítimos, que nomeio meus herdeiros universais. E excluir dos meus bens o meu filho Francisco, que em duas ocasiões enviei para Espanha à custa de 10 000 pesos de ouro, e Mansio, o meu filho mais velho. E isto eu aprovo e rectifico na esperança de que Sua Majestade tenha em consideração estes filhos de tão leal vassalo, que para benefício da Coroa entregou as suas províncias e que nunca recebeu benefícios das recompensas atribuídas pelos seus esforços; isto eu rogo a Sua Majestade pela paz da minha consciência.

Nomeio como meus executores o reverendo frade, o prior de San Agustín, Dom Bernardino de Lozada, e Pablo Serra de Leguizámon, meu filho legítimo, a quem dou plenos poderes para vender ou manter quaisquer bens para cumprimento deste meu testamento. E declaro ser meu desejo que a casa do meu domicílio não seja vendida pelos meus executores e que os meus já mencionados filhos vivam aí durante o resto das suas vidas, e sem serem privados desse direito.

Princesas Incas

E através deste testamento torno nulo e sem validade um testamento anterior que autorizei perante Antonio Sánchez, escrivão público, e quaisquer outros testamentos e acordos, quer escritos ou verbais; e que apenas este seja reconhecido, escrito em nove folhas, incluindo esta, as primeiras duas numa mão, e as outras seis, e esta folha, noutra, e desejo que seja reconhecido como o meu último testamento... e isto eu autorizo perante o escrivão público e testemunhas nesta cidade de Cusco, nesta minha habitação onde me encontro acamado, neste décimo oitavo dia de Setembro, no ano de Nosso Senhor, Mil Quinhentos e Oitenta e Nove[12].

XVII

A Tortura de Dona Catalina

Os gritos, vindos da cadeia da cidade, ouviram-se durante mais de uma hora. Estava escuro na altura em que pararam, e, através de uma pequena janela gradeada que dava para a rua, apenas se ouviam os soluços de uma mulher. A multidão de índios e espanhóis que se reunira no exterior da cadeia juntava-se em pequenos grupos, a discutir os acontecimentos do dia até altas horas da noite. Apenas alguns tinham visto o licenciado Paredes entrar na cadeia com os seus prisioneiros e guardas armados, logo cedo nessa mesma manhã. Alguns disseram que a jovem mulher fora interrogada primeiro em sua própria casa, outros que ela fora aí torturada primeiro. Mas ninguém sabia realmente a verdade; apenas que os seus gritos começaram a ser ouvidos pouco depois das dez horas da noite.

O crime de que Dona Catalina de Urbina, de 26 anos, e o seu marido, Gregorio de Gamarra, tinham sido acusados de cometer, e em relação ao qual o vice-rei, Dom Francisco de Toledo, ordenara a sua tortura, fora a descoberta secreta, tal como registado por várias testemunhas, de uma *huaca* de tesouro inca. O idoso conquistador Alonso de Mesa relembrou que «foi dito que Gamarra tirou um certo tesouro de uma *huaca*, e que quando o licenciado Paredes, acompanhado pelo bispo, veio a Cusco, ele ordenou a prisão de Gamarra e da sua mulher, e mandou que ela fosse torturada por diversos negros, sem o menor respeito por ela, sendo uma das principais senhoras desta cidade».

Outra testemunha, Antonio Marchena, afirmou que

o licenciado Paredes manteve de início Dona Catalina prisioneira numa sala pequena e às escuras na sua casa, não lhe permitindo falar com ninguém, e oito dias mais tarde, quando o seu marido Gamarra regressou à cidade, também ele foi preso e posto a ferros, numa outra sala da casa. E então, mais uma vez, recomeçou o seu interrogatório com grande rigor, e ordenou a tortura destes, e a prisão e tortura de muitos dos seus amigos e criados. Entre estes encontravam-se alguns índios idosos, alguns dos quais morreram de puro terror, e um destes, uma jovem grávida, abortou e mais tarde morreu no hospital dos nativos. E depois de tudo o que aconteceu o licenciado Paredes libertou Gamarra e a sua mulher da cadeia pública, declarando que não fora capaz de encontrar qualquer prova da sua culpa, mas, para pagar o seu próprio salário e o dos seus guardas, ordenou que todas as suas posses, escravos e *haciendas* fossem vendidos; e devido a isto, Dona Catalina ficou pobre durante toda a sua vida, e aleijada de um braço. ...

O triste destino e a pobreza de Dona Catalina estão registados num manuscrito no Arquivo das Índias, ainda não publicado, e fazem parte de um depoimento que ela prestou à Coroa quase um quarto de século mais tarde, em 1602. Este revela que a sua mãe, Dona Teresa de Mazuelas, era a filha ilegítima do conquistador Gómez de Mazuelas e de uma mulher desconhecida(*). O seu avô fora um dos *encomenderos* mais ricos de Cusco e do Collasuyo da Bolívia, contando cerca de «30 *repartimientos*»(**), entre eles a antiga *encomienda* de Puno que pertencera a Gonzalo Pizarro, e as terras em que se situa grande parte da actual cidade de La Paz — devido às leis de herança, após a sua morte todas estas se tinham tornado propriedade da sua viúva, Dona Maria Arias, e por fim do seu segundo marido, o capitão Martín de Olmos.

«Eu, Dona Catalina de Urbina, viúva do licenciado Gregorio de Gamarra», declarou ela no seu depoimento, «registo que o capitão Gómez de Mazuelas, meu avô, foi um dos descobridores e conquistadores da ilha de Hispaniola e da província de Tierra Firme. E que daí

(*) Considerando a data de nascimento de Dona Teresa é mais do que provável que a sua mãe fosse uma das princesas incas que se diz que Mazuelas e vários outros conquistadores violaram durante o aprisionamento de Inca Manco.
(**) *Repartimientos*: distribuições de índios e de terras de *encomienda*.

A Tortura de Dona Catalina

ele passou para o Peru na companhia do marquês Dom Francisco Pizarro, e que ele também foi um conquistador e um colono destas províncias. E sendo um soldado valente encarregaram-no de muitas missões, nas quais serviu Sua Majestade com as suas armas, cavalos e criados, e como recompensa o marquês deu-lhe 30 *repartimientos* de índios na região de Cusco, região da qual foi feito regedor para a vida.

»E que Diego de Urbina, meu pai, foi um conquistador posterior do Peru. Ele era um soldado de grande coragem e zeloso no serviço de Sua Majestade. E na altura da rebelião de Francisco Hernández Girón contra a Coroa, ele reuniu à sua volta muitos parentes e amigos sob o estandarte real. Foi mais tarde capturado pelos rebeldes e enforcado. A sua casa foi assaltada e roubaram toda a prata, jóias, e valores que lhe pertenciam e à sua esposa. O meu pai era sobrinho do capitão Diego de Urbina, maestro de campo do exército real que lutou contra Gonzalo Pizarro, e no qual foi ferido por um tiro de arcabuz, de que mais tarde viria a morrer. Era irmão de Juan de Urbina, maestro de campo do exército do imperador(*).

»E que Gregorio de Gamarra, meu marido, serviu durante mais de 12 anos no exército do *Adelantado* Pedro Meléndez de Valdés e também ao serviço de Sua Majestade, o rei Filipe, na Flandres e em Inglaterra, e também na conquista e colonização das províncias da Florida, e na guerra contra os luteranos franceses que se tinham aí instalado. E na pacificação dessa terra ele foi para Cartagena na época em que o pirata inglês Francisco Draque [Sir Francis Drake] quis saquear a cidade, e ele foi um daqueles que lutaram em sua defesa, e devido ao que o pirata não conseguiu penetrar as suas muralhas...»([1])

(*) Juan de Urbina serviu como capitão de infantaria no exército do imperador Carlos V, em Itália. Veio para o Peru ao serviço do vice-rei Dom Blasco Núñez Vela em 1544, acompanhado pelo irmão e pelo sobrinho.

XVIII

O Legado do Bispo

A 1 de Agosto de 1619, uma pequena caravana de cavalos e mulas, a par de várias carroças e escoltada por cavaleiros, atravessava as montanhas em direcção à cidade de Arequipa, com os seus edifícios caiados, mosteiros e igrejas no sopé do vulcão Misti, com o cume coberto de neve. Nessa manhã, Sua Graça, o frade bispo Dom Pedro de Perea y Díez de Medina entrou na sua sé e tomou formalmente posse do mais recente dos bispados das Índias no Peru([1]). Com 63 anos, e gasto pelos anos de intriga política que lhe tinham roubado os grandes episcopados de Espanha, era um erudito e uma figura austera. O seu único trabalho conhecido era um tratado que apoiava a discórdia da Imaculada Conceição, que ele dedicou ao teólogo Agustín Antolínez, arcebispo de Santiago de Compostela.

Os talentos do frade bispo, tão admirados na sua juventude na Universidade de Pavia e em Roma, nada significavam para os homens que o saudaram na sala do conselho em Arequipa — mas ele iria em breve suscitar a desconfiança e condenação destes pelos seus modos autoritários e despóticos, nomeadamente numa disputa respeitante ao edifício da sua igreja catedral. O próprio rei foi obrigado a intervir nesse assunto. Numa carta ao rei Filipe IV, datada de 30 de Março de 1622, o frade bispo escreveu: «Mais uma vez rogo a Sua Majestade que me dê autorização para deixar Arequipa tão depressa quanto possível, pois temo, na verdade, pela minha vida»([2]).

Entre os presbíteros que tinham apoiado o frade bispo encontrava-se o andaluz Miguel Pérez Romero, que ele nomeou administrador da sua diocese quando foi mais tarde obrigado a viajar para a capital do vice-reino de Lima para enfrentar a censura, tanto do vice-rei como do arcebispo da colónia. A relação fora ainda mais fortalecida pelo posterior casamento da filha de Romero com o sobrinho do bispo, Dom Pedro Díez de Medina, fidalgo e advogado de Briones, na Rioja de Castela-a-Velha.

A 28 de Maio de 1630, o frade bispo morreu em Lima. O seu testamento mostra que deixou grande parte da sua considerável fortuna ao convento agostiniano de Burgos e à igreja de Briones para a fundação de uma capela. Aí ainda se pode ver as suas feições esculpidas, sob um gradeado com o seu brasão ostentando dez cabeças de mouros e o título da sua família. Este fora concedido ao seu antepassado por ter morto sozinho dez mouros na medina, ou cidadela, do castelo de Tíscar, durante a reconquista da Andaluzia(³).

Pouco tempo antes da morte do frade bispo, um manuscrito valioso chegara às suas mãos. Ciente da sua antiguidade e interesse histórico, confiou-o ao cuidado do seu companheiro agostiniano, Antonio de la Calancha y Benavides, que escrevera um prefácio para o seu livro acerca da Imaculada Conceição, publicado em Lima um ano antes pelo editor Jerónimo de Contreras(*). Sendo um crioulo natural da cidade de La Plata, Calancha passara diversos anos a pesquisar a história inca e as tradições, juntamente com o papel missionário da sua Ordem no Peru. O manuscrito que agora recebera do frade bispo era o último testamento e depoimento do conquistador Mansio Serra de Leguizámon, avô da mulher do presbítero Romero. Calancha incluiu o preâmbulo do testamento na sua história *Crónica Moralizada del Ordén de San Agustín en el Perú*, publicado em Barcelona em 1638, mas atribuiu erradamente o testamento a «Mancio Sierra Lejesema» — um erro que foi mais tarde copiado pelo historiador norte-americano do século XIX, William Prescott, autor de *The History of the Conquest of Peru*.

Um desenvolvimento curioso foi registado noutro manuscrito, datado de 1631. Está assinado pelo filho mais novo do conquistador, e neste ele nomeia o sobrinho do bispo, Dom Pablo Díez de Medina, e a sua mulher como herdeiros do pai dele:

(*) *De Immaculate Virginis conceptionis certitudine*, Lima, 1629.

O Legado do Bispo

Eu, Miguel Serra de Leguizámon, residente neste povoado, filho legítimo do capitão Mansio Serra de Leguizámon e de Dona Lucía de Mazuelas, sua mulher, ambos falecidos, e sendo eu o herdeiro legal do meu pai, dos seus bens e direitos, e seu único filho sobrevivente; e tendo-me retirado para este povoado de Alca(*), onde vivo há quase 30 anos, tenho sido acarinhado e tratado por Miguel Pérez Romero, o marido da minha sobrinha Dona Maria de Leguizámon, filha do meu irmão mais velho, Mansio, e também com igual bondade por Dom Pablo Díez de Medina, o marido da filha da minha sobrinha e herdeira, Dona Lucía Romero de Leguizámon, com quem vivo de momento. E como agradecimento pela sua bondade, por instrumento desta herança lego-lhes, aos seus filhos e sucessores, todos os meus direitos e heranças, sendo como sou o único e último herdeiro do dito capitão Mansio Serra de Leguizámon([4]).

Este documento foi mais tarde enviado ao rei Filipe IV como parte de uma petição feita por Dom Pablo Díez de Medina em nome da sua mulher, na qual descrevia a pobreza à qual ela estava reduzida, e rogava uma recompensa respeitante aos serviços prestados no passado pelo seu bisavô à Coroa([5]). Em conformidade, o rei concedeu a Dom Pablo o governo da província de Parinacochas (onde se situam as linhas de Nazca), e alguns anos mais tarde concederam-lhe o rico governo da Larecaja, perto da cidade de La Paz. Aqui, os seus descendentes construíram o palácio Díez de Medina, um dos mais belos edifícios do rococó mestiço do século XVIII das Américas, e onde actualmente se encontra o Museu Nacional de Arte da Bolívia([6]).

Um dos descendentes de Dom Pablo foi Dom Francisco Tadeo Díez de Medina, responsável pela conclusão do palácio Díez de Medina em 1775. Advogado, presidiu durante 13 anos ao Supremo Tribunal em Santiago no Chile, assumindo em várias ocasiões o controlo interino do governo. Contudo, o seu nome ficou mais amplamente conhecido pela sua sentença infame do líder rebelde índio Túpac Catari e seus seguidores, que cercaram a cidade de La Paz durante um ano, em 1781. O diário que escreveu dos acontecimen-

---

(*) Alca: o povoado da *encomienda* do conquistador, que pelas leis de sucessão de *encomiendas* tinha então revertido para a Coroa.

tos do cerco está agora preservado no Arquivo das Índias, em Sevilha. Morreu em Santiago em 1803.

Outro dos descendentes de Dom Pablo foi Dom Clemente Díez de Medina. Companheiro de escola de Simón Bolívar em Madrid e antigo oficial e ajudante-de-campo do general Ricardos durante o cerco de Roussillon, no seu regresso de Espanha alistou-se no exército do libertador San Martín dos Andes em Buenos Aires, e comandou um esquadrão de granadeiros a cavalo nas batalhas de Maipu e Ayacucho, que pusseram fim ao governo espanhol na América andina. O seu primo Dom Crispín Díez de Medina, que estivera envolvido no levantamento falhado em La Paz em 1809, foi aprisionado durante vários anos pelas autoridades espanholas nas ilhas Malvinas (Falkland).

XIX

A Cidade Imperial

Em todas as crónicas das Índias nenhuma outra cidade simboliza de forma mais impressionante a fabulosa riqueza do Novo Mundo do que Potosí. Até o conhecido missionário jesuíta do século XVI, Matteo Ricci, a incluiu no seu mapa do mundo encomendado pelos imperadores da China.

A fama de Potosí tem origem numa montanha que se situa no sopé dos Andes. Conhecida como Cerro Rico, a montanha rica, durante quase um século iria fornecer prata a meio mundo — o suficiente, diz-se, para construir uma ponte de prata sólida até às portas de Sevilha. Com cerca de 600 metros, a montanha fora anteriormente uma *huaca*, um local mágico inca, e diversos cronistas registaram que foi visitada pelo imperador Huayna Cápac durante a sua conquista das províncias meridionais das Charcas. Foi por intermédio de um índio chamado Hualpa que em 1545 os Espanhóis ficaram a saber dos seus veios de prata; no seu testamento, Hualpa escreveu que fora enviado para o cume da montanha por quatro soldados espanhóis na altura da rebelião de Gonzalo Pizarro. No cimo, encontrou um santuário nativo, e descobriu que nas veias da montanha corria prata pura.

Em 1611, a cidade que se desenvolvera no sopé da montanha vangloriava-se de ter cerca de 160 000 habitantes — de longe a maior população de qualquer cidade nas Américas e da maior parte das capitais da Europa. O imperador Carlos V conceder-lhe-ia o título de «Imperial» e um brasão próprio, e o seu filho Filipe II iria mais tarde acrescentar às suas armas reais o lema: «Pelo Poderoso Imperador, pelo rei sensato, esta montanha altaneira conquistará o mundo.»

Homens e mulheres de todas as regiões de Espanha e das Índias atravessavam a cordilheira dos Andes para chegar à paisagem desolada e varrida pelo vento de Potosí. Foram construídas na cidade cerca de 80 igrejas, entre elas San Lorenzo, um dos mais belos exemplares da arquitectura colonial espanhola nas Américas. Miguel de Cervantes, criador de Dom *Quixote*, que muitos anos depois não conseguiria a nomeação como governador da cidade andina de La Paz, descreveu Potosí como «um santuário para bandidos, um reduto de assassinos, um couto dissimulado para batoteiros, a aspiração das cortesãs, a desilusão comum de muitos, e o remédio especial de alguns»[1].

Duelos e torneios tornaram-se a moda entre os mineiros ricos. Abriram oito escolas de esgrima. O cronista da cidade, Bartolomé Arzáns de Orúa y Vela, registou que alguns alunos usavam camisas de tafetá de arminho vermelho, de modo a que o sangue dos seus ferimentos não se notasse, enquanto outros vestiam cotas de malha ou couraças metálicas, e «alguns lutavam com pistolas, lutavam a cavalo, de joelhos ou em qualquer outra posição»[2]. Num dos seus torneios, relembra Arzáns, «na rua dos mercedários, Dom Estéban de Luna, um crioulo de Potosí, fez a sua entrada armado e montado num cavalo preto, e o freio deste com correntes de ouro e pérolas; no elmo usava a insígnia de uma serpente de ouro, os olhos adornados com rubis, e com plumas de avestruz azuis e amarelas; no braço direito segurava a lança, no outro o escudo ornamentado com as suas armas, constituídas por uma única lua, e o lema: "Nem mesmo o Sol me eclipsará"... depois entrou na praça Dom Severino Colón, cidadão de Potosí e bisneto de Dom Cristóvão Colombo, que deu o Novo Mundo a Espanha, e tendo por insígnia um globo gigante do mundo».

O patrocínio dos ricos mineiros de Potosí também ajudou a criar um dos mais belos períodos coloniais de arquitectura e pintura barroca mestiças da América, influenciando tanto as regiões de La Paz como de Cusco. Esplêndidas esculturas em pedra adornam as fachadas da Casa da Moeda da cidade, e a igreja de San Lorenzo, esculpida pelo índio Juan de la Cruz. Os pintores da cidade eram igualmente proeminentes na decoração dos seus santuários, entre eles o crioulo Melchor Pérez Holguín, que retratou a entrada na cidade do vice-rei arcebispo Morcillo de Auñon em 1716, e o índio Luis Niño, que enviou vários dos seus quadros para a Europa.

Um dos mais antigos artistas índios atraído a Potosí foi Tito Yupanqui. Veio do povoado de Copacabana, na costa sudeste do lago Titicaca. Embora por volta de 1582 trabalhasse como aprendiz de um dos artistas da cidade, foi-lhe atribuída a autoria de uma escultura da Virgem, mais tarde venerada no santuário agostiniano construído em Copacabana. A história deste santuário foi registada no início do século XVII pelo frade Ramos Gavilán na sua obra *Historia del celebre santuario de Nuestra Señora de Copacabana*.

Mas foram os quadros gloriosos de um pintor anónimo apenas conhecido como o Mestre de Calamarca os mais originais e de maior estilo de todos os trabalhos religiosos de Potosí, e o seu estilo foi imitado por toda a Cusco e pela região dos Andes bolivianos[3]. Deve o seu nome à pequena aldeia de Calamarca, a cerca de 44 quilómetros da cidade de La Paz; esta foi fundada por Pedro de la Gasca para celebrar o fim da rebelião de Gonzalo Pizarro, e de início serviu como posto de muda para viajantes e mercadorias entre Cusco e Potosí.

Os quadros da pequena igreja de Calamarca, onde se pode ver o melhor trabalho do Mestre, mostram uma série de anjos, representados nas suas Ordens e Coros distintivos com todo o requinte do vestuário da corte espanhola do século XVII, alguns deles armados com carabinas ou segurando instrumentos musicais. Incluem os Serafins, os espíritos da adoração, simbolizados pelo vermelho incandescente do amor, os Querubins, os anjos da sabedoria, retratados com as asas azuis do conhecimento; os Tronos, os anjos da majestade, espíritos de contemplação e justiça, representados com asas cor de esmeralda e auréolas incandescentes, cada um transportando um trono em cada mão. Também representados estão os Domínios, as Virtudes e os Poderes, governadores e regentes das estrelas e elementos da natureza, com as suas órbitas e ceptros de ofício, e os Principados, Arcanjos e Anjos, segurando diversas varinhas, espadas, carabinas ou lírios. No entanto, os mais gloriosos são os sete Arcanjos da Presença, retratados em toda a sua glória: Miguel, de armadura, o vice-rei guerreiro do Céu que derrotou o anjo caído Lucífer; Gabriel, o anjo da Anunciação, segurando um lírio, o símbolo da Virgem; Rafael, o anjo que cura do Livro de Tobias, com uma caixa de unguento; Uriel, o anjo que estava às portas do Paraíso perdido, com a mão aberta e uma chama por cima; Samuel, o anjo de Gétsamane, segurando um cálice sagrado; Jophiel, o anjo que conduziu Adão e Eva ao Paraíso, simbolizado por uma espada em chamas; e Zadkiel, o anjo da misericórdia, que deteve a mão de Abraão e cujo símbolo é uma faca.

Estes belos quadros faziam parte de uma iconografia cristã muito mais extensa e evidente por toda a região andina, muitas vezes misturada com os símbolos indígenas da natureza, cujas divindades os índios continuaram a venerar, adaptando a sua própria interpretação da religião dos conquistadores nas esculturas de pedra das suas igrejas, onde Cristo e a Virgem são sinónimos do Sol e da Lua incas.

Em finais do século XVI, a cidade imperial possuía mais igrejas do que qualquer outra cidade nas Américas — mas também se vangloriava de ter 36 casas de jogo, onde perto de 800 jogadores profissionais e prostitutas exerciam os seus ofícios. Arzáns relembra as celebrações de Potosí para comemorar a Festa de *Corpus Christi*, descrevendo como os seus mineiros esbanjavam a sua riqueza recente em «fontes que derramavam os melhores vinhos europeus, os homens com correntes de ouro ao pescoço, e as suas mulheres índias e mestiças de tez escura usando chinelos atados com fiadas de seda e pérolas, o cabelo enfeitado com rubis e pedras preciosas»([4]). E como demonstração final da aliança com o seu Deus, «cobriam as ruas com barras de prata maciça, de uma ponta à outra».

Nos mercados da cidade havia bens de todo o tipo: «Bordados de seda, ouro e prata de França, tapeçarias e espelhos da Flandres, quadros religiosos de Roma, cristal e vidro de Veneza, baunilha e cacau das ilhas das Caraíbas e pérolas do Panamá». Mercadores portugueses também traziam mercadorias ilícitas através das selvas e da cordilheira dos Andes do porto brasileiro do Rio de Janeiro, cujas praias douradas eles baptizaram em honra da igreja da Virgem de Copacabana em Potosí.

Ao descrever outras festas religiosas de Potosí, Arzáns escreveu que a nobreza da cidade, que totalizava 30 condes de Castela, «juntava-se em bandos de homens e mulheres, vestindo os seus trajes, com jóias e plumas e acenando bandeiras, e só para arrancarem estas bandeiras uns aos outros esfaqueavam-se e matavam-se, deixando mais de 100 mortos, homens e mulheres».

Na sua entrevista com o Conselho das Índias, o dominicano Domingo de Santo Tomás referir-se-ia a Cerro Rico como «uma boca

A Cidade Imperial

de inferno que consome milhares de índios inocentes»(⁵). Não estava totalmente enganado. O vice-rei Dom Francisco de Toledo em 1572 destacou 95 000 índios para as minas de Cerro Rico para trabalharem como *mitimae*, durante um ano. Os magotes de índios escureciam o sopé da montanha, já que faziam aos milhares a sua ascensão diária para o interior das cavernas. Só sete em cada dez mineiros índios sobreviviam a este imenso labirinto de sofrimento humano, apenas consolados pelo seu vício na coca; este trabalho árduo deixava mineiros jovens com as feições gastas e pálidas de homens velhos, mas a prata que produziam dominava a enorme economia agrícola dos Andes meridionais.

Trabalhando à luz de velas, dia e noite, com as suas picaretas e escadas de madeira, os mineiros índios extraíam a prata, que era então transportada por mulas até à Casa de la Moneda. Numa sala com chão de pedra e paredes de madeira de cedro, as mulas faziam girar rodas gigantes que convertiam o fluxo de metal puro em lingotes e moedas, um quinto dos quais era posto de parte para a Coroa e transportado para o porto de Arica, no Pacífico. Era então levado por pequenos barcos de três mastros até ao porto de Callao em Lima, de onde as caravelas o levavam para o Panamá, uma viagem de 15 dias. Carregados em centenas de mulas, era então transportado por terra através do istmo até ao porto de Nombre de Dios, no Atlântico, de onde enormes galeões navegavam com ele até Havana, juntando-se as frotas de tesouro do México antes de, por fim, cruzarem o Atlântico até ao porto andaluz de San Lúcar de Barrameda e à Casa de la Contratación, em Sevilha.

A riqueza dos mineiros de Potosí era lendária. Em 1699, Antonio López de Quiroga morreu e deixou uma fortuna de mais de cem milhões de pesos de prata. Referindo-se aos milhares de imigrantes camponeses, e fidalgos e nobres empobrecidos de Espanha que atravessavam metade do mundo para chegar à Cidade Imperial, Arzáns observou que «uma pessoa que durante a vida nunca teria 100 pesos de prata, iria com o tempo gastar essa soma numa única refeição na cidade»(⁶).

O cronista agostiniano Antonio de la Calancha, que durante alguns anos viveu e pregou na cidade, e que era adepto de astrologia, registou que: «Em Potosí, os signos de Balança e Vénus predominam, e devido a isto a maior parte dos seus habitantes tem tendência para a avareza e a festividade, zelosos na persecução das riquezas, e algo dados a vaidades»([7]). O maior admirador do frade era Arzáns, o cronista não oficial da cidade, uma figura empobrecida e reclusa da nobreza crioula, que ao longo dos anos iria escrever quase um milhão de palavras descrevendo a opulência e a decadência da sua cidade. Muito pouco se sabe da sua vida. Homem autodidacta, era filho de um imigrante espanhol de linhagem fidalga, e em 1701 casou com uma mulher crioula, Juana de Reina, que era 15 anos mais velha. Morreu em Potosí em 1736, com 60 anos. O seu manuscrito iria permanecer por publicar até ao século XIX, e o original encontra-se agora na biblioteca do Palácio Real, em Madrid([8]).

As observações de Arzáns, abarcando quase três séculos, relembram não apenas os acontecimentos históricos da cidade mas também as vidas dos seus cidadãos, o seu fervor religioso, os seus crimes e a sua aparente obsessão pela morte e pelo sobrenatural:

1575. Neste ano, ao escavarem uma das minas da montanha, os trabalhadores descobriram uma estátua do tamanho de um homem, feita de vários metais. O seu rosto era atraente e feito de prata branca, embora os olhos não fossem bem proporcionados; do peito à cintura era de uma prata de tom avermelhado, e os seus braços de vários outros metais. Tentaram tirá-lo da rocha, mas o pescoço partiu-se, o que causou grande perturbação entre os trabalhadores índios, que exclamaram que era o fantasma da montanha, e que os Espanhóis o tinham decapitado. Os bocados foram levados para a cidade e admirados por todos os que os viram.

1599. Chegou a notícia a esta cidade imperial no mês de Abril da morte do rei, Dom Felipe [Filipe II]. E embora a morte do seu pai, o imperador, tenha sido profundamente sentida, a sua foi-o ainda mais. O repicar dos sinos começou a soar em todas as igrejas, e nem sequer foi necessário que os arautos proclamassem luto. Foram escolhidos carpinteiros para construir um mausoléu na principal igreja da cidade. Na noite de 23 de Maio, a procissão partiu da Sala do Conselho Real, conduzida por 200 índios vestindo peças de lã negra e capuzes da mesma cor. Foram seguidos por mais 500 índios, que eram donos de minas, mercadores e artesãos, vestindo mantos de luto, e as abas dos chapéus reviradas para baixo. Atrás deles, seguiam quatro companhias de índios com vestuário negro, transportando arcos e flechas, alguns deles arrastando as suas lanças e estandartes pelo chão. Depois vinham os caciques, não apenas da cidade mas de muito mais longe, cada um vestido em trajes da corte espanhola excepto pelos seus toucados, no qual usavam *llautus*, do tipo que os Incas antes usavam. Seguiam-se os cidadãos espanhóis, com o capitão Diego Grande à cabeça com a sua companhia de arcabuzeiros, vestidos de tafetá preto e com as armas ao contrário, e os estandartes a tocar o chão. Depois destes, vinha o capitão Escudero com o seu regimento de mosqueteiros vestidos de seda negra e com braçadeiras negras. A seguir vinha toda a nobreza da cidade vestida com o negro de luto, seguida por cerca de 60 funcionários reais, com as longas capas a arrastar e cada um seguido por dois pajens encapuçados. Nesse dia, foram oferecidas 1200 missas pela alma do rei. O custo destas exéquias foi de 130 000 peças de oito.

1604. Eram cerca de seis da tarde e chovia tanto que era quase impossível movermo-nos pelas ruas, mas apesar de tudo isto ouvia-se o som de tiroteio, e os gritos de mulheres e crianças; pois nestas ruas havia homens com espadas ou arcabuzes na mão, alguns a arrastar os feridos para os pôr segurança. Os sinos da cidade repicavam e viam-se padres apressando-se por ali, nervosamente, nos seus esforços para auxiliar os moribundos, ouvindo confissões e administrando o Sagrado Sacramento. Assim viveu Potosí o dia mais sangrento da sua história, fazendo da Terça-Feira Gorda daquele ano, dia em que esta tragédia ocorreu, o seu dia mais infame.

No dia seguinte, Quarta-Feira de Cinzas, todos os habitantes da cidade ficaram horrorizados por saber das atrocidades que tinham ocorrido, pois houvera mais de 50 mortes, tanto homens como mulheres, e cerca de 80 feridos; entre eles, algumas senhoras da nobreza, que tinham as orelhas, pernas e rosto golpeados. Era rara a casa que não sofrera qualquer perda ou desgraça. O governador andava pela cidade tentando em vão acalmar a fúria das pessoas e as sensibilidades, mas sem qualquer resultado, e nem um dia se passaria sem mais mortes e feridos entre os seus cidadãos.

O ultraje que deu início ao enorme escândalo teve lugar na Quinta-Feira Santa desta Quaresma, quando depois do cair da noite alguns andaluzes e extremadurenses, que tinham acabado de participar na procissão religiosa da cidade, e que ainda vestiam as suas túnicas com capuz, assassinaram dois bascos chamados Pedro de Alava e Sancho de Alledona, que na altura representavam as Estações da Cruz. Na noite de Sábado Santo, um grupo de bascos foi à casa de Dom Fernando Arzáns, um funcionário da Casa da Moeda, onde os andaluzes se tinham refugiado. Os criados deram o alarme, acordando Dom Fernando e a sua esposa, e os seus convidados. Todos eles se armaram com arcabuzes e dispararam contra os bascos, que tinham usado escadas para subir até ao telhado da mansão.

Tal era o comportamento dos infames habitantes de Potosí nas suas guerras civis. E muitas foram as refregas e escaramuças que iriam ocorrer durante esse ano, e no qual muitos nobres, tanto de Espanha como das Índias, pereceram.

1610. Neste ano chegou à Cidade Imperial um fidalgo com o nome de Fulgencio Orozco. Homem forte, tinha 50 anos e um aspecto duro e terrível, e muito pobre. Em breve encontrou emprego como capataz numa das refinarias de metal, e foi capaz não só de arranjar um modo de subsistência mas também de poupar um pouco do seu salário. Contudo, os anos pouca fortuna lhe trouxeram e num estado de desespero deu entrada no hospital da cidade, onde blasfemou e declarou abertamente que desejava terminar a sua vida. Ao que parece, o diabo falara com ele em segredo e ele parecera ouvi-lo, pois ouviram-no gritar: «Que queres de mim? Eu faço o que me ordenas, cumpri a promessa que te fiz, e no entanto tu nada fizeste do que me prometeste.» Quando os presentes ouviram isto, pensaram que ele estava possuído e foram chamar o frade Antonio de la Calancha, que na altura era o principal pregador do mosteiro agostiniano, e muito respeitado na nossa cidade.

Este veio de imediato, acompanhado por outros padres, e ainda o encontraram a blasfemar. Frei Antonio tentou fazê-lo submeter-se, mas nada conseguiu fazer para parar as suas divagações. O fidalgo Orozco ficou muito zangado e disse ao frade para não se cansar porque ele era uma alma perdida, e da sua cama a fogueira já via que lhe fora preparada no inferno. O bom padre fez várias tentativas para o acalmar. Quando o crucifixo foi colocado à sua frente, ele virou o rosto ou limitou-se a proferir blasfémias. Frei Antonio exorcizou-o duas vezes, mas de cada uma das vezes Orozco gritou: «Não tenho o

A Cidade Imperial

Diabo no corpo, mas aqui à minha cabeceira. Ele enganou-me com promessas e com as suas mentiras!»

Quando o frade quase se cansara, tentando persuadi-lo a arrepender-se e a confessar os seus pecados, perguntou-lhe por que odiava ele tanto o seu Criador e por que divagava como um herético. Erguendo a voz, Orozco disse que isso era porque Ele dera riquezas a homens sem valor, e que desde que viera para o Peru para ganhar dinheiro para o dote da filha, por mais que trabalhasse nunca fora capaz de poupar dinheiro, e aquilo que poupara perdera. Frei Antonio respondeu-lhe que a riqueza não era um presente de Deus, e que não se devia zangar com Deus por Ele não lhe ter dado bens terrenos; em vez disso, devia estar-Lhe grato, e quando o Diabo lhe disse que não havia salvação para a sua alma e que ele estava amaldiçoado, devia ter visto isso como uma falsidade.

Ao princípio da noite, Orozco começou finalmente a fazer a sua confissão. Antes de morrer nessa noite, foi-lhe dito que vários espanhóis que tinham ouvido a sua agonia haviam concordado em dar-lhe a prata suficiente para o dote da sua filha, que enviariam para Espanha, deixando toda a gente que tratara dele muito consolada por ele ir encontrar a sua salvação. A sua filha nunca viria a saber o preço pago pelo seu dote.

1625. Este ano, morreu em Potosí o muito conhecido eremita e pedinte, que durante cerca de 20 anos foi visto nas ruas da nossa cidade, vestido com serapilheira, a barba bem grande, e com uma caveira na mão. Considerado por todos que o viam um homem santo e penitente, por vezes podia-se vê-lo a contemplar o crânio que segurava, como que contemplando a sua própria morte. Foi enterrado com todos os Santos Sacramentos. Depois do seu enterro, descobriu-se uma folha de pergaminho escondida no crânio que trazia sempre consigo, e escritas pela sua própria mão as seguintes palavras:

> Eu, Dom Juan de Toledo, natural desta cidade de Potosí, declaro a todos que me conheceram nesta cidade, e àqueles que no futuro podem desejar conhecer a minha existência, que como eu tinha a aparência de um eremita, toda a gente me tomou por um homem santo; mas não é assim, pois sou um dos homens mais maléficos que este mundo já viu; pois desejo que sabeis que o vestuário que usei não era por virtude, mas por engano; e assim, para que seja conhecido de todos,

registo que há cerca de 20 anos, devido às injustiças que o espanhol Dom Martín de Salazar me infligiu, esfaqueei-o até à morte, e que depois do seu funeral abri o seu túmulo e com uma adaga arranquei--lhe o coração. Depois cortei-lhe a cabeça e esfolei-a, e tendo voltado a enterrar o corpo trouxe o crânio comigo. Vesti a serapilheira que todos me vêem usar, e com o crânio nas mãos tenho andado com ele nestes últimos 20 anos, nunca o perdendo de vista, quer na minha mesa ou na cama. E quando olhava para o crânio, não estava a contemplar a morte como todos imaginavam, mas o contrário — pois como o crocodilo, que dizem que se lamenta e chora sobre o crânio da sua vítima, não porque a matou, mas porque deseja matá-la de novo, assim eu contemplo o meu inimigo.

1643. Este ano, as crioulas Dona Laura de la Cerda e Dona Estefania de Azaña casaram com espanhóis. O dote de Dona Laura foi de 200 000 peças de oito. O dote de Dona Estefania foi de 100 000 peças de oito, juntamente com uma propriedade, cavalos e escravos.

1657. Neste ano, Gervasio de la Réa matou a sua esposa, porque viu um fantasma a acariciar-lhe as pernas; e este era o Diabo, pois a sua esposa estava inocente de tal acusação.

1657. Foi durante o governo do general Dom Francisco Sarmiento, neste mesmo ano, que a cidade e a sua província foram assaltadas pela perfídia e terror de uns assassinos conhecidos como os «Doze Apóstolos e Madalena», que roubavam aldeias e viajantes, violavam mulheres jovens, e cometiam um milhar de outras atrocidades. Diz--se que estes 12 homens eram de famílias nobres espanholas. Era seu hábito vestir um dos seus como mulher; assim disfarçado, este entrava nas casas das pessoas para pedir abrigo, ou noutras alturas afirmando que o seu marido a perseguia para a matar. As portas das casas que se lhe abriam eram as casas que mais tarde roubaria — por vezes, tirando também a honra das jovens; e devido a isto a maior parte da cidade estava em armas. Aquele que se vestia como mulher era conhecido entre eles como Madalena.

Algum tempo depois nesse mesmo ano, o padre Tórtollo, um clérigo astuto e atraente, caminhava à noite pela rua da paróquia de Nossa Senhora de Copacabana, na cidade. Vestia uma capa nova de tafetá e uma batina de fino tecido. Quando viu que estava rodeado pelos salteadores perguntou-lhes calmamente quem eram. Quando lhe disseram, então perguntou-lhes o que queriam dele. «A sua batina, a sua capa, e a prata da sua bolsa», respondeu um dos homens. «E não querem mais nada?», perguntou o padre. «Não, isso serve perfeitamente», disse outro dos salteadores. «Bom, se não querem mais nada», acrescentou o padre, «eis aqui o que me pediram», e despiu toda a sua roupa, dobrando-a impecavelmente.

Os salteadores esperaram por ele com todo o civismo. Nu perante eles, o padre perguntou-lhes: «Então vossas senhorias são os Doze Apóstolos?» Eles responderam: «Já lho dissemos.» O padre replicou: «Então, que os Doze Apóstolos sigam Cristo!» E desatou a correr pela rua fora tão depressa quanto as pernas lho permitiam, agarrando firmemente o embrulho que continha as suas roupas; e embora eles o perseguissem, ele conseguiu fugir.

1661. Dona Madalena Telléz nasceu nesta Cidade Imperial de Potosí de pais nobres. Era rica e viúva. Um dia na missa da manhã, na igreja jesuíta, tomou à força o banco reservado a Dona Ana Roeles, a esposa de Dom Juan Sans de Barea, que a esbofeteou pela afronta feita à sua mulher. Com o tempo, Dona Madalena voltou a casar. O seu marido era o tesoureiro basco Pedro Arechua, com quem ela concordara em casar apenas na condição de que ele a vingasse, matando o homem que a humilhara publicamente, e que ainda vivia na cidade. Desfrutando a riqueza que recebera pelo casamento, e passando grande parte do seu tempo na propriedade de campo da mulher, o marido sentiu-se suficientemente seguro para esquecer a sua promessa. Mas, para seu mal, Dona Madalena relembrou-o da jura e matou-o. Os registos do seu julgamento afirmam que ela então lhe comeu o coração: um crime tão vil que foi presa e julgada.

Penduraram o seu corpo na praça em três estacas, para grande pesar de todos que a vinham ver. Toda a gente a conhecera na cidade pela sua riqueza e grandiosidade, pois ela possuía mais de 200 000 pesos em ouro, prata, jóias, pérolas e escravos — e vê-la ali com uma meia vermelha grosseira e outra branca, calçada com um velho par de sapatos de homem gastos, causou muita piedade àqueles que a viram naquela manhã.

1674. Na sua *Crónica do Peru*, Pedro de Cieza de León, referindo-se ao valor da planta da coca, escreve: «Em todas as regiões das Índias por onde tenho viajado observei que os índios sentem grande prazer em manter nas suas bocas raízes, ramos ou plantas. E nos Andes alguns estão habituados a usar uma pequena folha de coca. Era costume, e até hoje ainda é esse o costume, colocar a folha de coca na boca; e mantêm-na aí desde manhã cedo até se deitarem sem a tirar. Perguntando por que é que fazem isto, respondem que assim não têm fome e que lhes dá muita força e vigor. Também é bastante valorizada pelos Espanhóis e *encomenderos* de Cusco, La Paz e La Plata, pois as *encomiendas* onde a planta cresce estão avaliadas em 80 000 pesos anuais. Esta coca é transportada até às minas de Potosí, onde é vendida. Existem muitos homens ricos em Espanha cuja fortuna tem origem nesta planta.»

Quanto à minha própria experiência: é verdade que os índios que utilizam a planta têm mais força e vigor — ao ponto de nenhum índio entrar nas minas ou executar qualquer outro trabalho, seja a construção de casas ou o trabalho nos campos, sem a enfiar na boca, mesmo que a sua vida dependa disso. É trazida em grande quantidade para esta cidade. Um cesto vale cerca de sete ou oito pesos de prata. Entre os índios, e agora até mesmo entre alguns espanhóis, o costume de colocar coca na boca ao se entrar numa mina está tão enraizado que existe a superstição de que a riqueza da prata que extraem dependerá disso.

Quando eu tinha dez anos estava na mina de Vilacota, e um dia, quando tentei entrar no poço da mina, os índios impediram-me, dizendo que eu não podia entrar sem colocar a planta na boca. Senti alguma relutância, mas eles insistiram, até que o dono espanhol da mina me informou acerca da superstição deles, e disse que eu devia mascar a planta ou não poderia entrar. Por fim, masquei-a para agradar ao dono, que me estava a enviar para montar guarda a uma sala de armazenamento onde existia um excelente depósito de prata, para que os índios não a pudessem roubar. Assim que coloquei duas folhas na boca, a minha língua pareceu engrossar, queimando-me e picando, o que achei insuportável. Disse ao dono que não podia entrar na mina com a coca na boca. Ele riu-se de mim e deu-me uma pequena pedra, dizendo que a devia chupar com a coca, e que os seus maus efeitos desapareceriam. Enfiei-a na boca e juro que nunca senti nada tão amargo na minha vida. Foi-me então dito que os índios chamam àquela pedra *llipita*, e que a fazem de uma mistura de cinzas, cascas de árvore e raízes. Quando a planta é moída e colocada em água a ferver, se uma pessoa tomar alguns goles do caldo, este abre os poros, aquece o corpo e abrevia o trabalho de parto nas mulheres; e esta planta tem muitas outras virtudes para além destas.

1678. Este ano, Ambrosio de Soto, um nativo de Mérida, na Extremadura, chegou à Cidade Imperial. Subnutrido e quase em farrapos, começou a sua carreira como pedinte dois dias depois da sua chegada, suplicando pelo amor de Deus que lhe dessem os dotes para as quatro filhas que deixara na sua terra natal. Foram-lhe dadas esmolas generosamente, tal como é costume em Potosí, já que não existe nenhuma licença necessária para se ser pedinte. Por este motivo, muitos preguiçosos, velhos e homens incapazes para o trabalho dedicam-se a esta vocação, de modo a gozarem dos privilégios da pobreza.

Um dia, quando ele saiu para a sua habitual rota de pedinte recolheu apenas oito pesos e regressou ao albergue desesperado, e exausto pela distância que caminhara. Enquanto dormia uma sesta, o senhorio acordou-o e disse-lhe que já que ele voltara de pedir tão cedo às dez horas dessa manhã, queria que ele servisse como supervisor do trabalho de reconstrução de uma sala no albergue, o que lhe permitiria [ao senhorio] sair da cidade durante alguns dias para tratar de uma incumbência. Prometeu pagar-lhe cem pesos e fornecer-lhe as refeições.

Mais tarde nesse mesmo dia, o senhorio partiu na sua viagem, deixando o extremadurense encarregue dos trabalhadores. Passado um bocado, quando os pedreiros escavavam as fundações da sala, informaram-no de que tinham escavado até uma cripta que se encontrava em baixo. Intrigado pela descoberta, ele mandou os trabalhadores continuarem a cavar noutro lado da sala e deixarem essa secção intacta.

Assim que eles terminaram o trabalho, e auxiliado por um rapaz índio com uma picareta, ele começou a partir o tecto da cripta. Depois de pouco esforço, descobriu uma sala subterrânea, na qual ele e o rapaz entraram. Iluminados pela luz das suas lanternas, viram aquilo que parecia ser um grande altar de pedra no centro da sala, no qual jaziam os esqueletos de duas mulheres vestidas com trajes requintados, bordados a ouro e pérolas. Ao inspeccionarem o resto da sala, viram mais ossadas, e, num prego, espetado numa das paredes, uma grande corrente de ouro, doze fiadas de pérolas e nove colares de diamantes. Quase escondido sob o cascalho, encontraram uma grande caixa de metal, dentro da qual havia lingotes de ouro no valor de 5000 pesos, juntamente com algumas cartas. Estas estavam assinadas por um tal Dom Antonio e Dom Pedro, datadas de 1620, e referiam-se às duas mulheres cujos esqueletos jaziam no altar, Leonor e Damiana.

Alguns meses depois, Ambrosio de Soto regressou a Espanha (com o tesouro que descobrira) e escreveu ao seu antigo senhorio em Potosí, dizendo-lhe que na verdade Deus o recompensara.

1716. Na visita de Sua Excelência, o vice-rei arcebispo Dom Diego Morcillo Rubio de Aunón, à Cidade Imperial para assinalar o fim da Quaresma, foram organizadas diversas celebrações em sua honra que iriam durar vários dias. Na quarta-feira, que era o quinto dia após a sua chegada, houve touradas. Antes de começarem, os corpos de infantaria da cidade entraram na praça principal barricada, muito elegantes nos seus novos uniformes e usando as suas jóias. Depois de darem a volta à praça, onde Sua Excelência, os juízes da cidade e a nobreza tomaram os seus assentos nos balcões circundantes, perfilaram-se nos seus esquadrões, dispararam uma salva e saíram da praça a marchar. Depois entraram a pé os toureiros, usando máscaras hediondas e vestidos com cores exóticas, acompanhados por timbaleiros e mulas carregadas com chuços e lanças para o combate, e cobertas por finos arreios enfeitados com o brasão da cidade.

O chefe da Polícia, Dom Juan Alonso de Mena, entrou então na praça a cavalo, sumptuosamente vestido, e acompanhado por pajens em libré. Deu a volta à praça até chegar junto ao varandim de Sua Excelência, que o presenteou com a chave do redil dos touros. Depois, um jovem atraente, armado com uma lança, entrou na praça para tourear o primeiro touro do dia. No decurso da tarde, iria tourear três touros, combatendo com tal perícia que nem uma só vez o seu cavalo foi ferido. Numa das outras touradas desse dia, outro jovem manteve-se junto à entrada do redil dos touros, armado com uma faca e uma lança que espetara no chão. Quando o touro reparou nele, carregou, mas ele manteve-se firme e com a lança atingiu o touro na garganta. Depois de dar alguns passos, este vacilou e caiu. O desempenho do jovem foi mais tarde recompensado com dádivas de

A Cidade Imperial

dinheiro de todos os fidalgos que tinham ocupado os varandins da praça, e por todos aqueles que estavam sentados com Sua Excelência.

Às cinco da tarde, dezenas de criados entraram na praça ao som de trombetas, todos transportando pratos de comida e jarros de vinho. Estes foram oferecidos a Sua Excelência, e a todas as damas e fidalgos nos varandins. Houve, no entanto, um infeliz acidente quando os alabardeiros de Sua Excelência, de guarda à porta da Sala do Conselho da cidade, foram derrubados e escorneados pelos touros a caminho da praça. No dia seguinte, um dos toureiros foi também corneado na perna e arrastado durante alguma distância, ainda a cavalo. O cavalo ficou gravemente ferido e o desafortunado jovem morreu pouco depois.

No sábado, Sua Excelência partiu da cidade, acompanhado pelos juízes e funcionários do vice-reino, e pelos membros da nossa nobreza que puderam ir com eles. O custo da sua visita foi calculado em cerca de 100 000 pesos de prata em vestuário, librés, arcos triunfais, banquetes e outros gastos. Outros 50 000 pesos foram gastos em presentes, lingotes de prata e jóias, a quantia aproximada oferecida a Sua Excelência. Assim, o montante total foi de 150 000 pesos, embora alguns acreditem que tivesse sido muito maior. Aquando da sua partida, levou também consigo 100 000 pesos, e do tesouro real foram enviados 100 000 a Sua Majestade. A sua visita durou quase oito dias.

As palavras de Arzáns foram um epitáfio adequado para o declínio inevitável da cidade e da sua grandiosidade. Em finais do século XVIII, a grande montanha estava exaurida da sua prata. Os palácios da cidade e conventos, onde as freiras tinham outrora rezado pelas almas dos seus governadores, foram deixados ermos e desertos, as suas fachadas esculpidas com flores de lótus, demónios e sereias, símbolos da Lua e do Sol, de anjos alados e madonas índias de olhos tristes, única recordação da sua herança inca e glória de outrora.

XX

O Prisioneiro de Cusco

Apática e desorientada, por entre os palácios de pedra e igrejas da cidade, a população índia de Cusco enchia as ruas à medida que as notícias a respeito da captura de Túpac Amaru e da sua chegada iminente passavam de boca em boca. Pablo Astete, um crioulo coronel da milícia, descreveu-o como um homem atraente, no fim da casa dos trinta, «cerca de 1,70 m de altura, nariz aquilino e pele clara, quase demasiado branca para um índio»([1]).

O visitador-geral Areche fora bastante explícito nas suas ordens no que se referia à tortura e interrogatório do Inca. A 4 de Abril de 1781, este foi conduzido à cidade, os pulsos atados por uma corda à cauda de uma mula; descalço e sem camisa, foi levado para o antigo seminário dos jesuítas, construído no local da mansão de Hernando Pizarro. Iria ser pendurado nu pelos braços durante uma hora de cada vez, e espancado sempre que se recusasse a responder a qualquer pergunta.

Ninguém que o viu nesse dia poderia ter imaginado que se tratava do mesmo muleteiro que trouxera com tanta frequência a sua manada de 300 mulas até à cidade, transportando coca do vale Yucay e outras mercadorias para as minas de Potosí. Nem que era a mesma figura de capa negra, vestida com calções de veludo, sapatos de fivela prateada e tricórnio, que por vezes podia ser vista a tratar dos seus negócios entre os mercadores da cidade.

Poucos sabiam também que quatro anos antes ele fizera uma longa viagem até Lima pela primeira vez. Ali ficara durante várias sema-

Princesas Incas

nas, vivendo num pequeno quarto alugado, e fora aí, rodeado pelos documentos que trouxera consigo, que compilara um relato da sua linhagem como parte de uma petição que iria apresentar ao Tribunal da Chancelaria, em Lima. Estava determinado a refutar as afirmações do rico mercador de Cusco, Betancur, que queria ser reconhecido como último representante da casa real inca:

> Mui Poderoso Senhor: Eu, Dom José Gabriel Túpac Amaru, cacique e governador das aldeias de Surimana, Tungasuca e Pampamarca, na província de Tinta, em defesa do meu litígio contra Dom Diego Felipe Betancur, com respeito ao direito de sucessão a Dom Diego Felipe Túpac Amaru, último Inca e senhor do Peru, e que falsamente reclama tal direito, apresento as provas da minha descendência nos documentos anexos...
>
> No primeiro de tais documentos, Sua Senhoria pode ver a prova da minha linhagem e descendência do Inca Dom Felipe Túpac Amaru: no qual Francisco de Vilela, protector dos naturais de Cusco, em nome da Coya Dona Juana Pilcohuaco, a esposa legítima de Dom Diego Felipe Condorcanqui, presenteou o então governador da cidade, Dom Pedro de Córdoba y Mejía, cavaleiro de Santiago, com a prova jurada que ela era a filha natural do Inca Túpac Amaru e neta do imperador Huayna Cápac, reis destes reinos.
>
> E que foi Sua Excelência, o vice-rei, o marquês de Cañete, que por fim lhe concedeu cerca de 70 moitas de coca das terras que outrora pertenceram ao Inca Huayna Cápac, nos arredores de Cusco, em 19 de Outubro de 1592(*). E na altura da sua petição, ela era casada com Dom Diego Felipe Condorcaqui e mãe de cinco filhos.
>
> Mais provas foram apresentadas ao mesmo governador no ano de 1609, compreendendo o depoimento de 12 testemunhas, todas elas pessoas de valor, espanhóis, caciques e descendentes dos reis incas... Todos confirmaram que ela era a filha natural do Inca, e que quando Sua Excelência, o vice-rei Dom Francisco de Toledo ordenou que ele fosse feito prisioneiro na província de Vilcabamba ela fora também levada para Cusco, juntamente com uma das suas irmãs que era muito jovem; e algumas das testemunhas afirmaram que as viram ser transportadas em liteiras pelos índios, sendo as filhas do Inca, e que eles presenciaram a morte do Inca no cadafalso que fora erigido na cidade.

(*) Dom Diego Hurtado de Mendoza, 2.º marquês de Cañete, 8.º vice-rei (1589-96).

O Prisioneiro de Cusco

E que a testemunha Dom Tristán de Silva afirmou que depois da morte do Inca, o vice-rei Toledo ordenou que Dona Juana fosse colocada em casa de Dona Teresa de Ordóñez, a mãe da testemunha. E que após a morte de Dona Teresa ela permanecesse na casa da sua filha... e ela era a única filha sobrevivente do Inca, e que a sua irmã, Dona Isabel, morrera há muito em território aymara.

A sua petição foi subsequentemente apresentada a Sua Excelência, o vice-rei o príncipe de Esquilache(*), pedindo-lhe que a reconhecesse como única herdeira sobrevivente do Inca Tupác Amaru... e ele ordenou que fossem feitos selos para esse efeito. Também decretou que fossem concedidos a ela e aos filhos os privilégios da sua posição, e que os governadores de Cusco e da província de Canas e Canchis fossem informados disso, e que a ela fossem garantidas nessa província as terras que outrora tinham pertencido às *mamacunas*.

Dos seus filhos apenas Dom Blas, que era cacique de Surimana nas terras da sua mãe, deixou descendência. Do seu casamento com Dona Francisca Torres, sucedeu-lhe como cacique Dom Sebastián, que era casado com Dona Catalina del Camino... o seu filho mais velho, Dom Miguel, que por sua vez se tornou cacique, casou primeiro com Dona Rosa Noguera, com quem teve dois filhos, o meu irmão Dom Clemente, que morreu sem filhos, e eu mesmo([2]).

Era sexta-feira, 10 de Novembro de 1780, e Sua Graça, Dom Juan Manuel de Moscoso y Peralta, bispo de Cusco, tinha acabado de celebrar missa solene na sua igreja catedral. Era uma cerimónia que ele considerava tão reconfortante quanto recompensadora, em especial à luz das calúnias que se tinham sido espalhado contra a sua pessoa na cidade. Sendo um crioulo de Arequipa e membro de uma das mais proeminentes famílias, tinha uma distinção singular entre os prelados do Peru por ser viúvo e ter sido alcaide da sua cidade natal. Antigo bispo da província setentrional argentina de Tucumán, a cuja catedral oferecera um ostensório de ouro, esmeraldas e pérolas, viera de Cusco no ano anterior para tomar posse da sua diocese.

Ao sair da catedral chamou-lhe a atenção um cartaz que fora pregado numa das portas de um dos conventos de Cusco, acusando-o de preconceito contra os cidadãos de nascimento espanhol e de «manter relações com o sexo oposto»([3]). Calúnia que seria repetida numa car-

---

(*) Dom Francisco de Borja, príncipe de Esquilache, 12.º vice-rei (1615-21).

ta ao Conselho das Índias. Imponente e dado à melancolia, o bispo pouco fizera para ocupar a sua mente naquela manhã, para além de se queixar mais uma vez na sua correspondência ao vice-rei acerca do comportamento do governador provincial de Tinta, que interferira na nomeação que ele fizera de religiosos para a sua província, e que ele excomungara.

Dom Antonio de Arriaga, um basco que servira nas colónias durante a maior parte da sua vida, fora recompensado pela Coroa com o governo de Tinta, uma província a sul de Cusco. Ele conhecia o bispo dos tempos em que tinham vivido em Tucumán, e embora a relação de ambos tivesse sido de início civilizada, à medida que o tempo passou o desprezo que cada um sentia pelo outro desenvolveu-se numa querela pública, na qual o basco questionara até a pureza do sangue crioulo de Sua Graça. Assim, fora com um misto de ira e impotência que o bispo Moscoso terminara a sua carta ao vice-rei Dom Agustín de Jáuregui. Pouco tempo depois, um mensageiro chegou à cidade e dirigiu-se ao palácio episcopal.

Um ano mais tarde, diversas testemunhas oculares registaram que seis dias antes o governador Arriaga fora convidado para jantar pelo seu padre de paróquia para assinalar o aniversário do rei, numa das aldeias sob o seu controlo; e que o índio cacique da província também estava presente. Tinha sido uma excelente refeição, que continuara até às quatro da tarde, hora em que o cacique se tinha desculpado e saíra de casa do padre antes de os outros convidados partirem. Mais à tarde, disse o mensageiro ao bispo, o governador Arriaga, ao regressar à capital provincial apenas acompanhado pelo seu secretário e dois escravos negros, foi emboscado por um bando de índios chefiados pelo cacique.

Todos os pormenores do homicídio de Arriaga foram-lhe relatados pelo mensageiro: o governador fora posto a ferros pelo seu próprio escravo negro, e reunira-se um «tribunal» na aldeia do cacique de Tungasuca; depois disso o padre López, que acompanhara os rebeldes, mostrara-lhe a imagem de Cristo, e dissera-lhe que iria ser morto. Despido das suas roupas, foi forçado a vestir um hábito de frade e levado até ao cadafalso que tinham erguido na praça da aldeia. Aí foi enforcado sem qualquer cerimónia.

O bispo tinha recebido a notícia da morte do governador a 10 de Novembro, mas só dois dias depois é que informou as autoridades de

O Prisioneiro de Cusco

Cusco. Este atraso iria persegui-lo durante os anos vindouros, e fundamentava a suspeita de que ele fora cúmplice da morte do governador.

Nas semanas que se seguiram, aquilo que inicialmente parecera um isolado acto de assassínio iria transformar-se na maior rebelião índia contra o domínio espanhol desde a Conquista. Passados meses, Cusco era uma cidade cercada, e o pânico varreu toda a província quando chegaram ao governador relatórios da aglomeração das tropas índias na região meridional, e das muitas declarações do cacique, que, de várias maneiras, libertou todos os escravos negros e acabou com o serviço *mita* de trabalho forçado índio. Houve notícias de escaramuças entre as milícias coloniais e o exército de índios que o cacique reunira na região vizinha, e em breve chegou a notícia de uma batalha em Sangarara, na qual as tropas dos governadores provinciais e os seus auxiliares índios foram derrotadas.

A 2 de Janeiro de 1781, o cacique foi visto nas colinas de Cusco. Montado num garanhão branco e segurando um estandarte com o brasão das armas reais incas, encabeçava um exército de cerca de 60 000 índios. Durante quase um mês, hesitou em marchar sobre Cusco e em vez disso passou grande parte do tempo a subjugar as províncias setentrionais e a convertê-las à sua causa — muito contra o conselho da sua jovem mulher, que lhe implorou que atacasse a cidade sem demora. Cusco foi defendida por cerca de 12 000 soldados, e centenas de penitentes erravam desesperados pelas ruas, cada um sabendo que a sua vida dependia do resultado da batalha que se avizinhava.

O cacique enviou uma carta ao governador da cidade exigindo a sua rendição e declarando que não retardaria durante mais tempo o avanço das suas tropas; repetiu as exigências das suas proclamações anteriores, vangloriando-se do seu sangue real e depois afirmou que o seu objectivo era terminar com a exploração do seu povo em nome do rei[4]. Mas subitamente, e sem aviso, a 10 de Janeiro as suas forças recuaram das posições e começaram a bater em retirada.

Ninguém, nem mesmo os reforços enviados com urgência de Lima para ajudar a defender a cidade, acreditavam naquilo que viam. A maior parte esperara morrer às mãos do exército índio, apesar das súplicas dos oficiais e das orações dos capelões. Mas aquilo que o bispo descreveria como um milagre foi em grande parte resultado da indecisão do cacique: este estava dividido entre a crença de que a cidade se renderia voluntariamente ao seu exército, e a sua relutância em lançar na batalha os milhares de homens em confronto.

Foi, relembrou o bispo Moscoso anos mais tarde, o momento em que a grande rebelião que poderia ter alterado todo o curso da história andina terminou devido a um único erro. A via que o cacique escolheu era a da retirada e retaliação, e conduziu a uma última traição.

Na escuridão da sua cela, o cacique ditou uma carta ao bispo. «Sou», escreveu, «considerado pelo nosso monarca Carlos III um rebelde ou infiel. O tempo dirá que sou um vassalo fiel e leal, e que não faltei nem da mais ligeira forma à estima devida à Santa Igreja... e o meu objectivo era apenas acabar com o abuso do meu povo»[5].

Durante mais de um mês, o visitador-geral Areche manteve-o na cela, de onde o tirava quase todos os dias durante algumas horas para lhe aplicar várias torturas, espancando-o e pendurando-o, de tal modo que lhe deslocaram um dos braços. Numa das mais brutais sessões de interrogatório, o prisioneiro dirigiu-se ousadamente a Areche com as seguintes palavras: «Os culpados sou eu e vós, Vossa Excelência: vós por serdes um opressor, e eu por ser um libertador, pelo que ambos merecemos ser sentenciados à morte»[6].

Entre os documentos que Areche facultou ao juiz Dom Benito de la Mata Linares, que presidiria ao julgamento e condenação do cacique, encontrava-se uma declaração que o prisioneiro alegadamente teria feito, na qual se declarava rei do Peru. Esta prova, sem sombra de dúvida, a sua traição à Coroa, mas é provável que fosse uma falsificação[7]. Em duas ocasiões, ele tentara enviar da sua cela mensagens aos seus seguidores, escritas em pedaços de papel com o seu sangue. De ambas as vezes, foi traído pelos seus carcereiros.

A 18 de Maio de 1781, teve lugar a execução. Um regimento de mulatos e mestiços tinha sido enviado de Lima e alinhava-se agora nas ruas da cidade. Às dez da manhã, nove prisioneiros manietados foram trazidos da antiga escola jesuíta. Colocados em sacos, foram atados a cavalos e arrastados até à praça principal de Cusco, onde se erguera um cadafalso de madeira. O cacique usava uma coroa metálica de espinhos com espigões, e de mãos e pés acorrentados foi mandado colocar-se de um dos lados e observar os outros quatro prisioneiros a serem levados até ao cadafalso e enforcados.

O Prisioneiro de Cusco

A cada morte, ouvia-se uma aclamação de algumas zonas da multidão, mas quanto mais mortes testemunhavam maior o silêncio que caía sobre a praça. Quando o filho mais velho do cacique e o seu tio idoso subiram juntos o cadafalso, viu-se-lhe a dor no rosto, ao assitir enquanto cortavam a língua a cada um antes de serem enforcados. Foi então a vez da sua mulher, que para grande divertimentos dos carrascos estava vestida com um hábito de monge. Ela subiu ao cadafalso, mas recusou-se a abrir a boca. Colocada sobre o banco do carrasco, colocaram-lhe o laço e enforcaram-na, mas ela sobreviveu. Durante vários minutos, os dois carrascos pontapearam-na e bateram-lhe, apertando repetidamente o colar de metal até ela acabar por morrer.

Os gritos do filho mais novo do cacique, que fora obrigado a assistir às mortes, ecoavam pela praça. E voltou a gritar ao ver o pai atado pelos pés e braços a quatro cavalos, um a cada esquina do grande quadrângulo de edifícios e igrejas. Mais tarde, uma testemunha ocular recordou:

> Por vezes, acontecem certas coisas, como se o diabo consolasse estes índios nas suas superstições e augúrios. Digo isto porque, depois de um longo período de tempo bom e seco, esta manhã em especial esteve cinzenta e não se via nem um sinal do sol, e começou a chover intensamente, e ao meio-dia, quando o índio foi atado a quatro cavalos e suspenso no ar, uma grande rajada de vento varreu a praça, seguida por uma saraivada... motivo pelo qual os índios disseram que os elementos da natureza sentiram a morte do seu Inca, que nós, Espanhóis, matámos desumanamente[8].

Três anos depois da brutal execução do cacique, o bispo Moscoso foi ele mesmo preso, acusado de cumplicidade na rebelião do cacique, e conduzido a Lima de carruagem, escoltado por um pelotão de lanceiros. Durante dois anos, iria viver sob prisão domiciliária num dos mosteiros da cidade, proibido de comunicar com quaisquer pessoas. Por ordem do vice-rei, foi então levado para bordo de um navio com destino a Espanha e ao exílio. Ao chegar a Espanha, sofreu um castigo semelhante durante mais dois anos, tempo durante o qual escreveu *Inocencia justificada contra los artificios de la calumnia,* em sua defesa contra as acusações de traição e cumplicidade na rebelião do cacique.

Em 1789, foi ilibado de todas as acusações e recompensado pela Coroa com o arcebispado de Granada. A sua gratidão foi demonstra-

Princesas Incas

da pela oferta de 80 000 pesos à sua sé. Morreu a 24 de Julho de 1811 aos 88 anos, dia do aniversário do nascimento de Bolívar e da descoberta de Machu Picchu. O seu único legado é o palácio de Verão que ele mandou construir no sopé da Serra de Alfacar, perto de Granada, na aldeia de Víznar. Foi aqui, num dos olivais que ali há, que o poeta Federico García Lorca foi assassinado durante a Guerra Civil de Espanha.

XXI

O Última Inca

O velho índio não dormira muito naquele dia. Acabara de se mudar alguns dias antes para os seus novos alojamentos, acompanhado pelo seu idoso companheiro Durán, que era quase tão velho quanto ele. Ele sabia que fora o patriota Azopardo que convencera o Governo argentino de que ele estava demasiado doente para se envolver em qualquer actividade política, e que tudo o que ele desejava era a solidão de um quarto com cama e mesa, onde pudesse morrer em paz. Foi um pedido com que o presidente Rivadavia concordou, na condição de que o velho escrevesse um diário das suas experiências passadas, uma cópia do qual está actualmente na Biblioteca Nacional em Buenos Aires([1]).

A Argentina tornara-se independente do Governo espanhol em 1816, seis anos antes, mas os deputados argentinos do recém-formado Congresso já não debatiam qualquer possibilidade de restaurar a monarquia inca. O libertador José de San Martín tinha inicialmente proposto tal plano, e na altura bem poderia ter-se tornado uma realidade mas faltava um candidato adequado de sangue real inca.

O quarto estava frio e húmido, e mais uma vez o velho levantou-se da cama e acendeu a pequena lareira. Durante um momento sentou-se à pequena secretária que Durán lhe trouxera, olhando apaticamente o papel branco e o tinteiro, como se não conseguisse encontrar as palavras para começar a escrever. Anteriormente, nessa semana, descrevera a morte do seu meio-irmão, o cacique José Gabriel Túpac Amaru, e relatara a maneira como ele mesmo fora aprisiona-

Princesas Incas

do, depois de ter sido publicamente açoitado ao atravessar as ruas de Cusco montado numa mula, e como depois da sua libertação voltara a ser aprisionado por mais um ano na cadeia da cidade. Ele escreveu:

> Chegou o dia da nossa partida, que foi feita com muita aclamação pública e notoriedade para as nossas pessoas: as gentes aglomeravam-se nas ruas pelas quais iríamos passar e eram encorajadas a assistir como se fôssemos alguma atracção ridícula. Alguns 60 de nós, desafortunados, entre os quais crianças, algumas apenas com três e oito anos, desfilaram em frente da prisão, acorrentados e manietados. Mas era como se nenhum dos nossos farrapos e aparência nojenta, nem sequer os nossos rostos macilentos, mirrados de meses de fome e sede, causasse qualquer tipo de compaixão àqueles que nos olhavam e nos insultavam. E assim fizeram-nos avançar até à praça principal, e à volta desta ao som dos aplausos e gargalhadas do povo, que parecia muito divertido por ver a nossa degradação.
> E assim começou a nossa longa e árdua marcha, de aldeia montanhosa até povoado, apenas abastecidos com os alimentos e a água suficientes para nos permitir continuar viagem. Ignorados nos nossos gritos e nos nossos pedidos de água, deparámos apenas com pancadas e imprecações dos nossos guardas; pois foi assim que a minha querida mãe morreu três dias depois de iniciarmos a nossa marcha, rogando e suplicando por água, até morrer de sede.
> Levámos cerca de 40 dias a chegar a Lima, onde esperávamos que nos fosse concedido um tratamento mais humano. Mas isso não iria acontecer. Fomos conduzidos a uma cela grande e manietados em conjunto por uma única corrente, e ao mais pequeno movimento dos nossos corpos éramos maltratados ou espancados. A nossa impotência era apenas comparada às torturas que sofríamos, as quais eram de uma tal crueza que não as desejo recordar. Muitos dos meus companheiros morreram acorrentados ao meu lado, entre eles o meu idoso tio Bartolomé Túpac Amaru, cujos frágeis pulmões não conseguiram sobreviver ao cheiro de excrementos e miséria humana.
> Durante cinco meses iríamos permanecer nas masmorras de Lima, e aquando da nossa partida para o porto de Callao passámos pela mesma humilhação pública como quando partíramos de Cusco, onde nos tornámos pouco mais do que curiosidades e alvo de chacota da multidão. Acorrentados como estávamos, homens, mulheres e crianças, a nossa incapacidade de andar sem cairmos apenas aumentava o riso e a fúria dos nossos guardas, que nos espetavam as suas baionetas. Recordo que um jovem, comovido com aquilo que via, estendeu-me a mão quando caí.

O Último Inca

A minha família e eu fomos colocados a bordo da fragata *Peruana*. Os meus outros companheiros foram levados para o navio *San Pedro*. Córdoba, o comandante da fragata, era um homem de temperamento particularmente desagradável; extremamente supersticioso e sem qualquer moralidade, os seus anos no mar apenas tinham endurecido a sua desumanidade. Pouco poderíamos esperar de tal homem. Todos nós fomos colocados no convés inferior principal, acorrentados em conjunto por uma única corrente, e praticamente sem qualquer espaço para nos mexermos. A comida que nos davam era tão nojenta que, por nos recusarmos a comê-la, estávamos sempre famintos; o nosso único consolo eram os ossos que nos serviam das suas refeições e que, tal como cães, nós roíamos. O ar estava denso com o nosso cheiro e apenas aumentava a nossa doença e fraqueza, deixando-nos uma sensação de profundo abandono.

Nem o capitão do navio, nem o médico ou o capelão demonstravam a mais pequena preocupação pelo nosso estado. Metade dos meus companheiros morreu de escorbuto antes de chegarmos ao porto do Rio de Janeiro, dois deles morrendo em cima de mim, onde eu estava acorrentado, e os seus corpos permaneceram aí até ao dia seguinte(*). Cada um de nós sofreu para se manter vivo, e mesmo a nossa proximidade física não aliviava o nosso terror ou a nossa falta de capacidade para tratar uns dos outros; e neste estado morreu a minha mulher, sem eu ser sequer capaz de falar com ela, ou confortá-la.

Era um sofrimento que apenas me fazia desejar a minha própria morte; e foi assim que um dos meus jovens sobrinhos morreu. Um dos meus companheiros rogou ao capitão que nos tratasse com maior clemência, mas apenas lhe responderam que tal pedido depararia com o açoitamento de todo o grupo. Contudo, mais tarde, quando um francês, que também era um dos prisioneiros, de novo rogou pela nossa causa, permitiram-nos durante algum tempo tirar as nossas correntes e subir ao convés. Assim que chegámos ao Rio de Janeiro, também foi permitido a um padre, que servira como um dos nossos confessores desde a altura em que partíramos de Cusco, regar-nos com água do mar, para limparmos a sujidade dos nossos corpos.

Durante quatro meses, permanecemos no porto do Rio de Janeiro até por fim voltarmos a navegar para Espanha, que nos foi dito estava em guerra com Inglaterra; isto apenas aumentou a irritação e o nervosismo do nosso capitão, que temia que fôssemos capturados por um navio de guerra inglês. Era um receio que para nós se transformou na

---

(*) A fragata *Peruana* navegara à volta do cabo Horn para o Atlântico.

nossa única esperança de salvação. O desconforto deles apenas piorou o modo como nos tratavam, aumentando a nossa fome, o calor que suportávamos e o frio agreste da noite. Também fez aumentar o nosso desespero e os riscos que corríamos para encontrar comida. Algumas migalhas de biscoito que eu conseguira obter das poucas vezes em que nos fora permitido subir ao convés foram descobertas por um dos guardas, que me bateu tão violentamente com a coronha da sua carabina que me partiu as costelas; sendo-me negado qualquer tratamento pelo médico de bordo, apenas recuperei devido ao afecto dos meus companheiros de cativeiro, que fizeram o que puderam por mim, e, com o tempo, os meus ferimentos curaram-se, embora ainda hoje sinta dores.

Acrescento um pequeno incidente, que em si mesmo demonstra a crueldade dos nossos carcereiros. Tornou-se nosso hábito dizermos o rosário em conjunto e em voz alta para aliviar o nosso sofrimento, na esperança de que Deus nos libertasse, mas até isso nos foi proibido.

Dez meses depois de partirmos de Lima chegámos, por fim, a Cádis. Esperávamos que o rei tivesse sido informado da nossa situação, e que nos tivesse permitido defendermo-nos dos crimes dos quais tínhamos sido acusados.

A 1 de Março de 1785, desembarcámos no porto. Eu fui levado acorrentado para o castelo da cidade de San Sebastián, chegando aí à meia-noite, apoiado nos braços de dois soldados, sem cujo auxílio não teria sido capaz de andar. Cada um de nós foi colocado numa cela subterrânea especial, feita de pedra, a qual tinha um pequeno poço de ventilação metálico que deixava entrar luz e ar. O chão também era de pedra, e húmido. A minha cela tinha uma pequena cama, onde me deitei, fazendo a cama com uma peça de vestuário de lã velha e suja que me tinham dado; era a minha única posse terrena, para além dos trapos que vestia. Não posso descrever a sensação de dor e solidão que senti nessa noite: sozinho numa terra desconhecida, separado dos meus companheiros que tinham sobrevivido à viagem; tudo me parecia demasiado distante da morte do meu irmão e de tudo que eu sofrera em resultado da sua morte.

Nos três anos e três meses em que permaneci prisioneiro no castelo de San Sebastián não me consigo recordar de uma única ocasião em que tivesse sido tratado com um mínimo de caridade ou compaixão. Foi decidido que todos os prisioneiros do Peru iriam ser separados. Alguns foram levados para Orán, outros para Alhucema, Mellilla, El Peñon e Málaga. Em Málaga, alguns morreram devido a maus tratos.

Uma manhã, um dos comandantes da prisão, escoltado por diversos soldados, acordou-me; ataram-me os braços e mãos com a brutalidade habitual e levaram-me para uma cela grande onde fiquei rodeado por criminosos comuns, alguns deles ladrões e assassinos. Alguns, acreditando que eu tinha dinheiro à minha disposição, pareceram demasiado desejosos de me matar para obterem favores dos meus guardas. Apenas com o auxílio de um prisioneiro mexicano, que me protegeu dos abusos e pancadas dos outros presos, é que sobrevivi aos quatro ou cinco dias que aí passei, até ser por fim levado e colocado a bordo de um pequeno barco de três mastros e transportado para a ilha de León, e depois através do estreito de Gibraltar até Ceuta, onde chegámos a 16 de Junho de 1788 passados quatro dias de viagem.

No navio, que era um transportador de sal, deparei com a curiosidade dos outros presos, poucos dos quais tinham alguma vez visto um índio e me examinaram como se eu fosse um objecto. Olhavam-me como se eu fosse um salteador perigoso apenas devido à extensão da minha sentença, e dois dos seus chefes fizeram-me saber que o meu destino e a minha vida estavam nas suas mãos; um deles ordenou-me que o seguisse com o seu grupo de prisioneiros quando desembarcámos. Mas o capitão do navio disse-lhe que ele não tinha quaisquer direitos sobre mim, e escoltou-me até à casa do governador da colónia, o conde de Las Lomas, a quem expressou a sua opinião de que eu não era como o resto dos prisioneiros que ele trouxera, e que não deveria ser colocado na companhia destes, mas que me fosse permitida alguma liberdade para cumprir a minha sentença; e o governador concordou com isto, e ordenou a um dos seus oficiais que tratasse de me alojar em casa de alguém durante algum tempo. Um mercador, que estava presente e que por acaso ouviu a nossa conversa, ofereceu-se para me fornecer um quarto. Isto ficou acordado como medida temporária, embora passado pouco tempo eu viesse a descobrir que a sua motivação pouco tivera a ver com bondade humana, ou hospitalidade, sendo apenas uma forma de ficar bem visto perante o governador. Depois de ter sido tão maltratado às suas mãos, passados alguns dias dirigi-me ao comandante da prisão.

Foi então que pedi para cumprir a minha sentença sozinho, privado de qualquer contacto humano, Deram-me uma pequena horta para cultivar, ao lado da cabana onde eu iria viver. E tal como os mortos-vivos, nesta ocupação preservei a minha vida.

Foi a 1 de Junho de 1813 que conheci pela primeira vez o frade agostiniano Dom Marcos Durán Martel, o único ser humano que amenizou as minhas ofensas e sofrimento, e que sei que estava destinado a salvar-me nestes meus últimos anos de vida, com o contentamento simples da sua amizade e bondade. Quando o comecei a conhecer melhor, contou-me, sendo crioulo e um conterrâneo americano, que ele mesmo fora perseguido pelas suas crenças, pelo que também fora aprisionado e exilado. Ofereci-me para partilhar o meu alojamento com ele, ao que ele acedeu. Como na altura eu estava velho, já não era capaz de cavar e trabalhar a minha horta com o mesmo vigor de antigamente, tarefa que ele tomou a seu cargo; na verdade, foi o seu auxílio e bondade que me trouxeram o cuidado e conforto que eu nunca imaginara ser possível. E foi nessa altura que mais uma vez senti o sonho e o desejo de voltar a ver a minha terra natal, passados quase 40 anos de aprisionamento, num mundo que mudara tão radicalmente.

Até ao ano de 1820, continuámos tal como até então, a sonhar cada vez mais que um dia seríamos libertados e partiríamos para a nossa terra natal, a qual nenhum de nós, homens velhos, acreditava poder voltar a ver. Mas nesse ano as Cortes de Espanha anunciaram a libertação de todos os prisioneiros políticos americanos, a cada um dos quais seriam dados dez reais por dia até embarcarem em navios que os levassem para a sua terra natal, sendo que a viagem também seria paga. O meu companheiro ajudou-me por fim a partir para descobrirmos um navio que nos levasse a Algeciras, e daí a Gibraltar...

O velho índio não conseguiu escrever mais nessa noite. A sua mente estava cheia de memórias — de como ele passara meses a iludir as várias imposições que lhe foram colocadas quanto ao seu direito à liberdade, e como por fim o seu companheiro, o frade Durán, conseguira encontrar para ambos um camarote num navio de Cádis que se dirigia para Buenos Aires, onde chegaram a 3 de Agosto de 1822.

Nesse mesmo ano, ele apresentou as suas memórias ao Congresso argentino, e uma reprodução destas foi publicada em Buenos Aires em 1825 sob a forma de um panfleto intitulado *O Longo Aprisionamento em Espanha de Juan-Bautista Túpac Amaru — quinto bisneto em descendência directa do último imperador do Peru*[2]. Em Maio desse ano, tendo ouvido a notícia da independência do Peru, ele expressou por escrito a sua gratidão ao libertador Simón Bolívar, informando-o de que os seus 40 anos de aprisionamento e exílio tinham sido recompensados com a libertação do seu povo, e expressando o seu desejo de se encontrar com ele antes de morrer. Foi algo que nunca chegou a concretizar. Morreu em Buenos Aires a 2 de Setembro de 1827 aos 80 anos. O local do seu túmulo permanece desconhecido.

Cronologia

1513 Vasco Núñez de Balboa, acompanhado pelo esclavagista Francisco Pizarro, descobre o oceano Pacífico.

1514 Diego de Almagro e Hernando de Soto chegam ao istmo do Panamá na armada do seu novo governador, Dom Pedro Arias Dávila, conhecido como Pedrarias.

1515 Nasce Santa Teresa de Ávila.

1519 Hernán Cortés conquista o México.

1522 O basco Pasqual de Andagoya faz o reconhecimento das terras costeiras do Pacífico da Colômbia e do Equador, o império setentrional dos Incas.

1524-7 Viagens exploratórias de Pizarro e Almagro até à costa equatoriana.

1526 O embaixador veneziano Andrea Navagero assiste ao casamento em Sevilha do imperador Carlos V e da infanta portuguesa D. Isabel.

1527 Morre o imperador inca Huayna Cápac.

1529 Irrompe a guerra civil entre o imperador inca Huáscar e o seu meio-irmão Atahualpa.

1529 Em Toledo, a imperatriz Dona Isabel concede a Pizarro o direito de conquistar o Peru.

1530 O conquistador Cristóvão de Mena parte de barco do Panamá na força expedicionária de Pizarro para a conquista do Peru.

1532	O imperador Huáscar é capturado pelos generais de Atahualpa e as suas irmãs, as princesas Marca Chimbo e Quispiquipi, são feitas prisioneiras.
1532	Os conquistadores de Pizarro cercam Atahualpa em Cajamarca.
1533	Distribuição do tesouro em Cajamarca.
1533	Cristóvão de Mena é o primeiro dos veteranos de Pizarro a regressar a Sevilha.
1533	Execução de Atahualpa em Cajamarca.
1533	Tomada de Cusco.
1535	Hernando de Soto parte do Peru para Espanha.
1535	Almagro parte de Cusco para a conquista do Chile.
1535	Pizarro funda a Cidade dos Reis, em Lima, como capital da colónia.
1536-7	Cusco é cercada pelo Inca Manco.
1537	Almagro liberta Cusco e conquista a cidade para si mesmo.
1538	As forças de Almagro são derrotadas na batalha de Salinas pelo exército lealista de Hernando Pizarro. Almagro é executado.
1539	Nasce em Cusco o futuro historiador Garcilaso de la Vega.
1539	Hernando de Soto chefia uma expedição de conquista à Florida.
1539	Gonzalo Pizarro lidera a primeira invasão de Vilcabamba.
1541	Francisco Pizarro é morto por partidários do filho mestiço de Almagro.
1541	Hernando de Soto morre nas margens do rio Mississípi.
1542	O governador Vaca de Castro derrota o filho de Almagro na batalha de Chupas.
1544	Gonzalo Pizarro lidera uma rebelião armada em Cusco e governa a colónia durante quatro anos até ser derrotado na batalha de Jaquijahuana.

Cronologia

1545	Descoberta da mina de prata em Potosí.
1553	Rebelião do *encomendero* Francisco Hernández Girón, que dura um ano.
1555	A princesa Dona Inês testemunha em Lima em nome dos filhos órfãos de Atahualpa.
1556	Abdicação do imperador Carlos V.
1557	O Inca Sayri Túpac é convencido a deixar Vilcabamba.
1560	Morre em Yucay Sayri Túpac.
1560	O jovem Garcilaso de la Vega parte do Peru para Espanha, para nunca mais regressar.
1561	Hernando Pizarro libertado do castelo de La Mota.
1562	A filha abandonada de Hernando de Soto testemunha em nome da mãe, a princesa Dona Leonor.
1571	Morre em Cusco a princesa Dona Beatriz.
1572	O vice-rei Dom Francisco de Toledo inicia a investigação da história dos Incas.
1572	Toledo ordena a segunda invasão de Vilcabamba; prisão e execução do Inca Túpac Amaru.
1590	Morre em Cusco o último dos conquistadores.
1598	Morre o rei Filipe II.
1616	Morre em Córdova Garcilaso de la Vega.
1676	Nasce Bartolomé Arzáns de Orsúa y Vela, futuro cronista de Potosí, na Cidade Imperial.
1781	Execução em Cusco do cacique José Gabriel Túpac Amaru.
1827	Morre em Buenos Aires o meio-irmão do cacique Juan Bautista Túpac Amaru.

Genealogia

Filhos do imperador Huayna Cápac

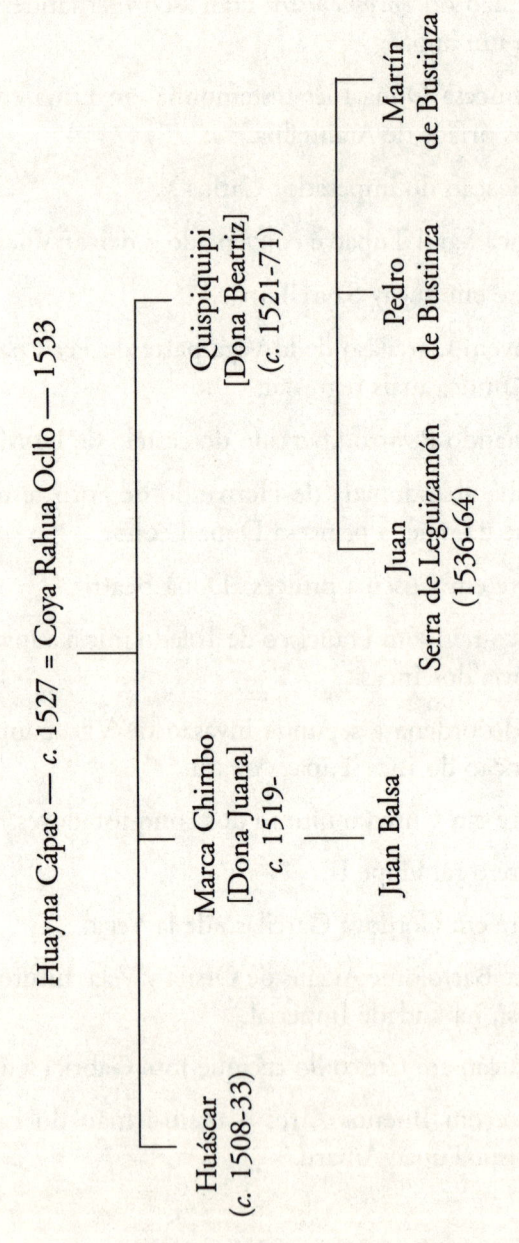

Huayna Cápac — *c.* 1527 = Coya Rahua Ocllo — 1533

- Huáscar (*c.* 1508-33)
- Marca Chimbo [Dona Juana] *c.* 1519-
  - Juan Balsa
- Quispiquipi [Dona Beatriz] (*c.* 1521-71)
  - Juan Serra de Leguizamón (1536-64)
  - Pedro de Bustinza
  - Martín de Bustinza

Concubinas

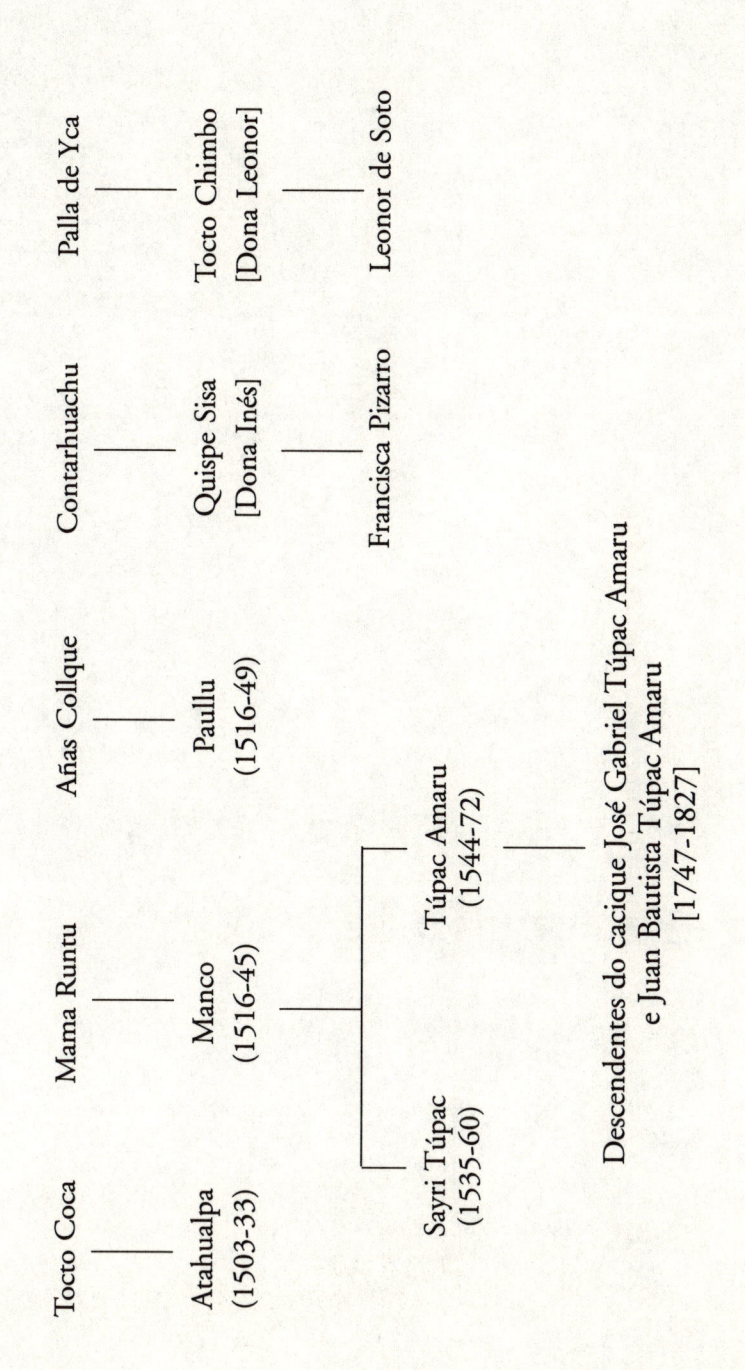

Tocto Coca	Mama Runtu	Añas Collque	Contarhuachu	Palla de Yca
Atahualpa (1503-33)	Manco (1516-45)	Paullu (1516-49)	Quispe Sisa [Dona Inés]	Tocto Chimbo [Dona Leonor]
			Francisca Pizarro	Leonor de Soto

Manco (1516-45)
├── Sayri Túpac (1535-60)
└── Túpac Amaru (1544-72)

Descendentes do cacique José Gabriel Túpac Amaru
e Juan Bautista Túpac Amaru
[1747-1827]

Glossário e Topónimos

Adelantado	título militar, indicando o comando de uma região fronteiriça.
Alcaide	presidente da câmara.
amauta	bardos e anciãos incas.
Andes	cordilheira montanhosa; o nome quéchua deriva do nome Antisuyo.
Antisuyo	região oriental do Império Inca.
Apurímac	rio situado na entrada ocidental de Cusco.
Arequipa	cidade fundada em 1540 devido à sua proximidade com o oceano Pacífico.
Audiência de Lima	Tribunal da Chancelaria Real do Vice-Reino do Peru; governado pelo seu alcaide e magistrado.
ayllu	clã familiar inca ou índio.
Aymára	língua de tribos étnicas de Cuntisuyo e Collasuyo.
cabildo	conselho municipal de uma cidade.
cacique	palavra de origem caribenho-ameríndia significando um chefe tribal, introduzida pelos conquistadores do Peru.
Cajamarca	aldeia inca nos Andes centrais, a norte de Cusco.
Cañari	tribo equatorial da região e cidade de Tumibamba; auxiliares dos Espanhóis desde os dias inicias da Conquista. O cacique cañari

Dom Francisco Chilche foi recompensado pela Coroa com uma *encomienda* em Cusco, no vale de Yucay, e com a categoria de fidalgo.

Cápac	título inca significando um soberano poderoso.
capitão	comandante de um esquadrão de cavalaria ou de infantaria.
Chachapoya	tribo da região norte dos Andes.
chicha	vinho de milho.
Chile	a região mais a sul do Império Inca; a colónia de Santiago foi fundada em 1541 por Pedro de Valdivia.
Chinchasuyo	a região meridional do Império Inca.
Chuquinga	batalha de, ocorrida em Cuntisuyo a 30 de Março de 1554; Francisco Hernández Girón derrota o exército realista do mariscal Alonso de Alvarado.
coca	planta narcótica sagrada para a nobreza inca. A cocaína deriva desta e foi criada em abundância pelos *encomenderos* em vales subtropicais para os mercados mineiros de Potosí.
Collasuyo	a região meridional do Império Inca.
converso	convertido ao cristianismo, de ascendência judaica.
Copacabana	santuário religioso colonial no promontório do lago Titicaca; o nome aymara significa «pedra de onde tudo pode ser visto», e refere-se à vista que se alcançava a partir do seu antigo templo inca; uma capela mais antiga foi substituída por um santuário dedicado à Virgem, construído entre 1610 e 1619. Uma escultura de madeira da Virgem foi doada ao santuário pelo escultor índio Tito Yupanqui em 1592. Em meados do século XVII o cronista agostiniano Antonio de la Calancha e Benavides publicou a história do santuário intitulada *Historia del Santuario de Copacabana e del Prado*.

Glossário e Topónimos

Corregedor	governador de uma cidade ou província.
Conselho das Índias	Instituição que governava as Índias.
Coya	título de irmã-rainha do imperador inca e das suas filhas; usado indiscriminadamente depois da Conquista por várias filhas ilegítimas do imperador Huayna Cápac.
crioulo	filhos de Espanhóis nascidos de índias.
cristão-velho	de antiga linhagem cristã.
curaca	nome quéchua para um chefe tribal.
Cusco	capital do império inca de Tahuantinsuyo, fundada como municipalidade espanhola em 1534.
Dom/Dona	título de cortesia entre a realeza, nobreza e os principais governadores e comandantes militares, entre eles Pizarro e Almagro, alguns dos quais eram fidalgos. Embora em anos posteriores a sua utilização se tornasse mais vulgar, no Peru do século XVI apenas as mulheres e filhas de fidalgos e conquistadores podiam ser designadas como Donas. Foi concedido aos familiares da corte do conquistador Mansio Serra de Leguizamón o título de Dom, mas nem ele nem o seu pai, embora sendo fidalgos, foram alguma vez tratados assim. Alguns dos príncipes incas que se tinham convertido ao cristianismo foram, contudo, recompensados com o título, entre eles o filho do conquistador Dom Juan Serra de Leguizamón, tal como está registado no testamento do seu pai.
Encomienda/encomendero	terra concedida com vassalos índios como recompensa em nome de serviço feudais prestados após a evangelização dos seus domínios, atribuída pela Coroa. A concessão só poderia ser herdada uma vez, ou pelo filho ou o neto do *encomendero* como herdeiro, ou pela sua viúva sem filhos e qualquer futuro marido dela. Os filhos mestiços ou ilegítimos

	não poderiam herdar, a não ser que autorizados pela Coroa.
Guayaquil	cidade costeira equatorial, fundada por Santiago de Guayaquil em 1535.
fidalgo	termo da antiga nobreza ibérica; *filho de algo* = filho de um homem de posição.
Hispaniola	ilha caribenha, que hoje está dividida entre República Dominicana e Haiti.
huaca	santuário natural índio.
Huanacauri	santuário *huaca* de montanha, a sudoeste de Cusco.
Huarina	batalha ocorrida a 20 de Outubro de 1547, na costa sudeste do lago Titicaca; derrota do exército lealista de Diego de Centeno por Gonzalo Pizarro.
Iñaquito	Batalha de, ocorrida a 18 de Janeiro de 1546, perto de Quito; derrota do exército do vice-rei Blasco Núñez Vela por Gonzalo Pizarro.
Inca	nome do *ayllu* que chefia uma tribo quéchua; título de imperador.
índio/índias	nome dado pelos Espanhóis aos nativos das Américas e das ilhas das Caraíbas, pois julgavam que o continente fazia parte da Índia.
Inti	divindade Inca do Sol.
Istmo do Panamá	anteriormente conhecido como Castilla del Oro devido à sua suposta abundância de ouro, e mais tarde como Tierra Firme; a cidade portuária do Panamá, na sua costa ocidental, foi fundada como resultado da descoberta do oceano Pacífico por Vasco Núñez de Balboa em 1533.
Jaquijajuana	batalha de, ocorrida a 9 de Abril de 1548, no vale e planície com o mesmo nome; derrota do exército de *encomenderos* de Gonzalo Pizarro pelo alcaide La Gasca.
Jauja	povoado inca nos Andes centrais; fundado por Francisco Pizarro como a primeira municipalidade espanhola em 1533.

Glossário e Topónimos

La Paz	cidade no Collasuyo: Nuestra Señora de La Paz, Nossa Senhora da Paz, fundada em 1548 para comemorar a derrota da rebelião de Gonzalo Pizarro; capital administrativa da Bolívia.
La Plata	cidade no Collasuyo meridional, fundada em 1538, derivando o seu nome da sua abundância de minas de prata; também conhecida pela seu nome indígena de Chuquisaca e Las Charcas, o nome da região; rebaptizada Sucre em 1825 em honra do mariscal Antonio de Sucre.
légua	equivalente a cerca de cinco quilómetros.
León	capital da primeira colónia da Nicarágua.
licenciado	advogado.
Lima	cidade, capital do vice-reino do Peru; nome das terras de Curaca Taulichusco, onde Pizarro fundou em 1535 a capital do seu governo ao qual chamou Los Reyes, a Cidade dos Reis, em honra do Dia de Reis.
Lupaca	tribo aymara do Cuntisuyo e Collasuyo, embora principalmente das regiões setentrionais e ocidentais do lago Titicaca.
mamacunas	virgens do Sol.
Manco Cápac	o fundador mítico da dinastia inca, filho do Sol e da Lua, fundador de Cusco.
mariscal/marechal	comandante de cavalaria ou exército; com poderes para agir como autoridade legal durante a campanha.
mestiço	pessoa de ascendência mista índia e espanhola.
mitimae	trabalhadores das tribos vassalas; transportados para várias regiões do império durante determinado período de tempo — mita — pelos Incas e depois pelos Espanhóis.
mourisco	de ascendência moura.
morrión	elmo curvo de aço dos conquistadores.

mudéjar	mouros com permissão para viverem em terras cristãs; termo também usado para descrever a influência mourisca na arquitectura.
mulato	pessoa de ascendência mista de negro com escravo.
Nazca	região ocidental do Cuntisuyo; civilização pré-colombiana; local das gigantescas linhas de Nazca.
Nova Castela	o governo de Francisco Pizarro no Peru.
Nova Espanha	México.
Nova Toledo	governo concedido a Almagro da região de Collasuyo.
ñusta	sobrinha ou filha do imperador com uma concubina.
oreja [orelha]	nome dado pelos Espanhóis aos senhores incas devido aos ornamentos de ouro e prata que estes usavam.
Pachacamac	nome quéchua para o criador.
Pachamama	divindade da terra.
palla	filha de um cacique.
panaca	nome das linhagens incas e dos seus guardiães; os herdeiros espirituais e seculares dos imperadores, num total de onze na altura da Conquista.
Parinacochas	região noroeste do Cuntisuyo.
Pastu	Norte do Equador; a região mais a norte do Império Inca.
Peru/Birú	nome de cacique equatoriano incorrectamente dado ao Império Inca de Tahuantinsuyo pelo primeiro explorador espanhol da costa do Pacífico, Pascual de Andagoya.
peso	nome de moeda, originalmente querendo significar peso. Valor calculado actual: peso de ouro: £25. Peso ou marco de prata: £17. Peso de prata estampado (*plata ensayada*):

Glossário e Topónimos

	£25. Prata não marcada: £20. O valor em Espanha durante o início do período colonial teria sido possivelmente três vezes superior.
peça de oito	moeda, aproximadamente equivalente a ½ peso de ouro.
Písac	*encomienda* situada no vale desse nome no Yucay.
Piura	aldeia equatoriana.
Potosí	cidade na Bolívia, fundada em 1545 devido à grande riqueza da mina de prata vizinha, o Cerro Rico.
procurador	título de um governador.
Pucará	batalha ocorrida a 8 de Outubro de 1554, a norte do lago Titicaca; derrota de Francisco Hernández Girón pelo exército realista dos juízes de Lima.
Puerto Viejo	o velho porto, a norte de Guayaquil.
Quéchua	língua e tribo que governava o Império Inca.
Quipucamayoc	guardiães dos quipos, fios coloridos usados para numeração, registos históricos e astrológicos.
Quito	capital setentrional do Império Inca; fundada em 1534 como San Francisco de Quito; capital do Equador.
Vale Sagrado dos Incas	o vale do Yucay, mesmo a norte de Cusco.
San Mateo	baía equatorial.
Sapa Inca	imperador.
Sucre	*ver* La Plata.
Surampalli	retiro campestre do imperador Huayna Cápac, capital da tribo Cañari, local da actual cidade equatoriana de Cuenca, a que ele mais tarde chamou Tumibamba, o nome da sua *panaca*.
Tahuantinsuyo	nome do Império Inca dos quatro *suyos,* ou regiões: Antisuyo, Chinchasuyo, Collasuyo e Cuntisuyo.

tambo	fortaleza ou armazém inca.
Titicaca	lago no Collasuyo, sagrado para os Incas; situado a 3750 metros acima do nível do mar e com cerca de 9000 quilómetros quadrados; faz fronteira com o Peru e a Bolívia.
Tucumán	província meridional do Collasuyo no Norte da Argentina.
Túmbez	primeira colónia espanhola na costa equatoriana.
Tumibamba	Surampalli, capital andina equatoriana da tribo Cañari; local de nascimento do imperador Huayna Cápac, que lhe deu o nome da sua *panaca*; local da actual cidade de Cuena, cuja municipalidade espanhola foi fundada em 1557.
Veragua	província noroeste da Nicarágua.
Vilcabamba	aldeia inca fortificada, a noroeste de Cusco, construída pelo Inca Manco; conhecida como a Cidade Perdida dos Incas; a sua localização provável é Espíritu Pampa.
Villaoma	título do sumo sacerdote inca do Sol.
Viracocha	divindade cósmica andina.
Vitcos	aldeia inca perto de Vilcabamba, a noroeste de Cusco.
Yanacona	casta de criados nómadas.
Yucay	vale a norte de Cusco; feudo pessoal do imperador Huayna Cápac e da sua *panaca*; conhecido pelo seu clima e beleza.
Yupanqui	título quéchua que significa realeza.

Notas

A transcrição dos manuscritos espanhóis é de Josefa García Tovar, e a sua tradução é do autor, tal como todas as outras traduções.

Prefácio
1.   Alfredo Varela (org.), *Memorias del Hermano de Túpac Amaru, escritas em Buenos Aires.*

I.   *Os Galeões de Sevilha*
1.   Antonio María Fabie (org.), *Viajes por España de Jorge de Einghen, del Barón León de Rosmithal, de Francisco Guicciardini e de Andrés Navajero.*
2.   *Ibid.*
3.   *Ibid.*
4.   Diego de Trujillo, «Relación del Descubrimiento del Reino del Perú», p. 196.
5.   Pedro Pizarro, *Relación del Descubrimiento y Conquista de los Reinos del Perú*, p. 15.
6.   Garcilaso de la Vega, *La Florida del Ynca, Historia del Adelantado Hernando de Soto, Gobernador y capitán general del reyno de la Florida, e de otros cavalleros Españoles e Indios*, Livro 5, Primeira Parte, Capítulo VII.
7.   Diego de Trujillo, «Relación», p. 197.
8.   James Lockhart, *The Men of Cajamarca*, pp. 380-4.
9.   Diego de Trujillo, «Relación», p. 199.
10.   Ms. Información de méritos y servicios del Adelantado Hernando de Soto, Arquivo Geral das Índias, Sevilha, Patronato 109, N1.R4.
11.   Cristóbal de Mena, *La Conquista del Perú, llamada la Nueva Castilla*, p. 81.

12. *Idem*, pp. 45-7. Diego de Trujillo, «Relación», pp. 200-3.

13. Ms. Información hecha por el fiscal en el pleito de Doña Francisca Pizarro y Don Hernando Pizarro, Arquivo Geral das Índias, Sevilha, Legajo 496.

14. Ms. Pedimiento de Don Diego y Don Francisco, hijos naturales que se dicen de Don Francisco Atahualpa, Arquivo Geral das Índias, Sevilha, Patronato 188.

15. Francisco de Xerez, *Verdadera Relación de la Conquista del Perú*, p. 123.

16. Miguel de Estete, *Noticia del Perú*, vol. 1, p. 378.

17. Pedro Pizarro, *Relación*, pp. 65-9.

18. *Idem.*, p. 240.

19. Rafael Loredo, *Los Repartos*, pp. 72-4. Stuart Stirling, *The Last Conquistador: Mansio Serra de Leguizámon and the Conquest of the Incas*, pp. 42-4. A pronúncia original do nome de família — Serra de Leguizámon — foi mantida, embora a pronúncia fonética — Sierra de Leguíazmo — tivesse sido adoptada por diversos escrivães e historiadores.

20. Stirling, p. 43.

21. Ms. Información... Doña Francisca Pizarro.

II. *O Reino das Montanhas de Neve*

1. Sir William Stirling-Maxwell, *The Cloister Life of the Emperor Charles V*, p. 246.

2. Garcilaso de la Vega, *Comentarios Reales de los Incas, Historia General del Perú*, Livro 3, Capítulo XX.

3. Martín de Murúa, *Historia General del Perú*, vol. 1, p. 99.

4. «Información Acerca el Señorio del los Incas hechas por mandado de Don Francisco de Toledo, Virey del Perú, 1570-2», em Fernando Montesinos, *Memorias Antugas Historiales e Politícas del Perú*, p. 254.

5. Ms. Información de los conquistadores, Cusco, 1572. Arquivo Geral das Índias, Sevilha, Lima 28 B.

6. Waldemar Espinoza Soriano, *Los Orejones del Cuzco*, p. 95.

7. Pedro Pizarro, *Relación*, p. 46.

8. Pedro de Cieza de León, *La Crónica dela Perú*, p. 367.

9. Roberto Levillier (org.), «Gobernantes del Perú, Cartas e Papeles del Siglo XVI», vol. VII, p. 124.

10. *Idem*, p. 18.

11. «Discurso de la Sucesión y Gobierno de los Incas», reproduzido em Julío Luna, *El Cuzco y el Gobierno de los Incas*, pp. 31-5, 40-1.
12. Gonzalo Fernández de Oviedo, *Historia General y Natural de las Indias*, Tomo IV.
13. Ms. Declaración de los Indios que residen en Potosí, Ano 1550, Arquivo Geral das Índias, Sevilha, Justicia 667, N2.
14. Ms. Información de los conquistadores.
15. Pedro Sancho de la Hoz, Relación de la Conquista del Perú, tradução do italiano de Joaquin García Icazbalceta, pp. 88-92.
16. Pedro de Cienza de León, *El Señorio de los Incas*, pp. 97-8.
17. Juan de Betanzos, *Suma y Narración de los Incas*, p. 260. Marca Chimbo seria mais tarde conhecida como Dona Juana e a sua irmã mais nova, Quispiquipi, como Dona Beatriz Manco Cápac. Eram ambas irmãs de Huáscar e filhas de Huayna Cápac e da Coya Rahua Ocllo. Ms. Información de méritos de Juan Serra de Leguizámon, Arquivo Geral das Índias, Lima, Patronato 126.
18. Ms. Antonio de Ribera. Arquivo Geral das Índias, Sevilha, Patronato 188.

III. *O Marquês de Las Charcas*
1. Ms. Informarción de Francisco Pizarro, Aqruivo Geral das Índias, Sevilha, Patronato 145, N2, R2.
2. É válido descrever Pizarro como um esclavagista — o negócio dos escravos era uma das principais fontes de riqueza no istmo, juntamente com a extracção de ouro — pois tanto ele como o seu sócio, Diego de Almagro, tinham durante anos garantido a sua subsistência capturando escravos. De Almagro disse-se que «ele conseguia seguir um índio através das florestas seguindo simplesmente os seus rastos, e no caso do índio ter uma légua de vantagem sobre ele, ainda assim ele conseguia apanhá-lo». Pedro Pizarro, *Relación*, p. 168.
3. Raúl Porras Barrenechea, *Pizarro*, p. 667.

IV. *As Sobrinhas de Dona Inês*
1. Ms. La Querella de Francisco Sánchez Cirujano, Arquivo Geral das Índias, Sevilha, Justicia.
2. Ms. Pedimiento de Don Diego y Don Francisco.
3. Garcilaso de la Vega, *Comentarios*, Livro 9, Capítulo XXXVIII.

V. *A Imperatriz Criança*

1. Cristóbal de Molina, *Conquista y Población del Perú*, Tomo III, pp. 342-3.
2. William Prescott, *The History of the Conquest of Peru*, Apêndice, pp. 496, 497.
3. Garcilaso de la Vega, *Comentarios*, Livro 9, Capítulo XXXVIII.

VI. *O Rio do Espírito Santo*

1. Hidalgo de Elvas, *Expedición de Hernando de Soro a Florida*, Capítulo XXX.
2. Garcilaso de la Vega, *La Florida*, Livro V, 1, Capítulo VII.
3. Hidalgo de Elvas, *Expedición*.
4. *Ibid.*
5. *The De Soto Chronicles, The Expedition of Hernando de Soto to North America in 1539-1543*, vol. 1, p. 369.
6. Ms. Informação de Hernando de Soto.

VII. *O Velho Soldado*

1. Ms. Información de méritos del Capitán Mansio Serra de Leguizamón, Arquivo Geral das Índias, Sevilha, Patronato 126.
2. José Antonio del Busto Duthurburu, *Diccionario de los conquistadores del Perú*.
3. *Ibid.*

VIII. *A Assombração*

1. Ricardo Palma, *Tradiciones Peruanas*, pp. 180-2.
2. Garcilaso de la Vega, *Comentarios*, Livro 5, capítulo XXXVI.
3. *Ibid.*, Livro 5, Capítulo XLIII.
4. *Ibid.*, Livro 4, Capítulo XL.
5. *Ibid.*, Livro 5, Capítulo XXXVIII.
6. *Ibid.*, Livro 5, Capítulo XLI.
7. Diego Fernández, *Historia del Perú*, Primeira Parte, Livro 2, Capítulo 20.
8. *Colección de Documentos Inéditos para la Historia de España*, Madrid, 1842-1895, vol. XLIX, pp. 277, 278.
9. Pedro Pizarro, *Relación*, p. 238.

IX. O Requiem

1.   Ms. Carta de Fray Vicente de Valverde, Obispo del Cuzco, escrita al Emperador Carlos V desde la ciudad del Cuzco a 2 de Avril de 1539. Número 3216, Biblioteca Nacional, Madrid.

2.   Emilio Lisson Chavez (org.), *La Iglesia de España en el Perú*, p. 77.

X. O Homem Cego de La Mota

1.   Gonzalo Fernández de Oviedo, *Historia General*, Tomo CXXI, p. 61.

2.   Ms. Orden de Santiago, Número 6525, Biblioteca Nacional, Madrid.

3.   Ms. Archivo Arzobispal, Lima.

4.   Ruth Pike, 'Sevillian Society in the Sixteenth Century: Slaves and Freedmen', *Hispanic American Historical Review* 47, 1967.

5.   María Rostworowski de Díez Canseco, *Doña Francisco Pizarro*.

6.   Ms. Orden de Santiago, Número 6525, Biblioteca Nacional, Madrid.

7.   Roberto Levillier (org.), *Gobernantes del Perú*, vol. II, pp. 139-40.

8.   Ms. Doña Francisca Pizarro y Don Hernando Pizarro, Archivo General de Indias, Sevilla, Lima, Legajo 496A.

XI. A Filha do Imperador

1.   Ms. Autos seguidos por Martín García de Licona, Archivo General de la Nación, Lima, Perú, Legajo 15, Cuaderno 80.

2.   Ms. Información de Juan Serra de Leguizamón. Ela também era referida pelo seu nome territorial Huaylla (Guaylla) no Yucay, que ela herdara do pai. Ms. Autos seguidos por Martín Garcia de Licona. José de Puente Brunke, *Encomiendas y Encomenderos en el Perú*, pp. 359, 378.

3.   Ms. Información de Juan Serra de Leguizámon.

4.   Juan Díez de Betanzos, *Suma y Narración*, p. 260.

5.   Carlos Sempat Assadourian, *Transiciones Hacia el Sistema Colonial Andino*, p. 144.

6.   Ms. Información de Juan Serra de Leguizámon.

7.   Ms. Información de méritos de Diego Maldonado, Archivo General de Indias, Sevilla, Patronato 99.

8.   Edmundo Guillén Guillén, *Versión Inca de la Conquista*, p. 120.

9.   *Ibid.*, pp. 35, 121.

10.   *Ibid.*, p. 122.

11.   Ms. Información de Juan Serra de Leguizámon.

12. *Ibid.*

13. Joaquín Pacheco *et al.* (orgs.), *Colección de Documentos inéditos relativos al descubrimiento, conquista y colonización de las posesiones Españolas en América,* vol. 3.

14. Emilio Lisson Chavez (org.), *La Iglesia de España en el Perú,* vol. 3, pp. 79-80.

15. *Ibid.*

16. Ms. Información de Diego Maldonado.

17. *Ibid.*

18. Ms. Información de Juan Serra de Leguizámon.

19. Garcilaso de la Vega, *Comentarios, Historia del Perú,* Libro 6, capítulo III.

20. Ms. Autos seguidos por Martín García de Licona.

21. Ms. Información de Juan Serra de Leguizámon.

22. Stuart Stirling, *The Last Conquistador,* p. 111.

23. Diego Fernández, *Historia del Perú,* p. 76.

24. Henry Kamen, *The Spanish Inquisition,* p. 254.

25. Ms. Información de los conquistadores.

26. Ms. Información de Juan Serra de Leguizámon.

27. *Ibid.*

28. 'Información Acerca el Señorio de los Incas', p. 256.

29. José de la Puente Brunke, *Encomienda y Encomenderos,* p. 359.

30. Sir Clements Markham, *The Incas of Peru,* p. 57.

31. Ms. Autos seguidos por Martín García de Licona.

32. *Ibid.*

XII. *O Príncipe Mestiço*

1. Ms. Información de María Ramírez, 1569, Archivo General de Indias, Lima, 206, N. 2.

XIII. *A Noiva de Santa Clara*

1. 'El Monasterio de Santa Clara de la ciudad del Cuzco', *Revista del Archivo Nacional del Perú,* 1938.

2. Ms. Baltasar de Ocampo, 'Descripción de la Provincia de San Francisco de la Victoria de Vilcabamba', Hispanic Manuscripts, British Library.

3. *Ibid.*

4.   Ella Temple Dunbar, 'El Testamento inédito de Doña Beatriz Clara Coya de Loyola, hija del Inca Sauri Túpac', *Revista Fenix 3*, nos. 7-8, 1951-2, p. 113.
5.   *Ibid.*, p. 121.
6.   *Ibid.*, p. 114.
7.   *Ibid.*

XIV. *O Tesouro Perdido*

1.   Alfred Bingham, *Portrait of an Explorer: Hiram Bingham, Discoverer of Machu Picchu.*
2.   John H. Rowe, 'Machu Picchu a la luz de los documentos del Siglo XVI', *Histórica 14*, 1990, pp. 139-54.
3.   Stephen Clissold, *Conquistador: The Life of Don Pedro Sarmiento de Gamboa.*
4.   Ms. Fray Antonio Martínez de la Orden de San Agustín, Archivo General de las Indias, Sevilla, Lima 327.
5.   *Ibid.*

XV. *O Sacristão de Córdova*

1.   Garcilaso de la Vega, *Comentarios,* Livro 9, capítulo XXXI.
2.   John Varner, *El Inca: The Life and Times of Garcilaso de la Vega*, p. 176.
3.   Ms. Información de méritos del Capitán Pedro del Barco y de Pedro del Barco, hijo, Archivo General de Indias, Sevilla, Justicia 429, Lima 204, Patronato 283.
4.   Garcilaso de la Vega, *Comentarios*, Livro 9, Capítulo XL.
5.   Garcilaso de la Vega, *Historia General del Perú*, Libro 8, Capítulo XXI.
6.   John Varner, *El Inca*, p. 281.
7.   *Ibid.*, pp. 368, 369.

XVI. *O Último dos Conquistadores*

1.   Ms. Información de méritos de Francisco Serra de Leguizamón, Archivo General de Indias, Sevilla, patronato 126.
2.   Ms. Expediente de Don Tristán de Leguizamón y Esquivel, Caballero de Santiago, Bilbao, Año 1530, Archivo Histórico Nacional, Madrid.
3.   Richard Ford, *Handbook for Spain*, Londres, Centaur Press, 1966, vol. III, p. 1374.

Princesas Incas

4. Lope García de Salazar, *Las Bienandanças e Fortunas*. Capítulo: 'Del Linaje de Leguiçamon e de su fundamento, e donde sucedieron'.

5. Raúl Rivera Serna, 'El Primer testamento de Mancio Serra de Leguízamo', Mar del Sur, Lima, p. 27.

6. Diego de Mendoza, *Crónica de la Provincia de San Antonio de las Charcas*, Libro 3, Capítulo VII, pp. 399-405.

7. Juan Perez de Tudela (org.), *Documentos Relativos a Don Pedro de la Gasca*, vol. 2, p. 354.

8. Ms. Información de méritos de Gómez de Mazuelas, Archivo General de Indias, Sevilla, Lima 177.

9. 'Carta de los licenciados Cepeda y Vera a Felipe II, La Plata, 14 Febrero 1585', em *Monumenta Misiones, Monumenta Peruana*, org. Antonio Egaña, Lima, 1961. Prior de Huamanga. Emilio Lisson Chavez (org.), *La Iglesia de España*, vol. IV, p. 142.

10. Ms. Protocolo 11, 1586, Luis de Quesada, fol. 25, Archivo Regional del Cusco.

11. Ms. Doña Elena Girón Heredia e Francisco Serra de Leguizamón. Contratación 5239, N1, R10, Archivo General de Indias, Sevilla.

12. Ms. Información del Capitán Mansio Serra de Leguizamón.

XVII. *A Tortura de Dona Catalina*

1. Información de Doña Catalina de Urbina, viuda del Licenciado Gregorio de Gamarra, Archivo General de Indias, Sevilla, Patronato 139, N1, R3.

XVIII. *O Legado do Bispo*

1. Carlos Alonso, 'Pedro Perea, Obispo de Arequipa', Archivo Augustiniano, vol. LXI, Madrid, 1977. M.A. Cateriano, *Memorias de los SS. Obispos de Arequipa*.

2. Emilio Lisson Chavez (org.), *La Iglesia de España en el Perú*, vol. 5, no. 23, p. 27.

3. Ms. Expediente de Hidalguía de Martín Díez de Medina, Legajo 106, Año 1568, Sala de Hijosdalgo, Real Chancillería de Valladolid.

4. Ms. de colecção paricular.

5. Ms. Información de Mansio Serra de Leguizamón.

6. O palácio Díez de Medina em La Paz foi concluído em 1775 pelo juiz *Don* Francisco Tadeo Díez de Medina, embora a sua construção tenha sido iniciada pelo seu pai, *Don* Andrés Díez de Medina, sobre a fundação

de uma anterior mansão de família. É agora o Museu Nacional de Arte da Bolívia.

XIX. *A Cidade Imperial*

1. Miguel de Cervantes, *El Celoso Extremeño*, em *Novejas Ejemplares*, Madrid, 1917.
2. Ms. 'Historia de la Villa Imperial de Potosí', Palacio Real, Madrid.
3. O mestre de Calamarca pode ser talvez identificado com o pintor de finais do século XVII da região de La Paz, José López de los Rios.
4. Ms. 'Historia de la Villa Imperial de Potosí'.
5. Rubén Vargas Ugarte, *Historia del Perú*, Lima, 1949, pp. 36, 37.
6. Ms. 'Historia de la Villa Imperial de Potosí'.
7. Antonio de la Calancha, *Córonica Moralizada del Orden de San Agustín en el Perú*.
8. Ms. 'Historia de la Villa Imperial de Potosí'.

XX. *O Prisioneiro de Cusco*

1. Boleslao Lewin, *La Rebellión de Túpac Amaru*, p. 391.
2. Ms. José Túpac Amaru, Archivo General de Indias, Audiencia de Lima, Legajo, 1619.
3. Lillian Estelle Fisher, *The Last Inca Revolt 1780-1783*, p. 43.
4. Carta de Túpac Amaru ao Cabildo de Cusco, in Boleslao Lewin, *La Rebellión de Túpac Amaru*, pp. 456, 457.
5. Lillian Estelle Fisher, *The Last Inca Revolt*, p. 220.
6. Daniel Valcárcel, *La Rebellión de Túpac Amaru*, p. 162.
7. Lillian Estelle Fisher, *The Last Inca Revolt*, p. 135.
8. Daniel Valcárcel, *La Rebellión de Túpac Amaru*, p. 166.

XXI. *O Último Inca*

1. 'El dilatado cautiverio bajo del gobierno español de Juan Bautista Tupamaro', folheto. Biblioteca Nacional de Buenos Aires.
2. *Ibid.*

Bibliografia

Acosta, José de, *Historia Natural y Moral de las Indias*, (org.) José Alcina Franch, Historia 16, Madrid, 1987.
Alonso, Carlos, *Pedro de Perea, Obispo de Arequipa*, Arquivo Agustiniano, vol. LXI, Madrid, 1977.
Alvarez Rubiana, Pablo, *Pedrarias Dávila*, Madrid, 1944.
Arzáns de Orsúa y Vela, Bartolomé, *Historia de la Villa Imperial de Potosí*, (orgs.) Lewis Hanke e Gunnar Mendoza, Brown University, 1965.
Betanzos, Juan Díez de, *Suma y Narración de los Incas*, (org.) María del Carmen Martín Rubio, Ediciones Atlas, Madrid, 1987.
Bingham, Alfred, *Portrait of an Explorer: Hiram Bingham, Discoverer of Machu Picchu*, Nova Iorque, 1989.
Browser, Frederick, *The African Slave in Colonial Perú*, Standford University Press, 1974.
Busto Duthurburu, José Antonio, *Diccionario Histórico Bibliográfico de los conquistadores del Perú*, Lima, 1986-7, Vols. 1 e 2.
Calancha y Benavides, Antonio de la, *Corónica Moralizada del Orden de San Agustín en el Perú*, (org.) Ignacio Prado Pastor, Universidad Nacional de San Marcos, Lima, 1974.
Cateriano, M.A., *Memorias de los SS. Obispos de Arequipa*, Arequipa, 1908.
Chavez, Emilio Lisson (org.), *La Iglesia de España en el Perú*, Sevilla, 1943.
Cieza de León, Pedro de, *La Cronica del Perú*, (org.) Manuel Ballesteros, Historia 16, Madrid, 1984.
—, *Descubrimientos y Conquista*, (org.) Carmelo Sáenz de Santa María, Historia 16, Madrid, 1986.
—, *Las Guerras Civiles*, vols. 1-2, (org.) Sáenz de Santa María, Consejo Superior de Investigaciones Científicas, Madrid.

—, *El Señorío de los Incas*, (org.) Manuel Ballesteros, Historia 16, Madrid, 1988.

CLISSOLD, Stephen, *Conquistador: The Life of Don Pedro Sarmiento de Gamboa*, Derek Verschoyle, Londres, 1954.

Colección de Documentos Inéditos Relativos al Descubrimiento, Conquista y Colonización de las Posesiones Españolas en América, (org.) Joaquín Pacheco, Francisco de Cárdenas y Luis Torres de Mendoza, Madrid, 1864-84.

Colección de Documentos Inéditos para la Historia de España, Madrid, 1842-1895.

COOK, Noble David, *Tasa de la Visita General de Don Francisco de Toledo*, Universidad Mayor de San Marcos, Lima, 1975.

—, *Born to Die*, Cambridge University Press, 1998.

DEL VALLE SILES, María Eugenia (org.), *Diario de Francisco Tadeo Díez de Medina*, Banco Boliviano Americano, La Paz, 1994.

DELAMARRE, Catherine, *Las Mujeres en tiempos de los conquistadores*, Planeta, Barcelona, 1994.

De Soto Chronicles, The. The Expedition of Hernando de Soto to North America in 1539-1543, (orgs.) Lawrence Clayton, Vernon James Knight e Edward Moore, University of Alabama Press, Alabama, 1995.

DÍEZ DE MEDINA, Fernando, *Thunupa*, Juventud, La Paz, 1990.

DÍEZ DE SAN MIGUEL, Fernando, García, *Visita hecha a la provincial de Chuquito... 1567*, Casa de Cultura, Lima, 1964/72.

DUNBAR TEMPLE, Ella, 'La Descendencia de Huayna Cápac', in *Revista Histórica*, Lima, vols. 11 (1937), 12 (1939), 13 (1940), 17 (1948).

ESTETE, Miguel de, *Noticia del Perú*, Biblioteca Peruana, vol. 1, Lima, 1968.

FABIE, António Marie (org.), *Viajes por España de Jorge de Einghen, del Barón León Rosmithal de Baina, de Francisco Guicciardini y de Andrés Navajero*, Madrid, 1879.

FERNÁNDEZ, Diego, 'Historia del Perú', in *Crónicas del Perú*, Biblioteca de Autores Españoles, Madrid, 1963.

FERNÁNDEZ DE OVIEDO, Gonzalo, *Historia General y Natural de las Indias, Islas e Tierra Firme del Mar Océano*, Madrid, 1851. (Repr. Ed. Juan Pérez de Tudela, Biblioteca de Autores Españoles, Madrid, 1959.)

FISHER, Lillian Estelle, *The Last Inca Revolt 1780-1783*, University of Oklahoma Press, Norman, 1966.

Bibliografia

GARCÍA DE SALAZAR, Lope, *Las Bienandanzas e Fortunas*, (org.) Maximiliano Camaron, Madrid, 1884.

GARCILASO DE LA VEGA, *Comentarios Reales de los Incas, Historia General del Perú*, (org.) Angel Rosenblat, Emecé Editores, Buenos Aires, 1945.

—, *La Florida del Inca, Historia del Adelantado Hernando de Soto, Gobernador y capitán general del reyno de la Florida, e de otros cavalleros Españoles e Indios*, (org.) Gabriel Daza de Cárdenas, Madrid, 1723.

GUILLÉN GUILLÉN, Edmundo, *Versión Inca de la Conquista*, RA Ediciones, Lima, 1974.

HEMMING, John, *The Conquest of the Incas*, Papermac, Londres, 1970.

FIDALGO DE ELVAS, *Expedición de Hernando de Soto a Florida*, (org.) Miguel Muñoz de San Pedro, Colección Austral, Espasa Calpe, Buenos Aires, 1949.

HYSLOP, John, *Inca Road System*, Orlando, Florida, 1984.

Instrucción del Inca Tito Cussi Yupanqui, (org.) María del Carmen Martín Rubio, Atlas, Madrid, 1988.

KAMEN, Henry, *The Spanish Inquisition*, Weidenfeld & Nicolson, Londres, 1997.

LEVILLIER, Roberto (org.), 'Gobernantes del Perú, Cartas y Papeles del Siglo XVI', Documentos del Archivo General de Indias, Madrid, 1924.

LEWIN, Boleslao, *La Rebellión de Túpac Amaru*, Sociedad Editora Latino Americana, Buenos Aires, 1967.

LOCKHART, James, *The Men of Cajamarca*, University of Texas Press, Austin, 1972.

—, *Spanish Peru, 1532-1560*, Wisconsin, 1994.

LÓPEZ MARTÍNEZ, Hectór, *Diego Centeno y la Rebelión de los Encomenderos*, Villanueva, Lima, 1970.

LOREDO, Rafael, *Los Repartos*, Miranda, Lima, 1958.

LUNA, Julío, *El Cuzco y el gobierno de los Incas*, Miranda, Lima. 1962.

MCNEILL, William, *Plagues and Peoples*, Oxford, Blackwell, 1977.

MARKHAM, Sir Clements, *The Incas of Peru*, Librerias ABC, Lima, 1965.

MEANS, P.A., *Biblioteca Andina*, Yale University Press, Blaine Ethridge, Detroit, 1973.

Mena, Cristóbal de, 'La Conquista del Perú, illamada la Nueva Castilla', em Raúl Porras Barrenechea, *Las Relaciones Primitivas de la Conquista del Perú*, Instituto Raúl Porras, Lima, 1967.

Mendiburu, Miguel de, *Diccionario Histórico-Biográfico del Perú*, Lima, 1874-90.

Mendoza, Diego de, *Crónica de la Provincia de San Antonio de las Charcas*, Editorial Casa Municipal de la Cultura, Franz Tamayo, La Paz, 1976.

Molina, Cristóbal de, *Conquista y Población del Perú*, (org.) Francisco Loayza, Biblioteca Peruana, Lima, 1943.

Montesinos, Fernando, 'Memorias Antiguas Historiales y Politicas del Perú', *Colección de Libros Españoles Raros*, (org.) Jiménez de la Espada, Madrid, 1882.

Montoto, Santiago, *Nobiliario Hispano-Americano del Siglo XVI*, vols. 1-2, Madrid, 1927.

—, *Sevilla en el Imperio*, Nueva Librería, Sevilla, 1937.

Morales Padrón, Francisco, *Los Conquistadores de América*, Colección Austral, Espasa-Calpe, Madrid, 1974.

Murúa, Martín de, *Historia General del Perú*, Wellington MS, vols. 1-2, (org.) Manuel Ballesteros, Madrid, 1974.

Palma, Ricardo, *Tradiciones Peruanas*, *Obras Completas*, Aguilar, Lima, 1968.

Pérez de Tudela, Juan (org.), *Documentos Relativos a Don Pedro de la Gasca*, Real Academia de Historia, Madrid, 1964.

Pizarro, Pedro, *Relación del Descubrimiento y Conquista de los Reinos del Perú*, orgs. Guillermo Villena, Pierre Duviols, Fondo Editorial, Pontificia Universidad Católica del Perú, Lima, 1986.

Polo de Ondegardo, Juan, *El Mundo de los Incas*, eds. Laura González e Alicia Alonso, Historia 16, Madrid, 1990.

Poma de Ayala, Felipe Guamal, *Nueva Crónica y Buen Gobierno*, (org.) Franklin Pease, Biblioteca Ayacucho, Caracas, 1980.

Porras Barrenechea, Raúl, *Las Relaciones Primitivas de la Conquista del Perú*, Instituto Raúl Porras, Lima, 1967.

—, *Pizarro*, Lima, 1978.

—, *Los Cronistas del Perú*, (org.) Franklin Pease, Biblioteca Ayacucho, Caracas, 1980.

Prescott, William, *The History of the Conquest of Peru*, George Allen & Unwin, Londres, 1913.

PUENTE BRUNKE, José de la, *Encomienda e Encomenderos en el Perú*, Diputación Provincial, Sevilla, 1992.

QUIPUCAMAYOS, *Relación de la Descendencia, Gobierno y Conquista de los Incas*, (org.) Juan José Vega, Colección Clásicos Peruanos, Lima, 1974.

ROSTWOROWSKI DE DÍEZ CANSECO, María, *Doña Francisca Pizarro*, Instituto de Estudios Peruanos, Lima, 1974.

SALLES-REESE, Verónica, *From Viracocha to the Virgen of Copacabana*, University of Texas Press, Austin, 1997.

SANCHO DE LA HOZ, Pedro, *Relación de la Conquista del Perú*, trad. Joaquin García Icazbalceta, Biblioteca Tenantíla, Ediciones José Porrua Turanzas, Madrid, MCMLXII.

SARMIENTO DE GAMBOA, Pedro, *Historia de los Incas*, Miraguano Ediciones, Madrid, 2001.

SEMPAT ASSADOURIAN, Carlos, *Transiciones Hacia el Sistema Colonial Andino*, México, Instituto de Estudios Peruanos, 1994.

SORIANO, Waldemar Espinoza, *Los Orejones del Cuzco*, Proceso, Huancayo, 1977.

STIRLING, Stuart, *The Last Conquistador: Mansio Serra de Leguizámon and the Conquest of the Incas*, Sutton Publishing, Stroud, 1999.

STIRLING-MAXWELL, Sir William, *The Cloister Life of Emperor Charles V*, John Parker, Londres, 1891.

TRELLES ARESTEGUI, Efrain, *Lucas Martínez Vegazo: Funcionamiento de una encomienda Peruana inicial*, Pontificia Universidad Católica del Perú, 1982.

TRUJILLO, Diego de, 'Relación del Descubrimiento del Reino del Perú', em Francisco de Xerez, *Verdadera Relación de la conquista del Perú*, (org.) Concepción Bravo Guerreira, Historia 16, Madrid, 1988.

UHLE, Max, *Las Ruinas de Tomebamba*, Academia Nacional de Historia, Quito, 1923.

URBANO, Enrique y Sánchez, Ana, *Antigüedades del Perú*, Historia 16, Madrid, 1990.

VALCÁREL, Daniel, *La Rebellión de Túpac Amaru*, Lima, 1970.

VALERA, Blas, *Relación de las Costumbres Antiguas de los Naturales del Perú*, em *Antigüedades del Perú*, (org.) Enrique Urbano e Ana Sánchez, Historia 16, Madrid, 1990.

VARGAS UGARTE, Rúben, *Historia de la Iglesia en el Perú*, Lima, Santa Maria, 1953.

—, *Historia del Perú*, Lima, 1949.

VARNER, John, *El Inca: The Life and Times of Garcilaso de la Vega*, University of Texas Press, Austin, 1968.

VARÓN GABAI, Rafael, *Francisco Pizarro and his brothers*, Oklahoma Press, 1997.

VARELA, Alfredo (org.), *Memorias del Hermano de Túpac Amaru, escritas en Buenos Aires*, Editorial Boedo, Buenos Aires, 1976.

XEREZ, Francisco de, *Verdadera Relación de la Conquista del Perú*, (org.) Concepción Bravo Guerreira, Historia 16, Madrid, 1988.

ZIMMERMAN, Arthur, *Francisco de Toledo*, Greenwood Press, Nova Iorque, 1968

Índice

Agradecimentos 9

Mapa do Peru 10

Prefácio 11

    I   *Os Galeões de Sevilha* 13

   II   *O Reino das Montanhas de Neve* 33

  III   *O Marquês de Las Charcas* 47

  IV   *Os Sobrinhos de Dona Inês* 51

   V   *A Imperatriz Criança* 57

  VI   *O Rio do Espírito Santo* 61

 VII   *O Velho Soldado* 69

VIII   *A Assombração* 95

  IX   *O Requiem* 101

   X   *O Homem Cego de La Mota* 103

  XI   *A Filha do Imperador* 111

 XII   *O Príncipe Mestiço* 129

XIII *A Noiva de Santa Clara* 139

XIV *O Tesouro Perdido* 145

XV *O Sacristão de Córdova* 151

XVI *O Último dos Conquistadores* 155

XVII *A Tortura de Dona Catalina* 169

XVIII *O Legado do Bispo* 173

XIX *A Cidade Imperial* 177

XX *O Prisioneiro de Cusco* 193

XXI *O Último Inca* 201

Cronologia 207

Genealogia: 210

    Filhos do Imperador Huayna Cápac 210

    Concubinas 211

Glossário e Topónimos 213

Notas 221

Bibliografia 231